Hermann Jordan

Die Binnenmollusken

der nördlich gemässigten Länder von Europa und Asien und der arktischen Länder

Hermann Jordan

Die Binnenmollusken

der nördlich gemässigten Länder von Europa und Asien und der arktischen Länder

ISBN/EAN: 9783743689312

Hergestellt in Europa, USA, Kanada, Australien, Japan

Cover: Foto ©ninafisch / pixelio.de

Weitere Bücher finden Sie auf **www.hansebooks.com**

NOVA ACTA
der Ksl. Leop.-Carol.-Deutschen Akademie der Naturforscher
Band XLV. Nr. 4.

Die Binnenmollusken

der nördlich gemässigten Länder von Europa und Asien

und

der arktischen Länder

von

Hermann Jordan.

Mit einer Verbreitungstabelle, 8 Tafeln (Nr. VI—XIII) und zwei Karten (Nr. XIV).

Eingegangen bei der Akademie den 6. Januar 1884.

HALLE.
1883.
Druck von E. Blochmann & Sohn in Dresden.
Für die Akademie in Commission bei Wilh. Engelmann in Leipzig.

Vorwort.

Die folgende Abhandlung, für deren Veröffentlichung ich der Kaiserlichen Leopoldinisch-Carolinischen Akademie meinen aufrichtigsten Dank mir hiermit auszusprechen erlaube, sollte anfänglich nichts Anderes werden, als ein kurzer Aufsatz über Lebensweise und locales Vorkommen europäischer und vorzugsweise deutscher Binnenmollusken. Im Laufe der Zeit reihte sich Eines an das Andere, bis diese Schrift daraus wurde.

Die geographische Behandlung im zweiten Theile nimmt von Zeit zu Zeit Rücksicht auf die Geographie anderer Thierklassen und der Pflanzen, leider aber viel zu wenig. Soll eine Arbeit aus dem weiten Gebiete der Biogeographie Bedeutung haben, so darf sie weder ein in mehr oder weniger fliessende Rede eingekleidetes Verzeichniss neuer sowie schon bekannter Fundorte, noch eine solche sein, welche in einseitiger Besprechung einer einzigen Thierklasse stehen bleibt und auf die geographische Vertheilung der derselben angehörenden Formen eigene biogeographische Reiche begründet.

Ich erlaubte mir ferner, eine Tabelle anzufügen, welche alle aus den genauer besprochenen Ländern bisher bekannt gewordene Arten enthalten soll. hoffentlich fehlen nicht zu

viele davon! Der vielen Längsspalten halber bitte ich um Ver-
zeihung. Ein Freund sagte mir sogar, eine Tabelle in diesem
Umfange „sei ein Unding, oder vielmehr ein Unsinn", und er
hat vielleicht Recht. Aber sie kostete so viele Arbeit, dass ich
meine Freude darüber, sie gedruckt zu sehen, nicht verhehlen
kann.

Herrn Professor Eduard von Martens zu Berlin erlaube
ich mir bei dieser Gelegenheit meinen aufrichtigen Dank für die
grosse Liebenswürdigkeit zu sagen, mit welcher er mich mit
Literatur und berathenden Worten unterstützte, und ein Gleiches
thue ich meinem Freunde Dr. Fritz Kurtz in Berlin gegenüber.

Potsdam.

Der Verfasser.

Inhalts-Uebersicht.

1. Einleitung.

Jeder Form der organischen Schöpfung ist für Leben und Gedeihen ein bestimmtes Länder- oder Meeresgebiet eigenthümlich; entweder ist sie in zusammenhängendem Vorkommen überall, oder nur an einzelnen Punkten innerhalb desselben anzutreffen.

Hauptsächlich hängt diese geographische Verbreitung der organischen Formen von zwei Reihen von Ursachen ab, von kosmischen und tellurischen: erstere bedingen den Grad der Insolation, letztere die Vertheilung und gegenseitige Lagerung und Scheidung von Land und Wasser.

Aber sie ist nicht durch die heutigen klimatischen Verhältnisse und die heutige Vertheilung von Land und Wasser allein bedingt. Mindestens ebenso wichtig, manchmal sogar noch wichtiger, sind die klimatischen und geographischen Verhältnisse früherer Erdepochen. Wie sollte man sich zum Beispiel aus der gegenwärtigen Lage der Dinge erklären, dass die Fauna und Flora der Shetlandsinseln, der Färöergruppe und von Island gar nicht von denjenigen des europäischen Continentes abweichen, während die Pflanzen und Thiere der atlantischen Inseln so ganz anders aussehen, als diejenigen der ihnen zunächst liegenden Festländer? Es wäre keine Biogeographie, wollte man nur constatiren, dass dies sich so verhält und nicht nach den Gründen dieser Erscheinungen forschen. Untersucht man nun die Tiefen des Meeres, welches diese verschiedenen Inseln umschliesst, so findet man eine Tiefe von 4000 Metern um die Azoren und um Madeira herum und eine solche von 200 bis höchstens 700 Metern zwischen Europa, Britannien, den Färöer-Inseln, Island und Grönland. Nichts ist also wahrscheinlicher, als dass wir es bei den Azoren und Madeira, die dazu fast nur aus vulkanischem Gestein aufgebaut sind, mit Inseln zu thun haben, die niemals mit dem benachbarten Festlande in Verbindung standen, d. h. mit „oceanischen Inseln": die geringen Meerestiefen aber zwischen Island und Grossbritannien lassen sofort die Vermuthung aufkeimen, dass man hier ehemalige Landverbindungen annehmen dürfe, dass diese Inseln als „continentale" Inseln aufzufassen seien. Finden wir dann aber noch, dass die Miocänflora in höheren und mittleren Breiten der ganzen nördlichen Hemisphäre eine auffallend gleichartige ist, so wird aus der Wahrscheinlichkeit solcher früherer Landverbindungen eine Gewissheit.

Andererseits kann aber das Vorkommen ähnlicher, analoger, oder identischer Formen in verschiedenen Ländern nicht immer durch die Annahme erklärt werden, dass dieselben sich unter dem Einflusse früherer, wesentlich anderer Verhältnisse über ein grosses Erdgebiet ausgebreitet hätten, und dass ihr ehemaliger grosser und zusammenhängender Verbreitungsbezirk später durch irgendwelche Ereignisse in mehrere kleinere und unzusammenhängende getrennt worden wäre. Ziemlich auf der ganzen nördlichen Halbkugel kommen zwei kleine Süsswasserschnecken vor: *Planorbis albus* Müll. und *Limnaea truncatula* Müll. Dieselben Formen sind aber auch im südlichgemässigten Südamerika als *Limnaea viatrix* d'Orb. und *Planorbis Pfeifferi* Strob. in einer solchen Häufigkeit und bis zu einer solchen Höhe (nämlich 1900 m) hinauf vertreten, dass an eine neuere Einschleppung durch den menschlichen Verkehr nicht zu denken ist. Da nun aber alle Verbindungsglieder fehlen, wird man hierfür eine andere Erklärung finden können, als die, dass gleiche klimatische Verhältnisse ähnliche Formen sich entwickeln liessen? Bekanntlich beherbergen auch in botanischer Beziehung die südarktischen Länder viele mit nordarktischen gleiche Gattungen und diese mit entsprechenden oder wie man sagt „vicarirenden" Arten.

Andere merkwürdige Beispiele von zerstreuter geographischer Verbreitung organischer Formen, hier zweier Vögel, lehrt uns Seebohm (A. 1) [1] kennen. Ueber den ganzen nördlichen Theil unseres europäisch-asiatischen Continentalcomplexes ist die Gattung *Parus* in mehreren Arten, Unterarten und Varietäten verbreitet, welche sich um die Form *Parus palustris* gruppiren. In Japan, Kamschatka und gegen Norden hin finden sich abweichende Formen, aber diejenigen aus Südosteuropa und aus China sind absolut identisch. Ebenso sind nach Seebohm *Emberiza schoeniclus* aus Europa und Westasien und *Emb. pyrrhulina* aus Japan einander ganz gleich, während *Emb. passerina*

---

[1] (A. 1. — d. h. Anmerkung 1 von den am Ende der Arbeit aufgeführten Literatur-Anmerkungen.

zwischen den gleichen Formen mitteninne liegt. In letzterem Falle würden wir wohl eine ehemalige Uniformität mit später [1]) erfolgter Trennung vor uns haben, während wir bei dem ersten mindestens zweifelhaft sein können.

Haben wir nun bei der Frage: woher stammen die gegenwärtigen organischen Formen unserer Erde und w a r u m sind ihre Verbreitungsbezirke in heutiger Weise begrenzt, uns mehr an paläontologische Thatsachen zu halten, so sollten letztere doch nie die Aufstellung von biogeographischen Provinzen beeinflussen, welche lediglich den augenblicklichen Stand der Dinge kennzeichnen sollen, können nie bei Beantwortung der Frage mitsprechen: w i e begrenzt man am besten die Verbreitungsgebiete der lebenden Pflanzen- und Thierformen. Es wäre daher zum Beispiel unrecht zu sagen, man dürfe jetzt keine besondere arktische Provinz oder Region ausscheiden, da in früherer, besonders tertiärer Epoche eine solche sich wohl kaum absonderte. Man würde dann vielmehr über das Thema schreiben: Verbreitung der organischen Formen zur Tertiärzeit!

Nach den aussermeerischen Formen der Gegenwart und ihrer geographischen Verbreitung kann man folgende, für Faunen und Floren ziemlich übereinstimmende Hauptverbreitungsprovinzen unterscheiden (vergl. Karte 1):

A. **Borealzone:**
   1) Arktische Provinz: die nordarktischen Länder.
   2) Nearktische Provinz: das gemässigte Nordamerika.
   3) Paläarktische Provinz: die gemässigten Länder des östlichen Continental-
       complexes.

B. **Neotropische Zone:**
   4) Neotropische Provinz: die amerikanischtropischen Länder.

C. **Paläotropische Zone:**
   5) Aethiopische Provinz: die afrikanischtropischen Länder.
   6) Asiatischtropische Provinz: die asiatischtropischen Länder.

D. **Australzone:**
   7) Australische Provinz:
       a) Australcontinent.
       b) Polynesien.

(E.) **Antarktische Zone:**
   (8) Antarktische Provinz, wegen der geringen Ausdehnung kaum als selbst-
       ständige Zone oder Provinz haltbar.

---

[1]) Vielleicht nachdem ganz Innerasien Land geworden war?

25*

Ein Vergleich des gesammten Provinzensystems mit den Systemen einiger bekannter Biogeographen gestaltet sich folgendermassen:

	Griesebach (A. 2)	Schmarda (A. 3)	Sclater (A. 5)	Wallace (A. 4)
Antarktische Provinz (?)	Antarktisches Waldgebiet	20. Patagonien		
Neotropische Provinz	Pampas · · · Chile · · · Brasilien · · · Hyläen (Amazonasgebiet) · · · Andengebiet · · · Cisäquatoriales Südamerika · · · Westindien	19. Pampas · · · 18. Peru-Chile · · · 17. Brasilien · · · 16. Mittelamerika	Neotropische Region · · · Antillen-Subregion	Neotropische Region
Nearktische Provinz	Mexikanisches Gebiet · · · Prairiegebiet · · · Kalifornisches Gebiet · · · Westliches Waldgebiet	8. Nordamerika	Nearktische Region	Nearktische Region
Arktische Provinz	Arktisches Gebiet	1. Polarländer		
Paläarktische Provinz	Oestliches Waldgebiet · · · Steppengebiet · · · Mittelmeergebiet	2. Mitteleurop. Reich · · · 3. Kaspische Steppen · · · 4. Zentr. Hochasien · · · 5. Mittelmeerfauna	Paläarktische Region	Paläarktische Region (mit Japan u. Nord-China)
Aethiopische Provinz	Gebiet der Sahara · · · Sudan · · · Kalahariwüste · · · Kapgebiet	9. Sahara · · · 10. Westafrika · · · 11. Hochafrika · · · 12. Madagaskar	Aethiopische Region · · · Lemurische Subregion	Aethiopische Region
Asiatisch-tropische Provinz	Chinesisch-japanisches Gebiet · · · Monsungebiet	6. China · · · 7. Japan · · · 13. Indien · · · 14. Sundawelt	Indische Region	Orientalische Region
Australische Provinz	Australisches Gebiet · · · (Ausserdem: Oceanische Inseln)	15. Australien · · · 21. Polynesien	Australregion: Antarctogäa · · · Pazifische Reg.: Ornithogäa	Austral. Region { Australzone, Notogäa

Sclater-Gruppen: Neogäa, Dendrogäa, Arctogäa — Paläogäa.

Wallace-Gruppen: Australzone, Notogäa; Borealzone; Paläotropische Zone; Arctogäa.

Scharfe Abgrenzungen finden nirgends statt, als da, wo Klimascheiden mit äusseren Hindernissen der Verbreitung zusammenfallen, wie z. B. durch die Wüste Sàharà zwischen den Gebieten nord- und südwärts derselben, oder schon weniger scharf z. B. durch das riesenhaft emporragende und nach Süden hin steil abfallende Himalaya-Gebirge. Ganz allmählich vollziehen sich Uebergänge auf Gebieten weithin zusammenhängender Flachländer, wie in Russland oder Amerika, bewirkt durch die allmähliche Abnahme der Wärme und die Abschwächung der Einwirkungen angrenzender Oceane.

Manche kleine Inseln und Inselgruppen zeigen so auffallende Eigenthümlichkeiten in ihrer Fauna und Flora, dass sie fast gleichwerthig dastehen mit uneudlich grossen Festlandsdistricten. So ist die Gruppe der Sandwich-Inseln in Bezug auf ihre Pflanzen- und Thierformen nicht weniger auffallend von allen umliegenden Ländern differenzirt, als der riesenhafte Continentalcomplex der gemässigten Länder von Europa und Asien; die atlantischen Inseln der Azoren, Kanaren, Madeira und Capverden bilden ein fast ebenso in sich selbst abgeschlossenes Ganzes mit gleicherweise stark zum Ausdruck kommenden Untergruppen, wie die Masse des afrikanischen Erdtheiles südlich der grossen Wüste, und es ist nur das Vorkommen einiger weniger weit verbreiteter Arten, welches Zuziehung solcher „oceanischer" Inseln zu der einen oder anderen der oben genannten Hauptprovinzen rechtfertigen kann. Eine solche ist aber hier weniger aus wissenschaftlichen Gründen durchgeführt, als vielmehr aus solchen, welche eine Vereinfachung der allgemeinen Uebersicht bezwecken. Grisebach (A. 2) betrachtet in einem Kapitel „oceanische Inseln" alle solche Einzelgruppen besonders; doch scheint mir diese Art und Weise der Behandlung noch mehr äusserlicher Natur zu sein, als eine Zurechnung derselben zu der immerhin noch am nächsten verwandten Festlandsprovinz.

Es sei mir gestattet, eine kurze Uebersicht der von mir an dieser Stelle befolgten biogeographischen Eintheilung der Erde zu geben; Erwähnung charakteristischer Thier- und Pflanzentypen aber sei mir hier erlassen! (Siehe Karte 1.)

A. Die arktische Provinz. Die Länder um den Nordpol herum.

I. **Europa und Westsibirien.** Die Südgrenze geht von 64—65° n. Br.
im Westen schräg bis 60° n. Br. am Ural herunter, in Asien dann wieder
etwas, aber sehr allmählich in die Höhe. Man könnte diese Südgrenze ungefähr nennen: Polargrenze des europäischen Getreidebaues, Aequatorialgrenze
der Verbreitung des Renthieres und stückweise die Jahres-Isotherme von 0° (C.
oder R.). Nach Osten zu rechnen wir hierher noch das nördliche Flusssystem
des Ob. Die Insel Island ist in ihrem Charakter zweifelhaft.

II. **Ostsibirien und Kamschatka.** Die Südgrenze zieht sich in einer
nach Südsüdosten zu offenen Bogenlinie vom Ob bis nach dem nordöstlichen
Ende des Stanowoigebirges, geht dann aber um dieses Gebirge herum und
schliesst noch die Küsten des Ochotskischen Meeres von Ochotsk bis Udskoi,
vielleicht noch einen schmalen Küstenstrich bis zur Amurmündung, bis Nikolajewsk[1]) hin ein. Wenigstens kommen hier sogar noch Tundrabildungen vor.

III. **Arktisches Nordamerika.** Im Westen fängt das arktische Gebiet
wie in Europa wegen äquatorialer Meeresströmungen erst bei 60—62° n. Br.
an. Sitka (57° 3′ n. Br.) hat noch ein Jahresmittel von + 6,2° C., während
sein kältester Monat im Mittel kaum unter 0,0° C. sinkt. Im Inneren aber,
von den Rocky Mountains an, dringt es nach Osten zu, besonders unter den
erkältenden Einwirkungen der Hudsonsbai immer weiter nach Süden vor, bis
es sogar den nördlichen Theil von Newfoundland und die Anticosti-Insel
noch mit einschliesst. Hier geht auch die äquatoriale Grenze des Treibeises
am südlichsten.

IV. **Grönland** kann man wohl mit demselben Rechte zu Europa wie
zu Amerika rechnen; jedenfalls darf man es wohl nicht ohne Weiteres zu
letzterem hinzuziehen.

B. Paläarktische Provinz.

Die Nordgrenzen der paläarktischen Provinz (und auch der nearktischen)
entsprechen den Südgrenzen der arktischen. Mit der paläarktischen (und auch
der nearktischen) Provinz fangen dichte Wälder an, welche in der arktischen
Provinz fehlen. Im Süden wird die paläarktische Provinz von dem grossen

---

[1]) Jahresmittel: —2,9° C.; Juli: + 16,2° C.; Januar: —24,5° C.

afrikanisch-asiatischen Wüstengürtel begrenzt und schliesst ausserdem im centralen und östlichen Asien noch die Länder ein, welche nördlich von dem grossen Gebirgsgürtel liegen, der im Westen mit dem Hindukusch anfängt und in einem nach Nordwesten offenen Bogen bis zum Amur sich hinzieht; es gehören dazu auch das Amurland, die Mandschurei von der Wasserscheide zwischen dem Amur und den südmanschurischen Küstenflüssen an, die Inseln Sachalin und Yezo, vielleicht auch der nördlichste Theil von Nipon.

I. **Germanische Region** (oder das „östliche Waldgebiet" von Grisebach (A. 2)). Dieselbe umschliesst Europa zwischen den Südgrenzen der arktischen Provinz und dem Gebirgsgürtel, welchen Pyrenäen, Sevennen, Alpen, Balkan und Kaukasus bilden. Dazu gehört unter allen Umständen Westsibirien nördlich von der Kirghisensteppe und westlich von der Wasserscheide zwischen Ob und Jenissei. Vielleicht zieht sich am Nordrande der centralasiatischen Gebirge noch ein Landstrich hin, den man zu dieser germanischen Region rechnen könnte — vielleicht!

Eine noch weitere Eintheilung dürfte sich von dem Standpunkte der allgemeinen Biogeographie aus nicht machen lassen; höchstens könnte man von einem westlichen und einem östlichen Theile reden.

Die genannten Hochgebirge ziehen weniger eine Grenzlinie zwischen dieser und der folgenden Region, als dass sie wie etwas selbstständig Dastehendes zwischen beide mitteninne gelagert sind.

II. **Region der Mittelmeerländer.** Diese Region umfasst die Länder des Mittelmeerbeckens: pyrenäische Halbinsel, das mittelmeerische Frankreich mit dem südlichen Rhônethal, Italien, das österreichische Litorale, die Balkanhalbinsel, Südrand der Krym, ganz Afrika nördlich der Sahara, Syrien, Palästina, Kleinasien, Transkaukasien, Armenien, Persien und Mesopotamien. Grisebach geht mit seinem Gebiete der Mittelmeerländer nicht so weit nach Osten hin vor, aber nicht in Uebereinstimmung mit anderen Botanikern.

III. **Region der atlantischen Inseln,** Azoren, Madeira, Kanaren und Capverden (St. Helena?). Diese Inseln hängen sehr locker untereinander zusammen.

IV. **Centralasiatische Region.** Dieselbe umfasst als

1) nördlichen Theil die Gebirgsländer vom Altai, ungefähr von den Städten Tomsk, Barnaul und Semipalatinsk an und die Gebirgsländer nördlich

von der Wüste Gobi bis über den Baykalsee hinaus nach Transbaykalien, Ostsibirien und dem Amurland hin;

2) als südlichen Theil die turkestanischen, turanischen und tibetanisch-mongolischen Länder.

Das Amurland, Sachalin und Yezo erinnern schon vielfach an Formen des tropischen Ostasiens.

C. Asiatischtropische Provinz.

Diese Provinz umschliesst die asiatischtropischen Länder von Afghanistan an bis zur Wasserscheide zwischen den südmanschurischen Küstenflüssen und dem Amur, und bis zu den südjapanischen Inseln einschliesslich der grösseren südlichen Hälfte von Nipon. Von den ostindischen Inseln gehören ganz bestimmt dazu: Borneo, Sumátra, Java und die Philippinen — in weniger bestimmter Weise auch Celebes und die Inselreihe von Bali bis Timor.

Man kann folgende Regionen unterscheiden:

I. Vorderindien mit Ceylon (mit Anklängen an Afrika).
II. Hinterindien.
III. Sumatra bis Timor, letzteres in etwas fraglicher Weise.
IV. Borneo und Celebes, letzteres in sehr fraglicher Weise.
V. Philippinen.
VI. China mit Hainan und Formosa.
VII. Südliches Japan.

D. Australische Provinz.

Von den Molukken und Neuguinea an sämmtliche Länder und Inseln von Australien und Oceanien umfassend.

I. Australische Unterprovinz.
1) Australien und Tasmanien.
2) Neuseeland, Norfolk-, Auckland-, Chatham- und Kermadek-Inseln mit antarktischen Anklängen.

II. Polynesische Unterprovinz.
1) Neucaledonien.
2) Innere polynesische Inselreihe:

Molukken, Neuguinea mit den Festlandslandstrichen am Cap York, Aru-, Salomon-Inseln, Neuhebriden, Viti-Inseln.[1]

3) **Aeussere polynesische Inselreihe:**

Palaos, Marianen, Karolinen, Marschall-, Radak-, Gilbert-, Ellice-, Phönix-, Samoa-, Niedrige-, Cooks- und Marquesas-Inseln.

4) **Sandwich-Inseln.**

E. Aethiopische Provinz.

Dieselbe umfasst Afrika südlich von der Sáhará, Südarabien und Madagaskar mit den Maskarenen.

1) Westliches Afrika, von der Sáhará bis zur Kalahari-Wüste.

2) Länder am Cap der Guten Hoffnung, mit der Kalahari-Wüste.

3) Oestliches Afrika und Arabien mit Sokótra.

4) Madagassische Unterprovinz: Madagaskar, Maskarenen, Almiranten und Seychellen (mit Anklängen an Indien).

F. Nearktische Provinz,

gebildet aus dem gemässigten Nordamerika von den Südgrenzen der arktischen Provinz bis nach Mexico hin, ausschliesslich Florida.

1) Atlantische Region, nach Westen hin den Missouri und Mississippi nur wenig überschreitend, nördlich vom Missouri bis an die Rocky-Mountains reichend.

2) Centrale Region, trockene Region der südlichen Rocky-Mountains und der Prairien.

3) Pacifische Region, von Aljaska bis Kalifornien die schmale westliche Abdachung der grossen Gebirge einschliessend. Die eigentlich kalifornische Flora geht nicht so weit nördlich.

G. Neotropische Provinz,

das tropische und subtropische Süd- und Mittelamerika mit Westindien und Florida.

1) Mittelamerika und Westindien mit Florida.

2) Andische Region, von Trinidad und Venezuela die Andenkette entlang bis Ekuador, Peru (und Bolivia?).

---

[1] Nicht „Fidschi"-Inseln! Der Ausdruck „Fidschi" stammt von dem englischen „Feejee". Die Eingeborenen sagen „Viti".

3) Das atlantisch-tropische Südamerika.

4) Das südlich-gemässigte Südamerika.

5) Galapagos-Inseln.

H. Antarktische Länder und Inseln,

kaum als Provinz zu bezeichnen. Es gehören hierher: Südspitze von Süd-
amerika, Feuerland, Falkland-Inseln, Tristan da Cunha, Inseln St. Paul und
Amsterdam, Kerguelensland. Auch in den südlichen Theilen der australischen
Provinz fehlt es nicht an antarktischen Anklängen.

Wenn es im Allgemeinen und Grossen richtig ist, zu sagen, dass die
Hauptverbreitungsprovinzen der organischen Wesen mit den Wärmezonen auf
der Erde zusammenfallen, wird man im Engeren, für die Verbreitung einzelner
Thier- und Pflanzengattungen oder gar Arten nach manchen anderen Gründen,
als der jährlichen Durchschnittstemperatur suchen müssen, und oft kann diese
sogar ganz nebensächlich werden — um von vornherein von dem Standpunkte
abzusehen, dass man unter gleichem Breitengrade innerhalb eines Festlands-
bezirkes gleiche Faunen und Floren zu erwarten hätte! Die Isothermenlinien
sind für die biologische Geographie nur in oceanischen Klimaten wichtig, wo
in Folge des Einflusses angrenzender, grosser Oceane die Winter- und Sommertemperaturen wenig von einander abweichen. In Ländern mit continentalem
Klima ist der Unterschied zwischen beiden zu gross, als dass nicht eine jede
gesondert ihren Einfluss auf die Wesen der organischen Natur geltend machte.
Da nun aber der Uebergang von oceanischem zu continentalem Klima sich
äusserst allmählich vollzieht, so werden wir auch in dieser Beziehung keine
scharfe Grenzen finden, ausser da, wo äusserliche Hindernisse, z. B. hohe
Gebirge, einen Küstenstrich scharf von dem inneren Lande absondern — so
im Westen von fast ganz Amerika und im Nordosten von Asien, an dem
Ochotskischen Meere. In Europa dagegen macht der Atlantische Ocean in
ganz sanft sich abstufender Weise seinen Einfluss weithin geltend, und es ist
schwer zu sagen, von wo ab ungefähr man einen solchen als nicht mehr
vorhanden constatiren kann. Die meerische Einwirkung selbst kann von
zweierlei Natur sein, erkältend oder erwärmend. An den Westküsten der
nördlichen Continente bedingen Aequatorialströmungen bis weit nach Norden
hin höhere Temperaturen, während an den Ostküsten ein umgekehrtes Ver-

hältniss in Folge von Treibeis führenden Polarströmungen stattfindet. In Südwestskandinavien und von Britisch-Columbia bis Aljaska hin begegnen wir Formen der gemässigten Regionen nordwärts bis zu 60° n. Br., während hier Newfoundland und dort die Länder am Ochotskischen Meerbusen südwärts bis zum nördlichen Amurland, bis 50° n. Br. hin den Stempel arktischer Natur deutlich an sich tragen.

Erhebliche Modificationen entstehen ferner durch die verschiedenen Höhenzonen der Hochgebirge. So findet man auf dem Kamme der Sudeten und in der alpinen Region der Alpen Manches, was an nordpolarische Fauna und Flora erinnert. Artenarmuth und Artenreichthum pflegen bezüglich der Fauna und Flora Hand in Hand zu gehen, und eine eigenthümliche Analogie besteht in heissen Ländern und kalten Meeren einerseits und kalten Ländern und warmen Oceanen andererseits zwischen Pflanzen und Thieren in ihrer Grössenentwickelung. Riesenformen finden wir in kalten Meeren und in heissen Ländern, während kleine Typen den kalten Ländern und den warmen Oceanen angehören.

Derart sind die Gesetze, welche die Differenzirung von grossen und kleineren biogeographischen Provinzen und Regionen begründen. Andere aber machen sich geltend, um die sogenannten „Vegetationsformationen" und die Standorte der verschiedenen Thierarten zu bedingen. Ein Thier oder Pflanze kommt innerhalb eines gewissen Verbreitungsgebietes, aber nicht in überall gleichmässiger Vertheilung vor; es braucht zum Leben und Gedeihen eine gewisse eigenthümliche Beschaffenheit des Standortes, und manche Art ist darin wählerischer als andere, ist in seinem „localen Vorkommen" an ganz bestimmte Bedingungen gebunden. Voraussichtlich werden hierin den Pflanzen vorzüglich solche Thiere ähneln, welche ein schwach entwickeltes Vermögen der freien Ortsbewegung haben, z. B. also die Mollusken, denen die folgenden Seiten im Engeren gewidmet sein sollen.

So erwähnen wir hier als einflussreich auf die Verbreitung gewisser Pflanzen- und wohl auch Thierarten, besonders also Mollusken, die geognostische Beschaffenheit der anstehenden Gesteinsart — sei es nun, dass die durch dieselbe bedingten physikalischen Eigenschaften der Bodenunterlage als Hauptmoment anzusehen sind, oder sei es, dass den chemischen Eigenschaften derselben der grössere Einfluss zugeschrieben werden muss.

26*

Bei den aussermeerischen Mollusken, den Binnenmollusken, hat sich als bei Thieren mit ausserordentlich gering entwickelter oder fehlender Fähigkeit der leichten Ortsveränderung eine um so grössere Accommodationsfähigkeit an alle mögliche Verhältnisse herausgebildet; nur die organischen Lebens absolut entbehrenden, sterilsten Salzwüsten und die Regionen des ewigen Eises und Schnees meiden sie gänzlich. Andererseits ist aber für die einzelnen Formen eine äusserste Empfindlichkeit für Wärme-, Feuchtigkeits-, Licht- und Luftveränderungen zum Ausdruck gekommen. Landmollusken findet man darum fast überall, aber in bestimmter Faunenfacies für jede, auch geringe Abstufung, welche sich in den Uebergängen von dem einen Klima zum anderen, von einer Höhen- und Wärmezone zur anderen geltend macht. Und hierin ist der Grund für gewisse Analogieen zu suchen, welche zwischen der Verbreitung mancher Mollusken einerseits und derjenigen mancher höherer Pflanzenarten, als der Locomotion gänzlich entbehrender Wesen andererseits vorhanden sind — abgesehen von einzelnen Fällen, wo Schneckenarten an das eine oder andere Gewächs gebunden sind, wo also von keiner Verbreitungs-Analogie, sondern nur von Verbreitungs-Abhängigkeit die Rede sein kann.

II. Allgemeiner Theil.

— -

1. Das Vorkommen von Landschnecken, besonders von deutschen.

Nach ihrem Aufenthaltsorte glaubte man früher die Mollusken in drei scharf getrennte Abtheilungen gruppiren zu müssen: Land-, Süsswasser- und Meerbewohner, und man brachte damit eine specifische Verschiedenheit der Athmungsorgane in Verbindung. Wenn auch Familien und Gattungen in dieser Beziehung immerhin noch scharf genug von einander gesondert sind, so lernte man doch im Laufe der Zeiten mehr und mehr Ausnahmen von dieser Regel kennen, so dass letztere kaum mehr als solche betrachtet werden kann.

So lebt bei uns eine *Succinea, S. Pfeifferi* Rossm., mehr im Wasser als auf dem Lande; eine andere, *S. putris* L., kann wenigstens auch recht gut sehr lange im Wasser ausdauern, während die dritte deutsche Art, *S. oblonga* Drap., oft recht weit von allem Wasser entfernt, auf ziemlich trockenen Wohnplätzen vorkommt. Kleine Limnäen (*L. peregra* Müll. und *L. truncatula* Müll.) und kleine Pisidien sieht man öfters, besonders erstere, zwischen feuchten Moos- und Grasstengeln kriechen. In Indien ist eine Gattung der Familie der Limnäaceen (*Camptonyx*) in der Mehrzahl der Arten und ebenda die Litorinidengattung *Cremnoconchus* vollkommen zur Landbewohnerin geworden. Bekannt ist in dieser Beziehung die interessante, vom alten Müller stammende Legende von der auf Lindenbäumen zur Winterszeit kriechenden *Limnaea peregra*.[1]

---

[1] welche man auch schon durch eine von Müller begangene Verwechselung mit *Succinea oblonga* Drap. zu erklären versuchte (?).

Zwischen Meer- und Süsswassermollusken ist die Abgrenzung schärfer: man kennt wenigstens ausser *Hydrobia* (im weiteren Sinne) keine Gattung, von welcher einige Arten so recht eigentlich Süss- und andere Salzwasserbewohner wären. Ausserdem dringen viele Süsswasserarten in schwach gesalzenes und selbst in Wasser vor, welches den vollen Salzgehalt des Meeres aufzuweisen hat.

Es ist schon vielfach die Rede davon gewesen, ob und inwieweit der geognostischen Beschaffenheit der Bodenunterlage ein Einfluss auf das Vorkommen und die Gestaltung der Landschnecken zugesprochen werden müsse, ob man zugeben könne, dass die Art des Substrates Ursache davon sei, dass hier viele, dort wenige Schnecken gefunden werden, dass ihre Gehäuse an einer Stelle kugelig, an einer anderen platt, hier schärfer, dort schwächer gekielt erscheinen — und so viel hat man darüber bereits gesprochen und auch so Vieles geschrieben, dass aus dem Lesen allein dieser Literatur kaum Jemand ein selbstständiges Urtheil sich wird bilden können.

Um nur ein Beispiel davon zu geben, wie auch die Urtheile erfahrener Conchyliologen hierüber auseinandergehen, will ich zwei Aeusserungen anführen, welche mir unter Anderen hinsichtlich des Einflusses aufgestossen sind, welchen Vorhandensein oder Fehlen von Kalk auf Mollusken ausüben könne:

1. Nach S. Clessin (A. 6) finden sich in einem dichten Buchenwald, dem „Horn" bei Zusmarshausen in Bayern, eine Menge Schneckenarten, z. Th. mit zahlreichen Individuen, z. B. *Clausilia biplicata* Mtg., *Helix hortensis* Müll., *Helix lapicida* L. Die Gehäuse von *Claus. biplicata* sind durchweg weisslich, mehr oder weniger epidermislos und „benagt", und Clessin meint darüber: die nach und nach dichter werdende Laub- und Humusdecke des Bodens versperrt den Schnecken den Kalk desselben; dieselben suchen sich nun auf aussergewöhnliche Art einen Ersatz für diesen zu schaffen, nämlich durch räuberisches „Benagen" der Gehäuse anderer Individuen, wozu sie durch die in Folge von Verwitterung eingetretene Entblössung der Kalkschicht „gereizt" zu werden scheinen. Nun scheint der Kalk, der schon einmal durch den Organismus der Thiere gegangen ist, nicht mehr so feste Gehäuse hervorbringen zu können, als frisch von der Erde entnommener; darum verwittern letztere sehr schnell, ein Uebelstand, der sich allmählich

immer mehr steigert und schliesslich ein Verringern, wenn nicht endliches
Verschwinden der Schneckenfauna bedingt. Darum (?) findet man inmitten
dichter Laubwaldbestände meistentheils auch keine Schnecken, trotz der so
günstigen (?) Bedingungen. Die Gehäuse von *Helix hortensis* ferner sind so
dünn, dass sie nur aus Epidermis zu bestehen scheinen, während *Helix lapicida* endlich ausserordentlich klein bleibt und ein Gehäuse mit fast verschwindendem Kiele absondert.

Dem gegenüber schreibt Weinland (A. 7),

2. er habe auf der schwäbischen Alp, wo Kalk doch überall die
Unterlage bilde, *Helix hortensis* in einem hohen Buchenwalde ebenfalls mit
papierdünnen Schalen in grosser Menge gefunden, genau so, „wie man *Helix
arbustorum* L. aus der Urgebirgsformation des Schwarzwaldes kenne", bei
Limax arborum Bauch. ausserdem eine ausserordentliche, die Dicke der
Schalen betreffende Verschiedenheit zu constatiren Gelegenheit gehabt[1]); er
glaubt aber durchaus nicht, dass dies etwas damit zu thun habe, ob den
Thieren der Kalk des Bodens zugänglich sei oder nicht, indem er vielmehr
als Grund dieser Vorkommnisse individuelle Disposition angesehen haben will,
eine von Anfang an vorhandene, physiologische Beschaffenheit der Thiere.

Clessin und Weinland denken augenscheinlich bei dem Besprechen
des Einflusses, den der Kalk des Bodens auf die Schneckenfauna ausüben
könne, hauptsächlich an ein directes Uebergehen desselben in den thierischen
Organismus.

Rossmässler dagegen war weit davon entfernt, einen solchen directen
Einfluss des mineralischen Gesteins auf den animalischen Organismus für
möglich zu halten. So sagt er an einer Stelle seiner so gern und vielfach
gelesenen anmuthigen „Reiseerinnerungen aus Spanien" (A. 8): „Es hatte sich
auch hier" (nämlich in Cartagena) „meine alte, schon so oft gemachte Erfahrung bestätigt, dass auf Gneiss, Glimmerschiefer und anderen kalkarmen
Gebirgsarten die Schnecken selten sind und selbst gänzlich mangeln, wenn
auch eine üppige Vegetation, namentlich eine aus Moos und faulenden Blättern
bestehende Bodendecke fehlt: dass dagegen der Kalk meist sehr reich daran
ist. Es liegt darin nichts Auffallendes, wenn man sich erinnert, dass die

---

[1]) Wie man solche Verschiedenheiten bei rudimentären Bildungen oft beobachten kann!

Schnecken eine kalkreiche Nahrung bedürfen, um daraus ihre Gehäuse bauen
zu können, die ja nur aus Kalk und etwas thierischem Leime bestehen. So
spricht sich auch hier die grosse, den Erdkreis durchdringende Erscheinung,
der Kreislauf des Lebens aus. In ewig wiederkehrendem Wechsel durchkreist
das Leben den Stoff, diesen in immer neue Formen kleidend. Unendlich
kleine Mengen der mächtigen Kalkberge führte das Wasser, das Alles lösende,
in die Pflanze über. Diese gab ihren Kalkgehalt mit ihren Blättern der
hungrigen Schnecke, dass sie daraus ihr Gehäuse baue; und wenn diese ge-
storben ist, so giebt sie den nun leichter löslichen Mörtel ihres Gehäuses
wieder an den Boden zurück. Dann beginnt der kleine Kreislauf des Kalkes
aufs Neue. Nur die Formen sind vergänglich — der Stoff ist unsterblich
und unverlierbar!"

Ein genaueres Eingehen auf das Kapitel der localen Abweichungen
und des localen Vorkommens von Mollusken sowie dessen muthmasslichen
Gründen scheint hiernach weder überflüssig noch unnütz zu sein, und vielleicht gelingt es mir, einige passende Bemerkungen dazu anzubringen.

Im Allgemeinen hat man unter den Landgastropoden nach ihrem
Aufenthaltsorte schon lange zwischen Laub-, Erd- und Steinschnecken unterschieden. Indessen finden wir Schnecken, die dies Alles zusammen, bezw.
Keines davon so recht eigentlich sind; andere, z. B. einige Fruticicolen [1]),
treten nach den Jahreszeiten einmal als das Eine, dann wieder mehr als das
Andere auf, nämlich im Frühjahr als Erd-, und im späteren Sommer als
Laubschnecken, um im Herbst, wenn sie sich durchaus noch nicht eindeckeln,
sich wiederum nur an der Erde zu bewegen; auch sind die Hauptbedingungen
hierbei nicht in der Erde und den Steinen, oder den Felsen selbst zu suchen,
sondern, wie wir sehen werden, in den damit in Verbindung stehenden
Feuchtigkeits-, Licht- und Temperaturverhältnissen. Diese Bezeichnungen sind
öfters treffend und sehr handlich und bequem, aber nicht erschöpfend.

Es ist ferner klar und allbekannt, dass gewisse geologische Formationen
ganz besonders mit Schnecken gesegnet sind, wenn das „warum" auch weniger
klar ist, und es kann auf einer längeren Excursion bei wechselnder Formation
der Umgebung selbst einen erfahrenen Sammler zu Zeiten der plötzliche

---

[1]) Helix-Gruppe *Fruticicola* Held, paläarktische Charaktergruppe.

Wechsel von der Armuth der einen zu dem Reichthum der anderen überraschen. So hat man besonders auf Kalkformationen viele Schnecken gefunden,
und man war, da das Schneckengehäuse nun gerade vorzugsweise aus Kalk
besteht, schnell bei der Hand, die Gründe davon auf physiologisch-chemische
Einflüsse zurückzuführen. Man sagte, dass da, wo reicher Kalkgehalt des
Bodens vorhanden sei, den Schnecken es leichter werde, ihr Gehäuse zu bauen,
dass darum hier die Existenzbedingungen günstigere seien und die Fauna
deshalb eine reichhaltigere und dichtere werde. Muthete man ihnen doch
sogar zu, den Kalkstein direct zu „belecken“, oder „anzusaugen“, weshalb
Linné auch der nordischen *Campylaea* den Namen „*lapicida*“[1]) beilegte, was
man im Deutschen mit „Steinpicker“ wiederzugeben suchte.[2])

Auch die chemische Zusammensetzung des Kalkgesteines selbst ist
hierbei bisweilen berücksichtigt worden. So erklärt sich Liebe (A. 9) aus
dem hohen Magnesitgehalt der Kalkgesteine in der Umgebung von Gera
das Fehlen einiger sogenannter „Kalkschnecken“, nämlich der Torquillen[3])
und des *Buliminus (Zebrina) detritus* Müll. — in der That eine Gourmandise,
wie man sie unseren Thieren wohl besser nicht zuschreibt. Endlich ist man
noch weiter gegangen, indem man nicht nur dem Kalk der natürlichen Formationen, sondern auch dem zerbröckelnden Kalkmörtel von altem Gemäuer
einen das Vorkommen von Schnecken begünstigenden Einfluss zugeschrieben hat.

Ich will gleich einige Beispiele anführen, welche für die angedeuteten
Ansichten zu sprechen scheinen, und kann nur mein Bedauern darüber
äussern, einen anscheinend so einfachen und bequemen Grund nicht plausibel
finden zu können:

1. Auf dem Bimsteintuff der Insel Santorin fand Dr. v. Fritsch fast
   gar keine Schnecken, deren sehr viele aber auf den Marmorfelsen
   derselben Insel (A. 10).

2. E. v. Martens fand auf vulkanischen Schichten in der Umgegend
   von Neapel fast keine Schnecken, deren aber eine Unzahl ebenda
   auf den Kalkhöhen um Sorrent (A. 11)

---

[1]) *Helix (Campylaea* oder *Chilotrema) lapicida* L.

[2]) Erklärung wohl in dem Abweiden von Steinflechten zu suchen, wie Parro es für
Patula rupestris Drap. constatirte.

[3]) *Pupa*-Gruppe *Torquilla* Stud., südwestlichen Ursprungs.

3. Dr. O. Reinhardt fand im mährischen Gesenke die meisten
   Schnecken auf Kalk (A. 12).

4. Liebe fand bei Gera *Helix candidula* Studer nur an der Ruine
   Berneck „auf kleinstem Terrain, soweit nämlich der Kalkmörtel
   herabgebröckelt und umhergestreut war" (A. 9).

5. Rossmässler fand bei Schloss Ghymes in Ungarn, inmitten mol-
   luskenloser Quarzfelsen gelegen, an dessen Gemäuer massenhaft
   Schnecken (A. 10).

6. Im Taunus kommen nach Heynemann fast nur nackte Arten vor
   und auch diese spärlich, viele Schnecken aber an den Ruinen, „von
   denen sie sich keinen Schritt entfernen" (A. 10).

(Ad 2.) Was den grossen Schneckenreichthum der Neapolitanischen
Kalkhöhen gegenüber der Armuth der vulkanischen Formationen anbelangt,
so fügt E. v. Martens gleich selbst hinzu, dass er diesen Umstand nicht
der geognostischen Beschaffenheit der Bodenunterlage zuschreibe, sondern vielmehr den physikalischen Verhältnissen der Felsarten: bei dem Abfahren von
Sorrent nach Kapri habe man Gelegenheit, die steilen und glatten, vegetations-
losen Flächen der vulkanischen Schichten deutlich zu unterscheiden von den
mit zahlreichen Vertiefungen und Vorsprüngen versehenen Kalkabhängen, wo
Sonnenschein und Schatten fortwährend auf kleinen Strecken wechseln könne.

So wird es nun in Santorin wohl ebenfalls sein.

Was aber das Vorkommen der vielen Schnecken auf dem Kalkmörtel
an und in Ruinen anbelangt, so wird es nicht schwer sein, dasselbe auf ähnliche Verhältnisse zurückzuführen.

(Ad 5.) In der Umgebung von Schloss Ghymes erstens finden sich
nur Quarzfelsen. Man betrachte nur einen Quarzfelsen: auf den glatten
Flächen, von denen jeder Tropfen Feuchtigkeit sogleich herabrinnt oder ver-
dunstet, sprosst hin und her kaum ein spärlicher Grashalm, und nur wenige
kleine Flechten fristen ein kümmerliches Dasein; gewöhnlich ist kein einziges,
noch so kleines Ritzchen zu finden, und auf der einen Seite herrscht nur
Sonne, auf der anderen nur Schatten. Man wird die Ueberzeugung gewinnen,
dass auch umhergestreuter Kalkmörtel keine Mollusken herbeizaubern werde.
In einer Ruine aber finden sich unzählige Ecken, verborgene kleine Höhlungen
und Schlupfwinkel; überall auf kleinen Strecken wechseln Licht und Schatten;

Boden sammelt sich bald an vielen Stellen, und eine reiche Vegetation schiesst üppig an den Mauern auf.

(*Ad 4 u. 6.*) Der Taunus ferner ist im Ganzen mit dichtem Nadelwald bedeckt, genau so wie die Höhen um Gera: die Schluchten und Thäler sind tiefschattig und belebender Sonnenwärme unzugänglich: Schnecken kommen daher nur an den freistehenden Burgruinen vor, wo ungleich günstigere Bedingungen für sie vorhanden sind, wo ihnen bei genügender Sonnenwärme und Feuchtigkeit zugleich Schatten geboten wird und Schlupfwinkel in reichlicher Menge ihnen offen stehen. Dass sie sich „keinen Schritt von den Ruinen entfernen", sondern „nur auf kleinstem Terrain sich finden, wo nämlich der Kalkmörtel herabgebröckelt und umhergestreut ist", liegt wohl daran, dass in der weiteren Umgebung keine freien Steinstücke umherliegen; die Schnecken kommen daher nur so weit vor, als die von dem Mauerwerk herabgefallenen Steine die nothwendigen Schutzdächer gegen allzugrosse Trocknung und Sonnenschein herstellen, und die Wirkung würde dieselbe sein, wenn das herabfallende Material nicht Kalkmörtel, sondern Holzstücke oder Schieferplatten wären.

Dass oben angedeutete physikalisch-meteorologische Verhältnisse von dem grössten Einflusse sind und auch an anderen Orten, als an Ruinen mit dem berühmten Kalkmörtel sich geltend machen, erhelle aus folgenden Beispielen:

E. v. Martens sah im Thüringer Walde in der Umgebung von Friedrichsroda (A. 13) nur an einer Stelle Schnecken zahlreicher auftreten, nämlich an dem „Gottlob", einem über den ihn rings umgebenden Fichtenwald hervorragenden, dem Sonnenschein zugänglichen und genügend mit schützenden Vorsprüngen und Ritzen versehenen Felsenzacken von Melaphyr-Conglomerat. Andere solche Felsen, welche nicht über die Gipfel der Bäume hervorragten, also stets von diesen beschattet werden, übrigens genau dieselben geognostischen und Vegetationsverhältnisse zeigten, waren von keinen Schnecken bewohnt.

Aus eigener Erfahrung führe ich noch an:

Das Königshayner Gebirge in der preussischen Oberlausitz, durchweg Granit, besteht aus zwei Zügen, von denen der nördliche mehrere einzelne Kuppen trägt. Dieselben zeigen alle auf ihrer Spitze mächtige Granitblöcke, doch nur auf der einen, dem „Hochstein", treten dieselben aus dem Busch

27*

heraus an das Tageslicht; die anderen sind ganz in Nadel- und Birkenwald gehüllt. Auf diesem Hochstein, übrigens der höchsten dieser Kuppen, stehen einige vereinzelte Buchen; die colossalen Granitblöcke mit alten Opferstätten zeigen vielfache Spalten, künstliche Abstufungen und Vertiefungen, in denen Buchengesträuch, Nesseln, Geranien, üppiges Gras und Vaccinien wachsen. Hier fand ich *Clausilia plicata* Drap., *plicatula* Drap., *parvula* Stnd. (die kalkliebende!), *dubia* Drap., *Balea perversa* L., *Pupa pygmaea* Drap., *Helix rotundata* Müll., *aculeata* Müll., *lapicida* L. (besonders schön und gross), *hortensis* Müll. var. *fusco-labiata* (und zwar nur diese Varietät in schönen, starkgehäusigen Exemplaren), *Arion fuscus* Müll., *melanocephalus* F.-B., *Limax arborum* Bouch., *Hyalina fulva* Drap., *Vitrina pellucida* Müll., und der alte Neumann (A. 14) will sogar *Pupa frumentum* Drap. hier gefunden haben. Auf dem ganzen übrigen Theile des nördlichen Königshayner Gebirgs-zuges wird man kaum etwas Anderes finden, als *Arion empiricorum* Fér., der hier oben gerade fehlt, und *Vitrina pellucida* Müll., die beinahe überall vor-kommt. Die oben aufgezählten Schnecken aber entfernen sich von den frei-stehenden Granitblöcken auch „keinen Schritt".

Der Schwarzenberg bei Jauernick in der Oberlausitz besteht aus Granit, von Basalt durchbrochen, welcher letztere auch den Gipfel bildet. Unten herum steht abwechselnd Kieferwald und dichter Laubwald; der Granit, wo er zu Tage tritt, zeigt glatte Flächen, und wo er nicht zu Tage tritt, ist der Boden trocken und sandig; die Krautvegetation besteht hauptsächlich aus kümmerlichen Farnen, Vaccinien, *Calluna vulgaris* (L.) Salisb. und hohen, steifen Grasbüscheln; von Schnecken findet man nur *Vitrina pellucida* Müll., *Helix rotundata* Müll. und *Limax cinereo-niger* Wolff. Anders ist es auf dem Gipfel: derselbe trägt kein hohes Holz, sondern nur niederes, vereinzeltes Gesträuch, welches den Sonnenstrahlen allenthalben Zutritt gewährt. Der hier sehr unansehnliche, graue Basalt liegt in grossen Trümmerhaufen umher, in deren unzähligen Ritzen und Höhlen reiche Krautvegetation wuchert, und wo ich folgende Schnecken fand: *Clausilia laminata* Mtg., *bidentata* (Ström) Bttg. (= *nigricans* Pult.), *Helix rotundata* Müll., *lapicida* L., rothbraune und stark-gehäusige *Helix hortensis* Müll., *Arion fuscus* Müll., *Hyalina nitidula* Drap., *Vitrina pellucida* Müll.

Dieselbe Bildung zeigt der übrigens viel grössere und höhere „Hoch-

wald" bei Lauban in Schlesien, nur dass unten herum Gneiss statt des Gra-
nites gelagert ist; auch ist der Holzbestand auf dem Gipfel ein bedeutend
höherer, doch auch ziemlich dünner, und an seinem Westabhange giebt es
einige quellige Orte: doch findet man überall dieselben Basalttrümmer. Unten
herum in dem dichtbestandenen Hochwald und an den massiven Gneissfelsen
kriecht nur der schattenliebende *Arion empiricorum* Fér., oben aber zwischen
den feuchten Basalttrümmern findet man: *Clausilia laminata* Mtg., *Cionella
lubrica* Müll. var. *hyalina*, *Helix umbrosa* Partsch, *arbustorum* L., *Arion
fuscus* Müll., *hortensis* Fér., *Limax cinereo-niger* Wolff, *Hyalina nitidula* Drap.,
glabra Stud., *diaphana* Stud., *fulca* Drap., *Vitrina pellucida* Müll., *diaphana*
Drap. und *Lusatica* Idn., an Basaltfelsabhängen *Clausilia biplicata* Mtg., *Patula
rotundata* Müll., *Arion fuscus* Müll. und *Vitrina pellucida* Müll., letztere vier
mit die häufigsten Schnecken der rauhen Oberlausitz.

Zweimal sehen wir den Basalt als Wohnort mehrerer, z. Th. selten
gefundener Arten. Und in der That, wenn man von der Ansicht ausgeht,
dass eine mit vielen Ritzen und Vorsprüngen versehene Gesteinsart für
mannigfaches Molluskenleben besonders günstige Existenzbedingungen gewährt,
so findet man an dem Basalt meist die rechten Plätze. Leicht kann sich
etwas Humus ablagern, welcher Feuchtigkeit anzieht und an sich hält, ohne
sie wie glattes Gestein schnell verdunsten zu lassen; vorspringende Kanten
und Felsstücke geben Schatten, der zugleich nicht tief ist, sondern immer
nahe am Sonnenschein liegt und gewissermassen ein „sonniger Schatten" genannt werden kann. Eine Bestätigung dafür sind die Landeskrone in der
Oberlausitz mit ca. 60 Schneckenarten [1]), der ähnlich beschaffene Gröditzberg
bei Haynau in Schlesien und im schlesischen Hochgebirge die bekannte
Basaltader der kleinen Schneegrube, welche sich vor dem ringsum lagernden
Granit durch reiche Vegetation und viele Mollusken vortheilhaft auszeichnet.

Es würde übrigens weitläufig sein, wenn ich alle die Punkte beschreiben
wollte, an denen ich Berggipfel und Bergvorsprünge, insofern sie nur einiger-

---

[1]) Unter denen z. B. *Daudebardia breviceps* Drap., *Hyalina diaphana* Stud., *Limax
(Amalia) carinatus* E. v. M., *Helix umbrosa* Partsch, *aculeata* Müll., *personata* Lamarck, *obvoluta*
Müll., *Buliminus montanus* Drap. und *obscurus* Müll., *Pupa minutissima* Hartm., *doliolum* Brug.,
Clausilia filograna Ziegl., *sejuncta* A. Schm., *parvula* Stud., *tumida* (Ziegl.) A. Schm., *Balea
perversa* L., *Acme polita* Hartm.

massen mit Gebüsch bewachsen und der Sonne und freien Luft zugänglich
waren, vor weiter unten im dunkelen, kaltfeuchten Hochwald gelegenen Fels-
kuppen oder gar glatten Felswänden bevorzugt fand; ich nenne nur einige
Namen: Babiagora im Comitat Arva in Ungarn, Hohgulge bei Schönau in
Schlesien, Karpenstein bei Landeck und hohe Mense in der Grafschaft Glatz,
Oberes Queissthal mit dem Adlerstein bei Marklissa in Schlesien, Hochwald
bei Zittau in Sachsen, Raubschloss im Boberthale und Falkensteine bei Hirsch-
berg in Schlesien etc.

Da man nun die Burgen auf die freien Kuppen der verschiedenen
Höhen setzte; da diese Burgen meist auf die eine oder andere Art Laub-
bäume erhielten; da mit der Cultur sich bald Humusbildung einfand, und
dieser Humus auch in vielen geschützten Ecken und Winkeln liegen bleiben
konnte; da endlich bei zerfallendem Mauerwerk auch bald Steintrümmer umhergestreut, und da durch dies Alles günstige Existenzbedingungen für Landschnecken geschaffen werden; so kann man nicht umhin einzuräumen, dass
das Vorhandensein einer Burgruine[1]) in gewissen Fällen als Grund von
Schneckenansiedelung auf einem vorher vielleicht kahlen und öden Berggipfel
anzusehen sei. Nur aber kann unter keiner Bedingung zugegeben werden,
dass der trockene und wenig erquickliche Kalkmörtel es gewesen, welcher
diese Wirkung hervorgebracht habe.

Durch viele Mollusken vor der näheren Umgebung ausgezeichnet fand
ich z. B. folgende Burgruinen: Greiffenstein am Isergebirge, Kynast am
Riesengebirge, Bolkoburg am Bober-Katzbach-Gebirge, Kynsburg am Eulengebirge, Aggstein in der Wachau, Schloss Mödling in der Brühl bei Wien etc. etc.

Ausserdem füge ich noch von sogenannten „Kalkschnecken" einige auf
anderen Formationen belegene Fundorte an:

Buliminus (*Zebrina*) *detritus* Müll., Fürstensteiner Grund i. Schl., Grauwacke; hohe Mense in der Grafschaft Glatz, Glimmerschiefer.

Pupa (*Torquilla*) *frumentum* Drap., in der Grafschaft Glatz auf Glimmerschiefer; auf Gneiss (nach E. v. Martens A. 11) bei Finstermünz; an
   lehmigen Abhängen bei Oderberg in der Mark Brandenburg.

Clausilia parvula Stud., allenthalben in Schlesien und Böhmen auf Basalt,
   Glimmerschiefer, Grauwacke, Granit.

[1]) Also die menschliche Cultur.

Helix candicans Ziegler, sehr häufig bei Potsdam und auf dem Templower Berge bei Berlin (A. 15): an der Kyhnsburg in Schlesien.

Helix candidula Stud., auf Gneiss bei Finstermünz (E. v. Martens, A. 11).

Limax (Amalia) carinatus E. v. M., auf Basalt, Landeskrone in der preussischen Oberlausitz u. s. w.

Trotz solcher Ausnahmen, die gewiss noch mannigfach zu constatiren sein werden, ist es unleugbar, dass die Xerophilen[1]), *Buliminus detritus* Müll., *B. tridens* Müll., einige *Pupa-*, sowie zahlreiche andere *Buliminus-* und *Clausilia*-Arten mit kleinem Verbreitungsbezirk ganz entschieden den Kalk bevorzugen, z. Th. sogar ausschliesslich auf Kalk leben: ich glaube auch hierfür nur gewisse, durch die Gesteinsarten bedingte, physikalische Verhältnisse als Grund ansehen zu müssen, und zwar vor allen Dingen, ob bei Verwitterung und in welchem Grade Humusbildung stattfindet und eine mehr weniger reiche Ablagerung und Ansammlung des Humus möglich ist. Doch könnten auch noch andere Verhältnisse mitsprechen, und ich erlaube mir eine kurze Besprechung verschiedener Gesteinsarten in dieser Beziehung, geordnet nach der Mannigfaltigkeit ihrer Schneckenfauna.

Nächst den schneckenlosen Quarzfelsen und dem Diluvialsande Norddeutschlands ist für den Sammler wohl die langweiligste Formation die des Quadersandsteins. Ich machte einen meiner ersten Sammelversuche auf Quadersandstein im Oybinthale bei Zittau in Sachsen und war sehr niedergeschlagen über mein angeblich noch wenig ausgebildetes Geschick zum Aufsuchen der Schnecken. Auf dem ganz aus Quadersandstein bestehenden Oybin nämlich steht eine weitläufige, aus dem gleichen Gestein erbaute, prachtvolle Kirchenruine inmitten altbestandenen Laubwaldes, und letzteres, hatte ich gelesen, sollten die Thiere sehr lieben — aber ich fand Nichts ausser einigen hässlichen Exemplaren von *Patula rotundata* Müll. und leere Schälchen von *Vitrina pellucida* Müll., ganz zuletzt noch einige *Clausilia biplicata* Mtg. von kümmerlichem Aussehen. Die ersteren beiden sind von Schnecken auch die einzigen Bewohner des Quadersandsteins bei Wehran und Klitschdorf am Qneiss in Schlesien und bei Adersbach und Weckelsdorf an der böhmisch-schlesischen Grenze, und es kommen an ersterem Orte nur hart am feuchten

---

[1]) Helixgruppe *Xerophila* Held, mittelländischen Ursprungs.

Queissufer noch *Zonitoides nitidus* Müll., *Hyalina cellaria* Müll., *fulva* Drap.,
Helix arbustorum L. und *Succinea putris* L., bei Weckelsdorf noch *Punctum
pygmaeum* Drap. unter feuchtem Laube und an Baumstümpfen vor. Als Grund
dieser Armuth hat man den bei Verwitterung des Sandsteines sich bildenden
harten, trockenen Sand und den Mangel an weichem, schwarzem, die Feuchtigkeit anziehenden und an sich haltenden Humus anzunehmen. Ausserdem
ist der Quadersandstein ganz ausserordentlich arm an Ritzen und Spalten,
und wenn er an manchen Orten wunderbar abenteuerliche Formen zeigt, so
geschieht dies zu sehr im Grossen; im Kleinen sieht man wieder glatte
Flächen massiver Gesteinsmassen, welche von unten und innen her nie unter-
höhlt sind; bei Verwitterung bilden sich keine einzelne, am Fusse der Felsen
umherliegende Steintrümmer. Regenwasser läuft sofort von den steilen Wänden
ab oder wird von dem lockeren Gestein aufgesogen; der befeuchtete Ver-
witterungssand schwimmt in einem Augenblick von Nässe, um sehr bald
wieder vollkommen trocken zu werden. Aehnlich verhalten sich in dieser
Beziehung Eruptionsgesteine.

Gneiss, Granit, Syenit, Serpentin, Grünstein bilden ebenso
colossale, compacte Massen mit mehr weniger glatten Flächen und wenigen,
einzelnen Trümmern; die Humusbildung ist ebenfalls schwach, bei Granit je
nach dem grösseren oder geringeren Gehalte an Feldspath verschieden. Risse
und Spalten giebt es wenig; das Regenwasser bleibt in Pfützen stehen, oder
läuft schnell ab, zieht aber wenig oder nicht in das Gestein ein. Es werden
sich nur ganz geringe Humuslager bilden können und im Allgemeinen nur an
Stellen von geringstem Umfange den Schnecken zusagende Plätze entstehen:
dem entsprechend fand Reinhardt (A. 12) auf dem Granit des Riesen- und
Isergebirges das kleine *Punctum pygmaeum* Drap. häufiger, als jede andere
Schnecke.

Glimmerschiefer, Thonschiefer, Grauwacke, Melaphyre, Ba-
salte zeigen weniger glatte Flächen von grösserem Umfang: die Verwitterung
erzeugt reichlich Humus; Risse und Spalten sind vorhanden, und meist ist
eine reichliche Bildung grösserer und kleinerer Trümmer bemerkbar. Feuchtigkeit erhält sich obenauf meist gut in den mit Humus gefüllten Spalten und
Vertiefungen. Innere Höhlungen wird man wenig oder nicht beobachten.
Laubwälder haben ein gutes Gedeihen.

Kreidige und Mergel-Ablagerungen, Muschelkalk und Uebergangskalkstein sind wenig oder nicht zerklüftet; man findet wenige Risse
und Spalten; die Humusbildung ist dagegen eine reichliche und die Fähigkeit
desselben, Feuchtigkeit aufzunehmen und anzuhalten, eine grosse. Muschelkalk und Uebergangskalkstein bilden meist rundliche, wellenförmige Hügel.

Dolomite, Urkalk, Blauschiefer und Oolithischer Kalkstein,
besonders die ersteren beiden, zeichnen sich durch auffallende Zerrissenheit
der Formen aus; glatte Flächen findet man gar nicht, und überall sind zahlreiche grosse und kleine, tiefgehende Spalten und Risse vorhanden. Bekannt
sind die Höhlenbildungen dieser Gesteinsarten. Bei Verwitterung wird ein
äusserst feinerdiger Humus erzeugt. Regenfeuchtigkeit läuft wenig ab, sickert
vielmehr durch das löcherige Gestein in die vielen Vertiefungen: ebenso findet
Sonnenwärme Zutritt bis tief in die Gesteinsmassen hinein. Es ist klar, dass
grosse Nässe die Oberfläche von derartigen Bildungen nicht leicht versumpfen,
noch dass anhaltend trockene Witterung bald alle Feuchtigkeit verdunsten
lassen wird. Die Feuchtigkeitsverhältnisse der Erdschichten sind darum nicht
jäh mit der Witterung wechselnde, sondern mehr stetige und sich gleich
bleibende. In Folge der Unebenheit der Flächen und der Porosität des Gesteins können bei anhaltend starkem Regen gewaltsam herabstürzende Wasser-
massen, Sturzbäche nicht leicht entstehen und den angesammelten Humus mit
Pflanzen und kleinen Thieren nicht abwaschen. Weinland (A. 7) fand in
der Falkensteiner Höhle leere Schalen von *Pisidium pusillum* Gmel., von
denen er annehmen zu müssen glaubt, dass sie von oben her durch Ein-
schwemmung dahin gelangt seien.

Aus Obigem ergiebt sich Einiges, wovon man vermuthen kann, dass
es einem grossen Theile der landbewohnenden Schnecken angenehm und
erspriesslich, wenn nicht nothwendig sei. Dies wäre, um es kurz zu recapi-
tuliren: gleichmässige, mässige Feuchtigkeit von unten her, ohne stagnirendes
Wasser und Sumpfbildung an der Oberfläche; Zugänglichkeit für freie Luft
und Sonnenwärme bei genügend warmen, schattigen Schlupfwinkeln; Vorhandensein tiefer liegender und leicht erreichbarer Winterverstecke. Der Artenreichthum gewisser geologischer Formationen, z. B. der verschiedenen Kalke,
dürfte davon herrühren, dass letztere diese Vorzüge in besonders reichlichem
Maasse und durchweg bieten.

Es fiel mir übrigens auf, dass Rossmässler in der Einleitung zu dem ersten Bande seiner „Ikonographie" auf seine grosse Erfahrung hin als sehr zweckmässige Einrichtung für ein Schnecken-Observatorium empfiehlt, diesem als Unterlage eine Schicht lockerer Steine zu geben und nur immer diese zu befeuchten, nicht die darüber liegenden Boden- und Moosschichten selbst. Und stände damit nicht auch in Zusammenhang, dass manche Schnecken bei stärkerem Regenfall den allmählich immer nässer werdenden Boden und die von Wasser triefende Krautvegetation verlassen, um an Baumstämmen, Mauern und Felswänden emporzusteigen?

Von oben geschilderten Verhältnissen, welche ihren directen Einfluss erklärlicherweise nur in Gebirgs- und Bergländern, selten in der Ebene geltend machen können, sind besonders eine grosse Anzahl mehr trockene Wohnplätze liebender Arten abhängig, welche ich unter dem Namen „Höhenschnecken" zusammenfassen möchte. Bei der Bezeichnung „Steinschnecken" wird man zu wenig veranlasst, an die ihren Wohnplätzen nothwendige Sonnenwärme und freie Luft zu denken, und ausserdem leben einige (z. B. die Xerophilen) an Oertlichkeiten, bei denen directe Berührung mit Felsgestein ausgeschlossen ist. Hierher gehören aus unserer einheimischen Fauna z. B.:

Limax (Amalia) carinatus (Leach) F. v. Mart.

Limax (Heynemannia) cinereus Lister (= *montanus* Leydig?).

Vitrina elongata Drap., *brevis* Fér.

Hyalina glabra Stud., *clara* Held.

Patula rupestris Drap., *ruderata* Stud., *solaria* Mke.

Helix (Gonostoma) obvoluta Müll., *holoserica* Stud.

H. (Triodopsis) personata Lam.

H. (Fruticicola) Cobresiana v. Alt., *edentula* Drap., *sericea* Drap., *rufescens* Penn., *umbrosa* Partsch, *strigella* Drap., *Carpathica* Friv.

H. (Campylaea) foetens C. Pfr., *faustina* Ziegler, *Preslii* A. Schm., wie alle anderen Campyläen.

H. (Chilotrema) lapicida L.

H. (Pomatia) pomatia L. (Uebergang zu Laubschnecken).

Buliminus (Napaeus) montanus Drap.

Pupa (Torquilla) frumentum Drap., *secale* Drap., *avenacea* Brug.

P. (Orcula) dolium Mich., *doliolum* Brug.

P. (Vertigo) pygmaea Drap.

Balea perversa L.

Die Clausilien ausser *C. ventricosa* Drap., *plicatula* Drap., *bidentata* (Ström) Bttg. (= *nigricans* Pulteney), *pumila* Ziegl., *sejuncta* A. Schm., *laminata* Mtg. und ausserdem die Helixgruppe *Xerophila*, *Buliminus detritus* Müll., *tridens* Müll., *quadridens* Müll., *Cyclostoma elegans* Müll. und *Pomatias septemspirale* Razoum., welche letztgenannte alle noch als Fremdlinge auf deutscher Erde zu betrachten sind und den Charakter mittelländischer Fauna deutlich in Gewohnheiten und Habitus an sich tragen. Sie suchen Orte auf, welche sehr sonnig sind und von anhaltender Nässe wenig zu leiden haben und finden solche auf sanft abfallenden, kurzgrasigen Hügeln und Abhängen, besonders in den Kalk-formationen Süd- und Mitteldeutschlands.

Auf allen Formationen fast gleichmässig finden sich *Limax cinereus* List., die Fruticicolen ausser *Helix strigella* Drap., welche in Deutschland dem Kalk und trocken-sonnigen Orten entschieden den Vorzug giebt, *Helix lapicida* L., *Helix pomatia* L., auf Kalk z. B. allerdings am häufigsten, *Buliminus montanus* Drap., *Pupa pygmaea* Drap., *Clausilia plicata* Drap., *biplicata* Mtg. und *dubia* Drap.

Die günstigsten Existenzbedingungen scheinen auf dem sonst schnecken-armen Urgebirge zu finden und warm-trockene Gesteinsarten zu meiden: *Balea perversa* L., besonders dem feucht-oceanischen Westeuropa angehörend, die Hochgebirgsschnecke *Helix holoserica* Stud. und die Nordlandsschnecke *Patula ruderata* Studer.

Unabhängig von der Gesteinsart der Bodenunterlage, wenigstens nicht unmittelbar von derselben abhängig sind die Glieder einer anderen Gruppe, deren Existenz vielmehr hauptsächlich durch die Anwesenheit von Laubhölzern bedingt ist, und welche sich in Folge dessen im Gebirge so gut wie in der Ebene finden, auf alten Formationen sowohl, als auf recenten Ablagerungen. Wie aber die Höhenschnecken gewissen Gesteinsarten den Vorzug geben, so übt die Art der Laubhölzer auf diese Weichthierfauna ebenfalls einen starken Einfluss aus. Bekannt ist in dieser Beziehung der Molluskenreichthum der Rothbuchenwälder; weniger günstig wirken Erlen, Weissbuchen, Linden, Eichen und am ungünstigsten Robinien- und Birkenbestände. Indem nun aber auf gewissen Bodenarten viele Laubhölzer nicht gedeihen, manchen Schnecken so-mit nothwendige Existenzbedingungen entzogen werden, so wäre auch hier

28*

ein, wenn auch nur indirecter Einfluss des Bodens auf die Schneckenfauna zu constatiren.

Wir behalten hier den alten Namen „Laubschnecken" bei, unterscheiden aber zwischen Arten, welche nur die Waldränder und lichtere Hochwaldbestände bewohnen und solchen, welche auch in das schattige Innere der Wälder vordringen, besonders nasse Oertlichkeiten übrigens insgesammt zu vermeiden bestrebt sind. Erstere sind von unseren einheimischen Arten am lebhaftesten und schönsten gefärbt, während letztere, ihrem Wohnorte gemäss, eintönig dunkle Farben auf ihren Gehäusen zur Schau tragen.

Wir nennen als zur ersten Abtheilung dieser Gruppe gehörend und die Fauna der Waldränder und Lichtungen bildend:

Arion hortensis Fér.

Limax cinereo-niger Wolff, *unicolor* Heynem., *tenellus* Nilss. (= *cinctus* Heynem.)

Helix (*Fruticicola*) *hispida* L., *fruticum* Müll., *carthusiana* Müll. (= *carthusianella* Drap.), *incarnata* Müll., *arbustorum* L.

Helix (*Tachea*) *hortensis* Müll., *nemoralis* Müll., *Austriaca* Mühlf., *sylvatica* Drap.

Clausilia laminata Mtg.

Mehr den Schatten und das Innere der Wälder suchen auf, ohne dabei nassen und quelligen Orten auszuweichen, doch aber noch geradezu sumpfige Oertlichkeiten vermeidend und die Fauna des Hochwaldes bildend:

Arion fuscus Müll., *melanocephalus* F.-B., *albus* Fér.

Limax arborum Bouch. (= *marginatus* Müll.)

Patula rotundata Müll.

Helix villosa Drap.

Buliminus obscurus Müll.

Pupa edentula Drap., *substriata* Jeffr.

Clausilia ventricosa Drap., *plicatula* Drap., *bidentata* (Ström.) Bttg., *pumila* Ziegl., *sejuncta* A. Schm.

Alle Laubschnecken findet man mitunter an Bäumen und auf Sträuchern, und zwar am meisten so *Limax arborum* Bouch., *Helix hortensis* Müll. und *nemoralis* L., die Fruticicolen besonders im späteren Sommer und die anderen gern bei Regenwetter.

Helix Austriaca bildet mit *Helix sylvatica*, *Patula rotundata* und *Clausilia laminata* einen Uebergang zu den Höhenschnecken, *Arion melanocephalus*,

Buliminus obscurus und die beiden *Pupa*-Arten einen solchen zu der folgenden Gruppe, zu der Gruppe der „Erdschnecken".

Die Gruppe der Erdschnecken umfasst von Gehäuseschnecken die kleinsten und zugleich geographisch am weitesten verbreiteten Formen unserer Fauna; keiner derselben fällt es je ein, in die Höhe zu klettern; sie bewegen sich nur an und im Boden, und unter ihnen allein finden sich eigentliche Fleischfresser.

Wir werden hier wiederum zu betrachten haben, welche von ihnen vorzugsweise am Boden der Wälder zu finden sind, und welche mehr freies Land bevorzugen, welche mehr und welche weniger Nässe vertragen. Im Allgemeinen sind sie bezüglich ihrer Wohnorte wenig wählerisch.

Besonders in und an den **Wäldern** findet man:

Helix aculeata Müll., *bidens* Chemn.

Hyalina nitens Mich., *nitidula* Drap., *glabra* Stud. (?), *pura* Ald., *radiatula* Ald. (= *Hammonis* Ström.?).

Acme polita Hartm.

Auf trockeneren, **sonnigen Wiesen**, besonders unter niederem Gebüsch daselbst:

Helix costata Müll., *pulchella* Müll.

Pupa muscorum (L.) Müll., *minutissima* Hartm., *pygmaea* Drap., *costulata* Nilss., *Shuttleworthiana* Charp.

Succinea oblonga Drap.

Auf schattigen, **feuchten Wiesen**, besonders an Rändern von Teichen und Flüssen:

Limax laevis Müll. (= *brunneus* Drap.), *variegatus* Drap.

Daudebardia brevipes Drap. und *rufa* Fér.

Vitrina diaphana Drap.

Hyalina cellaria Müll., *Draparnaldi* Beck, *subterranea* (Bourg.) Reinh.

Zonitoides nitidus Müll.

Helix bidens Chemn., *rubiginosa* (Ziegl.) A. Schm.

(*Caecilianella acicula* Müll.)

Pupa antivertigo Drap., *laevigata* Kokeil, *pusilla* Müll., *angustior* Jeffr. (= *Venetzi* Charp.).

Succinea putris L., *Pfeifferi* Rossm., letztere besonders mehr im Wasser selbst, als ausserhalb desselben.

Ueberall finden sich, nur Torfgrund und Oertlichkeiten meidend, welchen der Landwirth das Prädicat „sauer" beizulegen pflegt:

Limax agrestis L.
Hyalina fulva Drap.
Vitrina pellucida Müll.   zugleich circumpolare und in die arktische
Punctum pygmaeum Drap.   Provinz vordringende Arten.
Cionella lubrica Müll.

An nässesten, moorigen Orten, auch auf „sauren" Wiesen und Torfgrund:

Limax laevis Müll. (– *brunneus* Drap.),
Carychium minimum Müll.

und auch hier und überall *Arion empiricorum* Fér.

Auch in Häusern, also besonders in Kellern und in Brunnen, sogar bisweilen unter alter Dielung finden sich:

Arion albus Fér.
Limax cinereo-niger Wolff) darum überall mit dem Menschen mitwandernd
L. variegatus Drap.   ) und so besonders in fremdländischen Hafen-
Hyalina cellaria Müll.   ) städten ausserhalb ihres Verbreitungsbezirks
) gefunden.

Eine unterirdische Lebensweise führen:
die blinde *Caecilianella acicula* Müll. für immer und nur während der wärmeren Jahreszeiten die Vitrinen, Daudebardien und wohl auch *Limax tenellus* Nilss. (– *cinctus* Heynem.)

Es braucht wohl kaum hinzugefügt zu werden, dass die Erdschnecken mehr als Laub- und Höhenschnecken in ihrer Existenz von der Anwesenheit von feuchtem Humus als stete, directe Bewohner desselben abhängig sind: doch sind sie gleichgültiger gegen andere, besonders Wärmeverhältnisse, indem sie nur lange Trockenheit verabscheuen, gegen welche sie von unseren Landmollusken allerdings am wenigsten gewappnet sind: sie können darum nie an Orten vorkommen, welche einer solchen öfters ausgesetzt werden. In den Gebirgen werden sie darum auch den Gesteinsformationen mit reicher

Humusbildung und starker Untervegetation stets den Vorzug geben, so dass wir auch hier die günstigsten Verhältnisse wieder von denselben Gesteinsarten bedingt sehen, wie sowohl bei den Laub- als auch bei den Höhenschnecken.

Während nun die Höhenschnecken vorzugsweise oder ausschliesslich Gebirgsbewohner sind, während die Laubschnecken dem Gebirge sowohl, als der Ebene gleichmässig angehören, sehen wir die Erdschnecken hauptsächlich die Niederungsebenen und niederen Vorgebirgsregionen bevölkern. Wohl geht eine Anzahl derselben auch in das höhere Gebirge hinauf; aber wir finden sie dort meistens nur sporadisch an wenigen, bevorzugten Stellen von meist geringem Umfange und haben dann öfters Gelegenheit, eine abnorme Färbung, nämlich den Albinismus, entweder bei allen Exemplaren, oder doch der Mehrzahl derselben zu constatiren.

Ausser obigen drei Gruppen sind noch zwei zu erwähnen, welche Deutschland entweder gänzlich oder wenigstens fast vollkommen fremd sind. Es sind dies, was das europäische Faunengebiet anbelangt, einige Schnecken aus der Helixgruppe *Euparypha* Hartm. (*Helix desertorum* Forskål und Verwandte) und die Vertreter der Buliminusgruppe *Petraeus* Albers aus den vorderasiatischen, arabischen und ägyptischen Wüsten — die „Wüstenschnecken", und zweitens mehrere den Meeresküsten allein angehörende Arten. Letztere, die „Küstenlandschnecken" oder Strandschnecken, besonders an den Mittelmeerküsten heimisch, scheinen, einzelne Formen ausgenommen, einer hohen, jährlichen Durchschnittstemperatur zu bedürfen.

Wir nennen als Beispiele:
von den Mittelmeerküsten:

Glandina algira Brug.,
Helix (*Xerophila*) *pisana* Müll. (auch bis England hin),
    (*Turricula*) *acuta* Müll., *pyramidata* Drap.,
        trochoïdes Poir.,
        conoidea Drap.,
Truncatella truncatula Drap. (schon des Meerwassers bedürftig) u. s. w.;
von den westeuropäischen Küsten:

Helix (*Fruticicola*) *cantiana* Mtg.,
Helix (*Xerophila*) *caperata* Mtg.,
        variabilis Drap., auch am Mittelmeer;

von allen europäischen Küsten, die arktischen allein ausgenommen:

Pupa umbilicata Drap.

Ausser diesen kommen aber noch andere Schnecken an den Küsten vor, ohne an dieselben gebunden zu sein.

2. Kurzer Vergleich des Vorkommens von Landschnecken und Pflanzen.

Haben wir auf den vorigen Seiten betont und Beispiele sowie Gründe angeführt, dass die Bodenunterlage auf die Molluskenfauna nur mittels ihrer physikalischen Eigenschaften Einfluss ausübe, so ist ein Gleiches wohl nicht für die Pflanzen anzunehmen, obgleich es auch geschehen ist, z. B. von Thurmann (A. 16). Die Erfahrungen der Landwirthschaft sowohl, als chemische Analyse beweisen, dass gewisse mineralische Substanzen wirkliche Nahrungsmittel der Pflanzen sind, und erhellt auch aus manchen Beispielen, dass auch die physikalischen Eigenschaften des Substrates für die Pflanzen nicht vollständig unwichtig sind, so wird man doch kaum denen beizustimmen vermögen, welche letztere als die erste und Hauptbedingung darstellen. Im Ganzen genommen werden wir nach der chemischen Beschaffenheit der Bodenunterlage des Standortes unter vier Gruppen von Pflanzen zu unterscheiden haben:

> Meerstrandpflanzen (Salzpflanzen),
> Kalkliebende Pflanzen)
> Kalkfliehende Pflanzen } Binnenlandpflanzen.
> Indifferente Pflanzen   )

Die Meerstrandpflanzen sind in gewisse Zonen gruppirt, welche den Meeresküsten parallel laufen und um die Salzstellen des Binnenlandes concentrisch gelagert sind; die kalkliebenden Pflanzen kommen nur auf Kalk vor, und zwar genügt ein Kalkgehalt von 10—15%, um eine Flora von Kalkpflanzen zu erzeugen und kalkfliehende Arten zurückzustossen, wie aus der Flora des Kaiserstuhlgebirges ersichtlich ist. Die kalkfliehenden Pflanzen werden von dem Kalke zurückgestossen, zeigen aber für keine der anderen Bodenarten eine besondere Vorliebe, während die indifferenten Pflanzen endlich auf allen Bodenarten gleichmässig gefunden werden (vergl. Contejean, A. 17).

Bei allen diesen Gruppen, die Salzpflanzen ausgenommen, unterscheidet
Contejean zwei den physikalischen Eigenschaften der Bodenarten entsprin-
gende Untergruppen: Xerophile, Trockenheit liebende, und hygrophile, d. h.
feuchtere Standorte vorziehende Pflanzen. Die Einwirkung des Kochsalzes ist
eine viel allgemeinere, als die des Kalkes: sie erstreckt sich auf $9/10$ der
Arten einer Gegend, während man den Einfluss des Kalkgehaltes höchstens
an der Hälfte derselben beobachten kann. Bei beiden, bei dem Kochsalz
und bei dem Kalk, ist die zurückstossende Kraft bei weitem grösser, als die
anziehende, und wahrscheinlich genügt ein weit geringerer Procentsatz beider
in der Bodenunterlage, um Salz- oder Kalkpflanzen zu erhalten, als nöthig ist,
um Vertreter der Binnenlandflora und solche aus der Gruppe der kalkfliehenden
Arten zurückzustossen. So hat man sich das zuweilen vorkommende Zusammen-
leben heterogener Pflanzen zu erklären, sowie auch daraus, dass kalkfliehende
Pflanzen, in kalklosem Boden zu gewisser Grösse und Kraft entwickelt, an
eine geringe Menge Kalk sich gewöhnen können.

Interessant ist es zu erfahren, dass im botanischen Garten zu Christiania
(A. 18) unter der Cultur des Menschen gewisse Pflanzenarten viel unabhängiger
von den Bodenarten sich zeigen, als wenn sie frei in der Natur wachsen.
Catabrosa algida, in der Natur nur in Boden vorkommend, der von Schnee-
wasser getränkt wird, gedeiht in dem botanischen Garten vorzüglich auch
ohne dasselbe. Es ist bekannt, dass auch Strandpflanzen bei der Cultur gut
fortkommen, ohne dass man ihnen Salz zu geben braucht. Sumpfpflanzen, wie
Veronica Beccabunga, V. Anagallis und *V. scutellata, Carex chordorhiza, Epi-
pactis palustris. Naumburgia thyrsiflora* u. s. w., welche in der Natur nur an
s e h r sumpfigen Orten wachsen, werden in demselben botanischen Garten in
ganz trockenem Boden gezogen und nicht mehr begossen, als alle andere,
gedeihen aber doch recht gut. Der Gärtner übernimmt hier die Rolle des
Schneewassers, des Salzes und des Sumpfes, indem er durch Ausjäten des
Unkrautes die Nebenbuhler fernhält.

Es ist zur Genüge betont worden, dass die chemische Zusammensetzung
der Bodenunterlage den Landschnecken vollkommen gleichgiltig ist. Doch wie
das Kochsalz des Bodens fähig ist, gewisse Pflanzen abzustossen und eigenartige Formen sich entwickeln zu lassen, so übt die mit Salztheilchen ge-
schwängerte Luft der Meeresküsten mittels dieser einen grossen Einfluss auf

die Landschnecken aus. Unter ihrer Einwirkung gedeihen einige, die Küstenlandschnecken, am besten; andere können ihr widerstehen und wieder andere
vermeiden es, sich ihr auszusetzen. Beweis für die starke Einwirkung dieser
Meeresküstenluft ist z. B. eine den nordbritannischen Küsten eigenthümliche
Dünenform von *Helix hortensis* Müll.: var. *arenicola* Macgill. Wenn wir nun
weiter zwischen kalkliebenden, kalkfliehenden und indifferenten Pflanzen zu
unterscheiden hatten, so geschah diese Eintheilung auf Grund der chemischen Zusammensetzung des Substrates, und nur deren Unterabtheilungen,
hygrophile und xerophile Pflanzen, entsprangen den verschiedenen physikalischen Eigenschaften der Bodenarten. Bei den Landschnecken werden wir
diese Unterabtheilungen zu Hauptabtheilungen zu machen und zwischen xerophilen, hygrophilen und indifferenten zu unterscheiden haben, wobei man ungefähr unter xerophilen Landschnecken die weiter oben (p. 34) geschilderten
Höhenschnecken, unter hygrophilen die Erdschnecken und unter indifferenten
vielleicht die Laubschnecken sich vorzustellen hätte. Nur unter den Höhenschnecken kann man von einigen sagen, dass sie den Kalk bevorzugen oder
ihn meiden, und so waren als kalkliebend in Deutschland zu bezeichnen die
Helixgruppe *Xerophila*, einige *Buliminus*-Arten südlicher Abstammung, sowie
die aus Südwesteuropa stammenden Torquillen und die ebenfalls aus Südeuropa
her verbreiteten Deckelschnecken *Cyclostoma elegans* Müll. und *Pomatias septemspirale* Razoum. Ausserdem giebt es in den Alpen und besonders im Südosten
von Europa einige Arten, welche überhaupt nur auf Kalk zu gedeihen scheinen.
Es sind dies Campylöen der Ost- und Westalpen (*Helix Sadleriana* Ziegl.,
H. phalerata Ziegl., *H. intermedia* Fér. etc. aus den Ostalpen, *H. alpina* F.-B.
und *H. Fontenillii* Mich. aus den Westalpen) und *Clausilia*- und *Buliminus*-
Arten der Balkanhalbinsel mit sehr kleinem Verbreitungsbezirk. Von letzteren
kann man vielleicht den Ausdruck „junge Arten" gebrauchen, d. h. solche,
deren Entwickelung zu ihrer jetzigen Form vor relativ kurzer Zeit auf dem
dem Gedeihen von Höhenschnecken so günstigen Kalkboden stattgefunden hat,
und welche noch nicht die Fähigkeit erlangt haben, den Einflüssen ungünsti-
gerer Localitäten zu widerstehen.

Kalkfliehende Arten waren die Nordlandsschnecke *Helix (Patula) ruderata* Stud., die Hochgebirgsschnecke *H.* (*Gonostoma*) *holoserica* Stud. und die in
dem westlichen Europa mit feucht-oceanischem Klima heimische *Balea perversa* L.

Die erstgenannten finden in unserem, im Verhältniss zu ihrer Heimath kalten Klima die günstigsten Existenzbedingungen auf dem warmen und trockenen Kalk, die letzteren vermeiden ihn dieser seiner eben erwähnten Eigenschaften wegen. Ich führte auch dafür schon Beispiele an (p. 30), dass nicht der Kalk als solcher die Anziehungskraft auf erstgenannte Arten ausübt, sondern dass auch Localitäten anderer Formationen, wenn auch seltener, dieselben Bedingungen gewähren können.

Daraus würde man nun den Schluss ziehen können, dass Arten, deren eigentliche Heimath ein verhältnissmässig warmes Land ist, in feuchteren oder kälteren Klimaten sehr wählerisch in Bezug auf warme und trockene Standorte werden, dass andererseits aber Schnecken aus kaltem oder feuchtem Klima bei ihrer Verbreitung in trockenere oder wärmere Districte vor solchen gerade sich hüten, und ich erlaube mir, dafür noch einige andere Beispiele anzuführen.

Helix (Fruticicola) rufescens Pennant, eine continentale Art und auf dem europäischen Continente auf allen Bodenarten vorkommend, findet sich unter dem Einflusse des so ausgesprochen feucht-oceanischen Klimas von England n u r a u f Kalk.

Helix (Fruticicola) strigella Drap., im Süden (Italien und Spanien) auf allen Gesteinsarten, wird je weiter nach Norden immer mehr zu einer kalkliebenden Schnecke (sie kommt z. B. in der Mark Brandenburg n u r auf den Kalkbergen von Rüdersdorf und in einigen anderen sonnigen und trockenen Hügelgegenden, in der preussischen Oberlausitz n u r auf dem Muschelkalk bei Wehrau a. Qu. vor).

Helix (Chilotrema) lapicida L., im Norden und noch in Deutschland auf allen Gesteinsarten, fehlt dem Kalk Oberitaliens, kommt dort aber stellenweise auf Gneiss vor.

Helix (Pomatia) pomatia L., im Süden (Oesterreich und Süddeutschland) auf allen Gesteinsarten gleichmässig, wird nach Norden hin auf Kalkboden entschieden häufiger, ebenso in Gebirgen nach der Höhe zu.

Leider hat man bisher auf derartige Verhältnisse wenig geachtet, und es können darum mit Sicherheit nur diese wenigen Beispiele angeführt werden; doch bin ich überzeugt, dass sich dieselben Verhältnisse sehr oft wiederholen.

Es ist nun interessant, dass ähnliche Verhältnisse auch für Pflanzen festgestellt worden sind, d. h. also, dass continentale Pflanzen südlicherer

29*

Gegenden, in ihrer Heimath indifferent, nach den feuchten Meeresküsten hin
und in den kälteren Zonen der Gebirge ihren Charakter insoweit verändern,
dass sie mehr und mehr zu Kalkpflanzen werden.

So wachsen nach A. Blytt (A. 19) einige continentale Arten im südöstlichen Skandinavien ohne Auswahl auf allen Gesteinsarten, während sie
weiter nach Westen und Norden hin, wo einerseits ein feucht-oceanisches
Klima, andererseits ein kalt-boreales zu herrschen anfängt, nur noch auf Kalk
in Folge von dessen Trockenheit und Wärme gefunden werden, so z. B.

Rosa canina L.[1]	*Convallaria majalis* L.
R. villosa L.	*Orobus vernus* L.
Corylus Avellana L.	*Actaea spicata* L.
Ulmus montana Sm.	*Asperula odorata* L.
Sorbus hybrida L.	*Daphne Mezereum* L.
Arabis hirsuta Scop.	*Viola mirabilis* L.
Arenaria serpyllifolia L.	*Erysimum hieracifolium* L.
Asplenium Ruta muraria L.	*Paris quadrifolia* L.
Polygala vulgaris L.	*Carex ornithopoda* Willd.

Carex digitata L. etc. etc.

In gleicher Weise haben sich nach J. Lange (A. 20) auf dem warmen
Kreideboden der Ostsee-Inseln Gottland und Oeland Pflanzen angesiedelt (zugleich mit der eigentlich ebenfalls südlicheren *Helix nemoralis* L.), welche man
sonst nur in südlicheren Breiten des Continentes anzutreffen pflegt, z. B.

Carex obtusata Lilbd.	*Adonis vernalis* L.
C. tomentosa L.	*Ranunculus Illyricus* L.
Artemisia rupestris L.	*R. ophioglossifolius* Vill.
A. laciniata Willd.	*Arabis Gerardi* Bess.
Inula ensifolia L.	*Braya supina* L.
Linosyris vulgaris Cass.	*Helianthemum Oelandicum* Wbg.
Globularia vulgaris L.	*Viola elatior* Fries.
Anemone sylvestris L.	*Gypsophila fastigiata* L.
Pulsatilla patens Mill.	*Potentilla fruticosa* L.

Man wird sich demnach nicht der Meinung entziehen können, dass
auch Pflanzen bei Veränderung der klimatischen Verhältnisse (bezüglich des

[1] Nach gütiger brieflicher Mittheilung von Herrn Professor Blytt.

Kalkes wenigstens) unter Umständen recht sehr von physikalischen Eigenschaften des Bodens abhängig werden können, ohne dass man letzteren im Allgemeinen den Vorrang vor der chemischen Beschaffenheit des Substrates einzuräumen braucht.

Schliesslich sei hier noch bemerkt, dass das geologische Alter einer Formation sowohl für die Pflanzen, als natürlich erst recht für die Landmollusken höchst gleichgiltig ist.

Was das Pflanzenleben an den Meeresküsten anbelangt, so ist die Zahl der in dem mit Kochsalz geschwängerten Boden gedeihenden Pflanzenarten verhältnissmässig klein, aber, wie schon erwähnt, ganz besonders charakteristisch: ebenso leben hier nur wenige Landschnecken, von denen oben einige charakteristische Beispiele für die europäischen Küsten angeführt wurden, und welche sich auch von den Küsten absolut nicht entfernen, wenn auch ihr Vorkommen manchmal etwas weiter in das Land hinein greift, als dasjenige der Meerstrandpflanzen. Kommen nun aber dieselben Pflanzen zum Theil auch im Binnenlande auf und an Salzlagern vor, so kann man den gleichen Umstand durchaus nicht für die Schnecken constatiren. Die Küstenlandschnecken sind und bleiben dieses in des Wortes ganzer Bedeutung, und wenn man daher wohl von „Salzpflanzen" reden kann, so wäre es vollständig ungeeignet und absurd, auch von „Salzschnecken" sprechen zu wollen. Es geht daraus wiederum hervor, dass, während das Vorkommen von Pflanzen hauptsächlich von den chemischen Eigenschaften des Substrates, hier also von dem Gehalte an Kochsalz abhängig ist, und dass darum dieselben Pflanzen auf dem Salzboden der Meeresküsten und dem Salzboden des Binnenlandes wachsen, die Küstenlandschnecken dagegen an das Klima und die Feuchtigkeitsverhältnisse der Meeresküsten gebunden sind, ihr Vorkommen also auf physikalischen Gründen beruht.

Einen grossen Einfluss scheinen an den Küsten die von dem Meere ausgeworfenen Molluskenschalen stellenweise auf den Pflanzenwuchs zu haben: Contejean (A. 17) führt an, dass Binnendünen, insofern sie vor dem Salzwasser geschützt seien, im Allgemeinen kalkfliehende Binnenlandpflanzen beherbergen, kalkliebende Arten aber auf Lagern von Conchylienresten vorkommen — wohl das einzige Beispiel, dass Pflanzen in Abhängigkeit von Mollusken stehen.

Bezüglich der geographischen Verbreitung von Meerstrandformen mag gleich hier das abnorme Vorkommen zweier solcher, eines Baumes und einer Küstenlandschnecke, an einem auf continentalem Gebiete belegenen Fundorte erwähnt werden: die Seestrandkiefer (*Pinus maritima* bezw. *P. Laricio* Poir.), an den westlichen Abhängen des Kaukasus bis 800 Fuss hoch häufig, ist neuerdings auch an dem südwestlichen Gestade des Kaspischen Meeres im östlichen Transkaukasien, in den Steppen von Eldar, gefunden worden, „kurz vor dem Einfluss der Jora in die Kura" (Kessler A. 21), und aus demselben Gebiete mit seinem durchaus continentalen Klima kennt man schon lange die sonst absolut nur im streng oceanischen Küstenklima gedeihende *Pupa umbilicata* Drap. (A. 22). Die Kiefer ist an dem genannten Orte bereits im Absterben begriffen — ob ein Gleiches für *P. umbilicata* geltend gemacht werden kann, muss vorläufig dahingestellt bleiben.

Höhenschnecken und einige der Erdschnecken zeigten sich in ihrem Vorkommen von ähnlichen Ursachen abhängig wie gewisse Pflanzen; Küstenlandschnecken und Meerstrandpflanzen kommen, unabhängig von einander und aus verschiedenen Ursachen, zum Theil an gleichen Localitäten vor. Die Laubschnecken dagegen und die Wälder bewohnenden Erdschnecken erhalten ihre Existenzbedingungen erst durch gewisse Pflanzen, besonders Bäume. Während die oben genannten gleich manchen Pflanzen direct von der Bodenbeschaffenheit oder dem Klima des Fundortes abhingen, von den an gleichen Orten wachsenden Pflanzen meist ganz unabhängig waren, sind letztere im Gegentheil an einen besonderen Pflanzenwuchs gebunden, unbeeinflusst von der geognostischen Beschaffenheit oder den dadurch bedingten physikalischen Eigenschaften der Bodenunterlage.

Schon oben wurde erwähnt, wie die verschiedenartigen Waldbestände bezüglich der Zahl der in ihrem Bereiche lebenden Schnecken ganz verschieden sich verhalten, und es scheint, dass, wie gewisse Höhenschnecken fast nur unter dem günstigen Einfluss von anstehender Kalkformation gedeihen, einige Laubschnecken an den Buchenwald gebunden sind, nur in solchem vorkommen und fast nur mit der Buche sich verbreiten. Hierher wäre vor Allem *Helix (Acanthinula) aculeata* Müll. zu rechnen, welche sich fast nur unter todtem Buchenlaube findet und nirgends über die nordöstliche Buchengrenze hinaus, aber überall innerhalb derselben vorkommt. Diese nordöstlich verlaufende

Grenzlinie geht vom südlichsten Theile Norwegens (59° n. Br.) aus, berührt die schwedische Westküste, durchschneidet den Continent vom frischen Haff aus über Polen bis Podolien fast geradlinig und setzt sich jenseits der Steppen in der Krym und dem Kaukasus fort. Während nun die Verbreitung der Buche recht klar den Einfluss des Seeklimas in Europa ausdrückt, wäre es wohl ungeeignet, das Vorkommen von *Helix aculeata* Müll. direct mit diesem in Verbindung bringen zu wollen, indem eben der Grund des Vorkommens genannter Schnecke lediglich in der Buche selbst zu suchen ist. Gleicherweise geht in den Gebirgen *Helix aculeata* Müll. nicht höher, als die Buche, in den Sudeten beispielsweise bis 2000—2500 Fuss Meereshöhe.

Nordenskiöld und Nylander (A. 23) geben zwar *Helix aculeata* auch aus Finland an; dieser Fund hat sich aber als *Helix harpa* Say herausgestellt, welche doch wohl als etwas ganz Anderes anzusehen ist, als *H. aculeata* Müll., jedenfalls nicht etwa als eine nur durch das arktische Klima bewirkte Veränderung von *H. aculeata*. *Helix harpa* Say kommt nämlich in sämmtlichen Polarländern vor, und wäre sie eine von *H. aculeata* abstammende Form, so könnte ich nicht einsehen, warum sie nicht auch in den Hochgebirgen oberhalb der Buchengrenze gefunden wird, und weshalb sie in dem gemässigten Nordamerika sich nicht in *H. aculeata* Müll. zurückverändert hat. *H. aculeata* Müll. ist neuerdings in Algier eingeführt worden und kommt sonst nur noch in den höheren Regionen der nördlichen Azoren unter abgefallenem Lorbeerlaube vor.

In den anderen Laubwaldbeständen findet man im Allgemeinen weniger Schnecken, fast gar keine in Nadelwäldern, und dort überhaupt nur dann, wenn eine reiche Untervegetation, beispielsweise von Farnen, vorhanden ist. Im deutschen Nadelwalde kommen nur die Nacktschnecken *Arion fuscus* Müll. und *Limax agrestis* L., ausserdem selten Vitrinen, wie *V. pellucida* Müll. und hin und wieder *Punctum pygmaeum* Drap. vor.

Gleich arm an Mollusken sind die auf sandigem Boden angelegten Robinien- und Birkenbestände, und erst der Eichenwald beherbergt dann einige der genügsameren und häufigeren Arten, wie *Limax cinereo-niger* Wolff, *L. arborum* Bouch., *Hyalina nitidula* Drap., *Punctum pygmaeum* Drap., *Helix rotundata* Müll., *H. incarnata* Müll., *Pupa pygmaea* Drap., *muscorum* (L.) Müll. Ein reicheres Molluskenleben findet sich nur unter dem feineres und zarteres Laub tragenden Bäumen und Sträuchern, wie Linden, Erlen, Buchen etc., wo das oft massenhafte Auftreten der grossen *Helix*-Arten (*H. arbustorum* L., *fruticum* Müll., *nemoralis* L. und *hortensis* Müll.) besonders charakteristisch wird.

Schliesslich seien noch einige Beispiele erwähnt, wie Schneckenarten eine ganz besondere Vorliebe für gewisse Pflanzen oder Vegetationsformationen zur Schau tragen, was sich übrigens oft nur in gewissen Gegenden zu äussern scheint.

In Krain und Kärnten erscheinen nur in Gesellschaft der *Paederota lutea* L. die Campyläen *Helix intermedia* Fér. und *H. Ziegleri* A. Schm., während die nahe verwandte *H. faustina* Ziegl. var. *Charpentieri* Scholtz in den Glatzer Gebirgen und in den mährischen Sudeten eng an das Vorkommen von *Tussilago Petasites* L. geknüpft ist. Zwischen Brennnesseln und Geranien (z. B. *Geranium Robertianum* L.) kommen gern *Helix (Fruticicola) hispida* L. und *H. (Fruticicola) umbrosa* Partsch vor. *H. (Fruticicola) incarnata* Müll. lebt besonders unter und auf üppigen Farnstauden, zusammen mit einigen Hyalinen (z. B. *Hyalina nitidula* Drap., *Hyalina subterranea* (Bourg.) Reinh.). Unter überhängendem Wurzelwerk von Gräsern finden sich am häufigsten bei trockenem Wetter *Pupa doliolum* Brug., *Clausilia filograna* Ziegl. und *Buliminus obscurus* Müll., mitunter wohl auch *Pupa frumentum* Drap. (z. B. bei Oderberg in der Mark Brandenburg), während zwischen Vaccinien und unter Schlehdornsträuchern öfters *Balea perversa* L. ziemlich isolirt gefunden wird. Zwischen feuchten Moosstengeln (von Arten der Gattungen *Hypnum* und *Hylocomium*) findet man besonders *Acme polita* Hartm. und Vitrinen, sowie *Hyalina crystallina* Müll. (Reinh.), und die bei feuchtem Herbstwetter zahlreich aufschiessenden Pilze pflegen eine Menge gefrässiger Nachtschnecken um sich zu versammeln.

Auf den über das Wasser überhängenden Halmen und Blättern von Schilf und Riedgräsern klettert oft bis an die äussersten Spitzen derselben *Pupa (Vertigo) antivertigo* Drap. umher, während am Ufer zwischen den Stengeln besonders *Succinea putris* L., *Zonitoides nitidus* Müll. und *Pupa Venetzi* Charp., wohl auch *Pupa pusilla* Müll., *Hyalina (Conulus) fulva* Drap. und *Helix (Petasia) bidens* Chemn. ihr Wesen treiben. Sogar für die Buchsbaumeinfassungen der Gartenbeete zeigt sich bei einer Schnecke eine besondere Neigung, nämlich bei *Hyalina cellaria* Müll., und die Vorliebe des allerdings zu allem Essbaren stark hinneigenden *Limax agrestis* L. für jungen Blattsalat trug diesem den Namen der „Salatschnecke" ein.

Schlussübersicht.

Wir unterscheiden zwischen geographischer Verbreitung und localem Vorkommen. Erstere hängt von der Lagerung der Continente, der Oceane und der Hochgebirge, sowie von dem Grade der Insolation ab, letzteres von Verhältnissen, welche sich überall in allen geographischen Verbreitungsprovinzen in sich wiederholendem, gleichmässigem Wechsel geltend machen.

1. Landmollusken ähneln den Pflanzen in der geringen oder fehlenden Locomotionsfähigkeit.

2. Für die fehlende Locomotion hat sich eine um so grössere Accommodationsfähigkeit entwickelt, welche sich bei den Landschnecken und Pflanzen in besonderen, einem jeden Klima, einer jeden Gebirgs- und Feuchtigkeitszone angepassten Formen äussert, während nur einige Arten allgemein verbreitet sind, welche zugleich bezüglich der Mollusken meist ein hohes, geologisches Alter aufweisen können.

3. Das Vorkommen der Pflanzen beruht hauptsächlich auf der chemischen Beschaffenheit der Bodenunterlage, woraus dieselben Nahrungsmittel entnehmen.

4. Das Vorkommen der Landmollusken hängt zum Theil auch von dem Substrat ab, aber nicht von dessen chemischen Bestandtheilen, sondern von den dadurch bedingten physikalischen Verhältnissen; zum anderen Theil (Laubschnecken) ist es von dem Substrat unabhängig.

5. Wir unterscheiden:

a) Meerstrandpflanzen.	*a)* Küstenlandschnecken oder Strandschnecken.
b) Binnenlandpflanzen.	*b)* Binnenlandschnecken.
	α) Xerophile Schnecken (Wüstenschnecken).
α) Kalkliebende Pflanzen.	Kalkliebende ⎫
β) Kalkfliehende Pflanzen.	Kalkfliehende ⎬ Höhenschnecken.
	Indifferente ⎭
	β) Hygrophile Schnecken (die meisten Erd-
γ) Indifferente Pflanzen.	schnecken).
	γ) Indifferente Schnecken (Laubschnecken
	und Wald bewohnende Erdschnecken).

6. Bei dem Heraustreten einer Pflanze aus ihrem eigentlichen Verbreitungsbezirk, bezw. an den äussersten Grenzen desselben, richtet sie sich
oft behufs Beschaffung der ihr nöthigen Wärme oder erforderlichen Feuchtigkeit in ihrem Vorkommen mehr nach den physikalischen Eigenschaften des
Substrates, als nach dessen chemischer Beschaffenheit und kann aus einer
indifferenten Pflanze zu einer kalkliebenden oder kalkfliehenden werden.

7. Je nach dem Klima des Aufenthaltsortes wechseln oft xerophile
Schnecken ihren Charakter bezüglich ihrer Vorliebe für Kalk oder warm-
trockenen Boden, oder Vermeidens desselben.

8. Küstenlandschnecken hängen von den Klimaverhältnissen des Meerstrandes ab, Wüstenschnecken von denjenigen der Wüsten und Steppen —
xerophile Schnecken von der Gesteinsformation — hygrophile von der Art
der Verwitterung der Gesteinsformation und den Feuchtigkeitsverhältnissen
des Substrates — indifferente Schnecken richten sich nicht nach der Bodenunterlage, sondern sind von den Vegetationsverhältnissen abhängig.

9. Mollusken können sehr von gewissem Pflanzenwuchse abhängig sein,
Pflanzen nur ausnahmsweise und in geringstem Grade von Mollusken, nämlich
wo kalkliebende Pflanzen auf Conchylienlagern vorkommen in Binnendünen,
die sonst kalkfliehende Pflanzen beherbergen.

10. Das geologische Alter einer Formation ist unter allen Umständen
gleichgiltig.

11. Von den unter 5 aufgestellten Gruppen sind am schärfsten abgesondert die Formen des Meerstrandes bezw. des Kochsalz haltenden Bodens.
Die anderen sind durch schwankende Charaktere untereinander verbunden.

12. Wie manche Pflanzen und Landschnecken bezüglich ihres localen
Vorkommens miteinander vergesellschaftet sind, so ergeben sich auch im
Weiteren oft gleiche Grenzen der geographischen Verbreitungsbezirke.

3. Veränderlichkeit der Landschnecken.

Wie die gewöhnliche Lebensweise von Einfluss auf die Form der
Gehäuse von Landschnecken sein kann, und wie diese möglichst den Verhält-
nissen der Umgebung angepasst sind, erhellt z. B., worauf E. v. Martens
(A. 24) hinweist, aus der nur nach einer Richtung hin entwickelten Form

der Gehäuse der Höhen- (Stein-) Schnecken, welche vielleicht mit der Beschaffenheit von deren Schlupfwinkeln, mit der Schmalheit der Felsen- und
Steinritzen in Zusammenhang steht. Diese Gestaltung trägt wohl auch dazu
bei, die ausserhalb ihrer Schlupfwinkel sich bewegenden Schnecken weniger
auffallend zu machen, z. B. die plattgedrückten Campyläen an den Wänden
und Abhängen von Felsen; durch ein kegelförmiges Gehäuse würden sie bei
weitem mehr abstechen. Die Laubschnecken dagegen zeigen durchweg eine
mehr oder weniger kugelige Schale; bei dem Kriechen durch das weiche
Laub und an Baumstämmen stellt sich Nichts ihnen hindernd entgegen;
Deckung finden sie genügend in dem schützenden Laube. Die Erdschnecken
endlich zeigen sehr verschieden gestaltete Gehäuse; bei ihnen ausgesprochene
Tendenz aber ist die der Kleinheit, in Uebereinstimmung mit ihrer Lebensweise zwischen den kleinsten von der Natur bedingten Verhältnissen.

Nun aber macht sich bei einzelnen Schneckenarten je nach der spe-
ciellen Beschaffenheit der Fundorte eine verschiedenartige Gehäuseform oder
wenigstens Gehäusefarbe geltend, was manchmal nicht genügend erklärt werden
kann. So suchte man Gründe für die stärkere oder schwächere Verlängerung
der Clausilien aufzufinden, und ich erlaube mir, zwei der hierher gehörigen
Meinungen zu reproduciren. Nach Küster sollten die Clausilien
genöthigt sind, viel an senkrecht stehenden Wänden zu klettern, durch das
fortwährende Herabhängen der Gehäuse die längeren Formen erzeugen gegenüber von Stellen, wo die Thiere mehr auf horizontaler Ebene sich bewegen;
nach S. Clessin (A. 6) sollten dort gedrungenere Gehäuse entwickelt werden,
wo das Thier besonders reichliches Futter findet und ihm wenig Kalk zugänglich ist, während längere Gehäuse an Orten mit umgekehrten Verhältnissen
prävaliren sollten; er erklärt das durch die verhältnissmässig verschiedene
Wachsthumszunahme von Weichtheilen und Schale. In ersterem Falle würde
das Thier dick und feist bei Zurückbleiben der Schale, und im zweiten würde
besonders viel Schalensubstanz abgesondert und angesetzt, während das Thier
schlank und schmächtig bliebe. Ich wage hier weder eine Kritik, noch möchte
ich fernere Conjecturen unternehmen; allen Aeusserungen aber möchte ich
widersprechen, welche darauf hinzielen, dicke und dünne Gehäuse u. s. w.
mit dem Kalkreichthum bezw. der Kalkarmuth des Bodens in Zusammenhang
zu bringen, insoweit dieses auf den Kalk als chemischen Bestandtheil des-

30*

selben und seine directe Aufnahme in den thierischen Organismus Bezug
haben soll.

Im Anfang des ersten Kapitels brachte ich ein darauf zielendes Beispiel aus der Literatur (A. 6), wo der Umstand, dass eine dicke Decke von
Laub und Humus den Kalk des Bodens verhülle, so zu sagen den Schnecken
denselben versperre, Ursache für die Bildung äusserst dünner Gehäuse von
Helix hortensis Müll. und solcher mit verschwindendem Kiele von *Helix lapicida* L. sein sollte.

Dass nun auch Schnecken ebenso dünne Gehäuse an Orten erzeugen
können, wo ihnen Kalk, sollten sie diesen als directes Nahrungsmittel aufzunehmen geneigt sein, in mehr als genügender Menge geboten wird, das beweisen mir Exemplare von *Helix incarnata* Müll., welche ich an verlassenen,
mit niederem Gesträuch bewachsenen und jeder dickeren Humus- und Laub-
schicht entbehrenden, aber durchaus schattigen und feuchten, geschützten
Stellen des Muschelkalkbruches bei Wehrau a. Qu. in Schlesien i. J. 1878
sammelte (A. 25); dass andererseits Gehäuse an einem Orte ohne jede Spur
von freiem Kalk des Bodens auch recht dick werden können, ersehe ich aus
Exemplaren von *Helix hortensis* Müll., welche ich in demselben Jahr auf
dem pag. 27 beschriebenen Hochstein bei Königshayn, auf einer freien, sonnigen und trockenen Höhe an Granitfelsen, neben einigen wenigen alten
Buchen fand.

Bei den letztgenannten zwei Funden deutete ich bereits an, was ich
mir als hauptsächlichsten Grund grösserer oder geringerer Dickschaligkeit
denken möchte: die Licht-, Luft- und Feuchtigkeitsverhältnisse. An Orten
mit geringem Licht, mit gleichmässig hoher Feuchtigkeit und geringer Zugänglichkeit für die verschiedenen Luftströmungen, oder vollkommener Ab-
geschlossenheit gegen solche sind die Thiere weniger geneigt, oder werden es
doch vielleicht nach mehreren Generationen, starke Gehäuse abzusondern, weil
dies unnütz sein würde, und Herr Clessin möge mir erlauben, seinen oben
(pag. 22) angegebenen Fund von *Helix hortensis* Müll. auf diese Weise zu
erklären. Ebenso scheint mir die Abänderung der Gehäuseform von *Helix
lapicida* L., wie sie übrigens genau so in dem hohen Buchenwalde der
Stubbnitz auf der Insel Rügen vorkommt, nämlich mit verschwindendem Kiele,
von der Veränderung der Lebensweise herzurühren; bei dem Leben auf und

in der dicken, weichen Decke von Laub und Humus verlor das Gehäuse im
Laufe der Generationen die für eine Berge und Felsen bewohnende Campyläe
typische, gekantete Form, um sich mehr derjenigen einer Laubschnecke zu
nähern, an deren Lebensweise die ursprüngliche Höhenschnecke sich allmählich
gewöhnte.

An Oertlichkeiten dagegen mit starkem Licht, schroffen Temperatur-
wechseln und trockener, vielleicht dünnerer und reinerer, ozonreicherer Luft
wird die Lebensthätigkeit, also auch die der Kalkabsonderung, bedeutend an-
geregt: alle Functionen vollziehen sich in lebhafterer Weise, und vielleicht
muss auch ein stärkeres Gehäuse deshalb producirt werden, um die stark auf
das Thier einwirkenden Lichteindrücke abzuschwächen. Wollte man übrigens
Dick- oder Dünnschaligkeit von der am Aufenthaltsort vorhandenen Kalk-
menge abhängig machen, wie wollte man sich wohl bei den Najaden erklären,
wo eine derartige Einwirkung des im Wasser aufgelösten Kalkes doch wahr-
haftig näher liegt, dass die dickschaligsten Formen unserer Najaden, die
Formen des *Unio crassus* Retz. var. *ater* Nilss. und der *Margaritana margaritifera* L. gerade im kalkärmsten Wasser sich nicht nur am wohlsten fühlen,
sondern stark kalkhaltige Gewässer sogar geflissentlich vermeiden?

Man könnte nun noch sagen, dass die Schnecken zwar nicht mit dem
Kalk des Bodens als einem chemischen Agens direct in Verbindung stehen,
dass sie aber aus den auf Kalkboden gewachsenen Pflanzen mehr Kalk entnehmen könnten, als aus solchen, deren Fundort eine granitische oder andere
kalkarme Unterlage aufzuweisen hat. Die angeführten Beispiele genügen auch
hier zur Widerlegung; und man darf wohl annehmen, dass Schnecken unter
allen Umständen genügendes Material zum Bau ihrer Gehäuse aus ihrer
Nahrung entnehmen können, auch wenn sie dieselben dickschalig herstellen
wollen, d. h. wenn äussere Umstände physikalischer Natur sie dazu veranlassen.

Auch für die verschiedenartige Färbung der Gehäuse und der Thiere
dürfte als Erklärung gleicherweise eine Anpassung in den Licht- und Farben-
tönen an den Aufenthaltsort am nächsten liegen. Betrachten wir darauf hin
eine der farbenreichsten unserer Landschnecken, *Helix hortensis* Müll. Dieselbe lebt am liebsten in sonnigen, lichten Laubgebüschen, wo das Blattwerk
und die Zweige der Bäume, von der Sonne beschienen, die verschiedensten
Schatten werfen. Ein eintönig dunkles Gehäuse würde an hellen Stellen

ebenso auffallend abstechen, als ein einfarben helles an dunkleren, und man
wird keine in Bezug auf den Aufenthaltsort mehr angepasste Färbung finden
können, als diese scharfe Bänderung; hierfür spricht, dass die Neigung zu
„Bändervarietäten" eine grössere wird bei Zunahme des Lichtes in solchen
Wäldern, und ich führe als Beispiel *Helix hortensis* von der Stubbenkammer
auf Rügen an. Die Stubbenkammer ist von hohen, alten, z. Th. etwas weitläufig bestandenen Buchen bedeckt, welche den Sonnenstrahlen mehr weniger
freien Zutritt gewähren; der Wechsel von Licht und Schatten ist also ein
aussergewöhnlich vielfacher und scharfer, und man findet hier alle überhaupt
denkbaren Bänderungsmodulationen gleichmässig vertreten. Dunkle Exemplare
aber, entweder dunkel durch Zusammenfliessen aller oder der meisten Bänder,
oder dunkel durch eine gleichmässig röthlichbraune Färbung der Schalenepidermis, fehlen, und es kommen sehr wenige einfach gelbe Stücke vor.
Röthlichbraun, wie auch die Varietät *fusco-labiata* gefärbt ist, habe ich dagegen *Helix hortensis* Müll. zu verschiedenen Malen auf freien Höhen, an und
auf dunkleren Felsblöcken zu beobachten Gelegenheit gehabt: so auf dem
schon öfters erwähnten Hochstein (pp. 52, 27), auf dem Gipfel des Schwarzen-
berges bei Jauernick in der preussischen Oberlausitz (p. 28) und im oberen
Queissthale bei Marklissa in Schlesien. Andererseits fand ich schmutziggrüne,
kleine, ziemlich dünngehäusige Exemplare derselben Art in einem feucht-
schattigen Gebüsch mit reicher, üppig grüner Krautvegetation an der Lausitzer
Neisse zwischen Görlitz und Posottendorf in der Oberlausitz und vorwiegend
rein hellgelbe Exemplare mit dicker Schale zwischen niederem Gebüsch auf
kurzgrasigen, sonnigen Wiesenhöhen, z. B. an den Hennersdorfer Teufelssteinen
bei Görlitz.

Nicht weniger variirt in dieser Beziehung die nahe Verwandte der
Helix hortensis Müll., die hauptsächlich unsere Gärten und Parkanlagen bewohnende *H. memoralis* L., was sich z. B. in der Umgebung von Potsdam
zeigt, wo letztere durchgängig ausserordentlich häufig auftritt. An dunklen
Stellen der Büsche und Parkanlagen erscheint sie dunkel durch tiefes Rothbraun oder in Folge des Zusammenfliessens der Bänder; an sonnigen Abhängen an der Havel[1]) sind die meisten Exemplare einfarben gelb oder blass-

---

[1]) z. B. bei Baumgartenbrück am Schwilowsee.

rothbraun, und man findet an Plätzen, welche von einer Holzart besonders bestanden sind, dass die grosse Mehrzahl der Stücke in der Farbe gänzlich an diejenige der betreffenden Stämme angepasst ist.

Der grosse *Arion empiricorum* Fér. nimmt in tiefschattigen, moorgrundigen Erlbüschen eine, sogar manchmal über die ganze Sohle sich ausdehnende, tiefschwarze Färbung an, während wir ihn in lichteren, trockneren Waldungen in hellerem Kleide sehen, oft mit grellrother Farbe prangend. Diese Färbungen scheinen bis zu einem gewissen Grade unabhängig zu sein von der Höhenlage des Wohnortes: der eine will mehr schwarze Schnecken auf den Bergzügen, der andere mehr in der Ebene gesehen haben, und wir kommen zu dem Schluss, dass der *Arion* eben schwarz ist an dunklen und feuchten Orten, gleichviel ob diese nun höher oder niedriger gelegen sind und in gleicher Weise roth an hellen, trockeneren Localitäten. Eigenthümlich ist nur, dass er im Norden (z. B. Skandinavien) und anscheinend auch im feuchten Hochgebirge nicht roth auftritt, und dass diese Färbung nach dem Süden hin, also auch mit dem trocken-wärmeren Klima, an Häufigkeit zunimmt.

Dass die physikalischen Verhältnisse des Aufenthaltsortes diese Färbungen bedingen, geht daraus hervor, dass alle gleichaltrigen Exemplare eines und desselben solchen immer ganz gleich gefärbt sind; sollte die Färbung von chemischen Einflüssen herrühren, z. B. von der Aufnahme von Eisen (!), so würde dieselbe kaum immer so gleichmässig sein. Schon der alte Neumann (A. 14) führt an, er habe nie einen schwarzen *Arion* unter einer Menge rother gesehen, oder umgekehrt.

So sehen wir auch *Helix arbustorum* L. als richtige Laubschnecke mit scharfen, hellen Flecken und einem hellen Bande auf dunkler Schalengrundfärbung in sonnigen Laubbüschen, zusammen mit vielfach gebänderten *Helix hortensis* Müll. und *nemoralis* L., mehr einfarben hell aber auf lichten, dichteren Gebüsches entbehrenden Höhen mit niederer Krautvegetation (z. B. am oberen Rande des grossen Kessels im Altvatergebirge).

4. Aufenthalt und Veränderlichkeit der Wassermollusken.

Während wir es auf dem Lande nur mit Gastropoden zu thun hatten, müssen wir bei Betrachtung der Süsswasserfauna auch die Acephalen mit heranziehen, und wir werden hier die beiden Klassen am besten getrennt behandeln.

Wie schon erwähnt (pag. 22), ist die Abgrenzung der Süss- und Salzwasserformen eine ziemlich scharfe. Nur die frühere Gattung *Hydrobia* umschliesst eigentliche Süsswasser- sowohl, als auch eigentliche Salzwasserbewohner, und man hat demnach neuerdings die Gattung mehrfach in Untergattungen zerlegt. Ausserdem leben in schwachgesalzenem Wasser Süsswassernehen Meerformen, und Süsswasserformen dringen selbst in das eigentliche Meer, in bedeutende Tiefen hinein, vor.

Im livländischen Busen leben *Cyclas, Unio, Anodonta* zusammen mit *Tellina* und *Venus*, und an dem Strande bei Swinemünde fand ich ausgewachsene *Unio*-Schalen mit fast gänzlich unversehrten Wirbeln (*Unio pictorum* L. und *U. tumidus* Retz.) zwischen Schalen von *Cardium edule, Tellina baltica* und *T. solidula*. Im Bereiche der ganzen Ostsee kommen an geschützten Stellen (z. B. besonders häufig im Jasmunder Bodden bei Rügen) von Süsswasserschnecken vor: *Limnaea lagotis* Schrank var. *baltica* (L.) Nilss., *L. ovata* Drap. var. *succinea* Nilss. und *Neritina fluviatilis* L. var. *halophila* Klett [1]). Paludinen, Neritinen und *Lithoglyphus* finden sich im Kaspischen Meere mit Arten von *Mytilus* und *Cardium* zusammen, und im Todten Meere begegnen wir einer Art der südlichen Süsswassergattung *Melanopsis*. Neritinen finden sich überall bis in das Meerwasser hinein, so bei Nizza (*N. Matonia* Risso), in Westindien (*N. viridis* Lam.), an den Philippinen und in China. Ohne Analogon steht bisher das Vorkommen von *Planorbis glaber* Jeffr. (= *laevis* Ald.) in grossen Meerestiefen da, so nördlich von Cap Tenez, Algier (A. 26) und nach Carpenter am Cap Teneriffa in einer Tiefe von 1415 Faden. Hat der *Planorbis* dort wirklich gelebt?

Inwieweit Süsswassermollusken euryhal sind, darüber hat Bendant interessante Versuche angestellt, Versuche, welche, obwohl auch anderwärts (A. 24, A. 27) bereits citirt, hier doch eine Stelle finden mögen. Nach denselben tödtete schneller Wechsel des salzigen Wassers mit dem süssen oder umgekehrt immer. Von Süsswassermollusken zeigten sich als gegen Salzgehalt bei allmählicher Steigerung desselben am meisten resistent die

---

[1]) Dieselbe Neritinenform findet sich im Mansfelder Salzsee in Sachsen.

Limnaea-, *Physa-*, *Planorbis-* und *Ancylus*-Arten, weniger aber *Viviparus verus* Frfld. (*Paludina vivipara* aut.), *Bythinia tentaculata* L. und *Neritina fluviatilis* L., ein Resultat, welches bei letztgenannter Schnecke im Vergleich mit dem vorher angegebenen Vorkommen derselben im Meerwasser wunderbar erscheinen muss. Süsswassermuscheln starben alle. Während nun Meeres-mollusken in der Natur gar nicht in süsses Wasser vordringen, starben von solchen während der Beudant'schen Versuche beim allmählichen Versüssen des Meerwassers nicht mehr, als von den gleichzeitig in Seewasser gehaltenen, von ersteren nämlich 37 und von letzteren 34 Procent. Von *Mytilus edulis* L. starb während einer Zeit von acht Monaten bei allmählicher Versüssung des Wassers kein einziges Exemplar.

E. v. Martens (A. 24) bespricht bereits den wenig oder nicht hin-dernden Einfluss des Eisengehaltes im Wasser und ebenso das für Mollusken-wie für alles Thierleben in hohem Grade feindselig wirkende Auftreten von Schwefelwasserstoff, welchen letzteren nur *Limnaea truncatula* Müll. in den Schwefelquellen von Krisevig auf Island und *L. peregra* Müll. in denen von Barèges und Bigorre in den Pyrenäen zu ertragen im Stande wären. Hinzu-zufügen sind da noch *Neritina fluviatilis* L. var. *thermalis* Boubée von Bagnères, *N. Prevostiana* Partsch aus den Schwefelquellen bei Vöslau in Oesterreich und dem warmen Wasser bei Ravi auf der Insel Sardinien, und ausserdem von Vöslau noch *Paludinella Parreyssi* Pfr. und *Melanopsis acicularis* Fér. var. *Audebartii* (?) Prevost.

Die Süsswasserschnecken theilte man sonst wohl in Fluss- und Teich-schnecken ein; man muss aber wohl dabei bemerken, dass dieselben über-wiegend Bewohner des stehenden Wassers sind, und dass man sich sehr oft das Vorkommen von solchen in Flüssen nicht so zu erklären hat, als ob die-selben dort für immer sich angesiedelt hätten. Man findet nämlich öfters auch in grösseren Flüssen Schnecken wie *Limnaea stagnalis* L., *auricularia* L., *lagotis* Schrank, *ovata* Drap., *Planorbis corneus* L. u. s. w. an Stellen, welche geeignet sind, den Wuchs grösserer Wasserpflanzen zu begünstigen, aber dann meistens nur in schon halbwüchsigen oder ganz ausgebildeten Exemplaren. Ganz jungen Nachwuchs entdeckt man nicht, was nicht anders zu erklären ist, als dass grössere Stücke mit Ueberschwemmungen, deren Unbilden sie mittels ihrer schon festeren Schalen auszuhalten wohl im Stande waren, dorthin gelangten, dass aber die Brut an diesen für sie ungünstigen Localitäten nicht gedeihen kann. Die Sohlen der ganz jungen Thiere besitzen noch nicht Muskelkräftigkeit genug, um sich in dem fliessenden Wasser an den Pflanzen festzuklammern und gehen so bei der Zartheit ihrer Gehäuse alsbald zu Grunde — ein Umstand, den übrigens auch Semper bei *Limnaea stagnalis* L. beobachtete (A. 27). Aber andere Limnäen scheinen es gelernt zu haben, auch in fliessendem Wasser sich fortzupflanzen, z. B. *L. lagotis* Schrank subsp. *mucronata* Held in Alpenbächen und *L. peregra* Müll.

Unsere einheimischen Süsswasserschnecken sind vielmehr vorwiegend Bewohner stehender Gewässer, und nur *Ancylus fluviatilis* L., die Neritinen und *Lithoglyphus naticoïdes* Fér. machen davon eine ständige Ausnahme, sowie z. B. in den östlichen Tropenländern die reissende Bergströme bewohnenden Navicellen; die Bivalven dagegen treten gleichmässig hier wie in Flüssen auf, und zwar die Gattungen *Unio* hauptsächlich und *Margaritana* nur in solchen.

Es würde daher wohl geeigneter sein, bei der einheimischen Süsswasser-Schneckenfauna zwischen Arten zu unterscheiden,

die erstens in grossen Seen mit starkem Wogenschlag gefunden werden und solchen,

die zweitens in stillen Teichen, Weihern und grösseren Gräben mit reichem Pflanzenwuchs vorkommen.

Von ersteren gehen einige auch in fliessendes Wasser, von letzteren einige auch in kleine Tümpel und Gräben.

Als drittes Moment wären noch die Quellen und Quellbecken anzusehen, denen besonders die Paludinellen mit der Höhlengruppe *Vitrella* Clessin, ferner *Limnaea truncatula* Müll. und kleinste Planorben, wie *Planorbis fontanus* Lightf. und *P. nautileus* L., eigen sind.

Es sei mir erlaubt, eine graphische Darstellung hier einzufügen, welche die grössere oder geringere Arten- und Individuenzahl unserer deutschen Wassermollusken-Gattungen in verschiedenartigen Gewässern veranschaulichen soll.

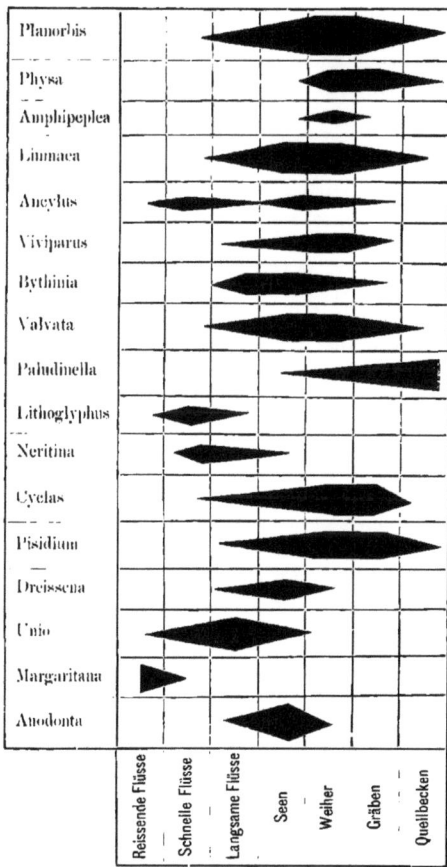

Jedoch findet man in grossen Seen auch Mollusken, welche sonst mehr den stillen Teichen und Weihern zukommen, und zwar an Stellen, welche vor dem Winde geschützt und mit reichem Pflanzenwuchs bestanden sind: grosse Seen haben selten einen vollkommen einheitlichen Charakter, und die eigentliche Seemolluskenfauna kommt nur an den flachen, sandigen oder steinigen Ufern mit heftiger Wogenbrandung vor. „Haben die Ufer der Seen mit Schilf oder anderen Wasserpflanzen durchwachsene Stellen mit ruhigerem Wasser, welche in ihren Verhältnissen mit jenen kleiner Weiher ziemlich übereinstimmen, so findet sich an solchen Orten eine Molluskenfauna, welche mit derjenigen solcher Wasserbehälter mehr oder weniger übereinstimmt" — so äussert sich auch Clessin (A. 28) in seiner trefflichen Arbeit über die Molluskenfauna der oberbayerischen Seen. Unter den letzteren unterscheidet er zwischen drei „Stufen" von Seen. Die erste derselben sind eigentliche Hochseen, kleine Wasserbehälter auf den Bergen selbst, in einer Höhe von 4000 bis 6000 Fuss. In denselben kommen sehr wenige Mollusken vor. So leben nach Clessin in dem Schachensee bei Partenkirchen nur *Limnaea truncatula* Müll. und *Pisidium fossarinum* Cless. (von der Gruppe des *P. casertanum* Poli), und es meint derselbe, dass dies mit dem geringen Besuche von Wasservögeln zusammenhänge.

Die zweite Stufe der oberbayerischen Seen sind grössere Wasserflächen „von enormer Tiefe und meistens mit sehr unzugänglichen Felsufern". Zwar finden sich hier schon mehr Mollusken[1], dennoch aber noch nicht viele: flache, sandige Ufer fehlen noch zu sehr, und solcher bedürfen die Süsswassermollusken, die nur bis 4 Meter Tiefe gedeihen können. Sie liegen in 2000 bis 3000 Fuss Höhe.

Die dritte Stufe, welche Clessin in den oberbayerischen Seen unterscheidet, sind die grossen Seen der Vorberge, wie der Chiemsee, Starnbergersee, Bodensee u. s. w. Dieselben haben flache Ufer und eine sehr reiche Molluskenwelt. Als eine für diese Seen charakteristische Limnäenform sei die *Limnaea mucronata* Held erwähnt, welche man am besten wohl als Unterart zu *L. lagotis* (Schrank) E. v. Mart. (= *L. vulgaris* Rossm.) stellt, und wie Kobelt eine ähnliche Form aus dem Himalaya abgebildet und beschrieben

---

[1] z. B. im Königsee: 1 Cyclas, 2 Pisidium, 2 Limnaea, 5 Planorbis, 2 Valvata.

hat. Den eigentlichen Alpenseen kommt ausserdem als eigenthümliche Form *Valvata alpestris* Blauner, eine Verwandte der *V. antiqua* Sow. (= *contorta* Mke.) zu. „Die letzte Reihe der vor den Alpen gelegenen Seen", so meint Clessin, „hat die reichste Fauna, nach Arten sowohl als nach Individuen, deren Gehäuse sich an einzelnen Uferstrecken in zahllosen Mengen angeschwemmt finden. Ihre Gehäuseformen haben sich am meisten motivirt und einzelne Arten haben einen so grossen Formenreichthum, dass es oft schwer wird, den Formenkreis gegen nabestehende Arten abzuschliessen."

In stillen, warmen Teichen, ganz ruhigen Flussbuchten oder breiten Gräben mit nicht allzu schlammigem Wasser und reichem Pflanzenwuchse finden wir gewöhnlich die reichste Schneckenfauna, und es giebt keine Art, ausser *Ancylus fluviatilis* L. und den anderen oben mit ihm erwähnten, welche man in solchen zu erwarten nicht berechtigt wäre. Anders ist es in grossen Seen, deren weiter Spiegel — ein stetes Spiel der darüber hinstreichenden Winde — zu grobem Wellenschlage geneigt zu sein pflegt. Hier fehlen vor allen Dingen *Limnaea peregra* Müll., *L. glabra* Müll., die kleinen Formen der *L. palustris* Müll. und meistens auch *L. ovata* Drap. Von Planorben findet man nur *Planorbis corneus* L., *marginatus* Drap. und *carinatus* Müll. *Amphipeplea glutinosa* Müll. und die *Physa*-Arten werden als dünngehäusige Formen solche Wohnplätze gleichfalls immer meiden. Dafür ziehen dieselben aber vor die Bythinien, *Valvata antiqua* Sow. (= *contorta* Mke.) und *piscinalis* Müll., und auch *Neritina fluviatilis* L. pflegt nicht zu fehlen. Kommen nun auch einige Limnäen, wie *Limnaea stagnalis* L., *auricularia* L., *lagotis* (Schrank) E. v. Mart., *L. palustris* Müll. var. *corvus* Gmel.[1]) gleichmässig in Teichen wie in Gräben und Seen vor, so wird man doch bei einiger Uebung einer Gehäuseform sofort die Beschaffenheit des Aufenthaltsortes ansehen können, an dem ihr Bewohner einst lebte (A. 34). Die Gehäuse aus Seen sind dick, mindestens sehr festschalig und glänzend und zeigen oft wunderbare Eckigkeiten in ihren Conturen, oft auch ein zusammengeschobenes Gewinde[2]), so dass schon manche selbständige Arten aus solchen Fundorts-

---

[1]) Fehlt in den oberbayerischen Seen.

[2]) Besonders *L. stagnalis* L. var. *bodamica* Cless. aus dem Bodensee, und aus dem Schweriner See und Plöner See in Norddeutschland (A. 34).

veränderungen entstanden, z. B. *Limnaea mucronata* Held, eine in den kalten Gebirgswässern, besonders der Alpen, vorkommende Varietät von *L. lagotis* Schrank, oder *L. tumida* Held, eine dickschalige Seeform von *L. auricularia* L. Glatt, weisslich und glänzend sind die Seemolluskenschalen wegen des Mangels an schwarzem Schlamm; die Formveränderungen der Gehäuse aber wird kaum Jemand auf etwas Anderes zurückführen wollen, als auf den störenden Einfluss des wogenden Wassers. Bei den Landschnecken fanden wir die Ursachen der Veränderungen in meteorologisch-physikalischen Verhältnissen und in dem Streben nach Anpassung an die Farbentöne der Umgebung, hier aber in mehr mechanischen Einwirkungen des die Wasserschnecken umgebenden „Elementes" von derberem Aggregatzustande.

Zu den bekanntesten europäischen Süsswassermuscheln gehören die grossen Formen der Familie Najades Lam. (*Unionidae* Flem.) in den Gattungen *Anodonta* Lam., *Unio* Retz. und *Margaritana* Schum., welche alle unsere Ströme, Flüsse, Bäche und Seen z. T. in überraschender Menge beleben, und von denen *Unio pictorum* L., die „Malermuschel" („mulette" der Franzosen), und *Margaritana margaritifera* L., die „Flussperlmuschel", dem Volksmunde die geläufigsten sind (A. 29).

Die Najaden leben in stehendem und fliessendem Wasser, in stillen Teichen und in Seen mit heftigem Wogenschlag, in grossen Flüssen mit rein sandigem Grunde und in deren schlammgrundigen Buchten, in kleinen Flüssen und in Bächen mit reissendem Strome und kiesigem Bett; und zwar bevorzugen nicht nur gewisse Arten derselben die eine oder andere Art erwähnter Gewässer, sondern es machen sich auch an den einzelnen Najadenarten eines jeden Standortes gewisse, durch den Aufenthaltsort bedingte Veränderungen bemerkbar, dergestalt, dass die Formen des einen Sees oder Flusses niemals denen eines anderen vollkommen gleichen, ja dass man oft innerhalb eines und desselben grösseren Sees an verschiedenen Stellen verschiedene Formbildungen beobachten kann. Dass diese Formverschiedenheiten nicht etwa auf individuellen Eigenschaften der Muscheln, oder, wie man sagt, auf „zufälligen" Ursachen beruhen, geht zur Evidenz daraus hervor, dass ein geübtes Auge aus einer Menge von Stücken z. B. von *Unio pictorum* L. und *U. tumidus* Retz. leicht diejenigen eines und desselben Fundortes herauszufinden vermag (vergl. Taf. 1. Figg. 2 u. 3, 4 u. 5, 6 u. 7). Es haben also ganz bestimmte, mit jedem Standorte veränderte Einflüsse zur Ausbildung analoger Formen verschiedener Najadenarten sich gleichmässig geltend gemacht. Selbstverständlich werden diese Formen nicht so beschaffen sein, dass sie für das Leben und für die Entwickelung der Thiere ungünstig wirken; man wird vielmehr ihre Entstehung aus dem Bestreben ableiten dürfen, den betreffenden Ortsverhältnissen sich möglichst anzupassen und störende Einflüsse derselben so viel als thunlich unschädlich zu machen. Ich will deshalb versuchen, einige dahin gehende Beobachtungen an unseren deutschen Najadenarten im Folgenden zu erläutern.

Wir verzeichnen als solche die folgenden sechs, aus denen man allerdings auch schon beinahe zehnmal so viel gemacht hat:

1) *Anodonta variabilis* Drap., in schlammigen und sandgrundigen, meist nur stehenden Gewässern.

2) *Anodonta complanata* Ziegl., Schlammbewohner.

3) *Unio pictorum* L. (Taf. 2. Fig. 1; Taf. 3 und 4) und

4) *Unio tumidus* Retz. (Taf. 7 und Taf. 8), in stehenden und fliessenden Gewässern aller Art, nur kleinere, besonders schlammige Teiche und sehr stark reissende kiesgrundige Bäche vermeidend.

5) *Unio crassus* Retz. (Taf. 5. Fig. 3), fast nur und als var. *ater* Nilss. (Taf. 5. Fig. 1) ausschliesslich in stark strömenden Gewässern, Schlammgrund jedenfalls immer vermeidend.

6) *Margaritana margaritifera* L., nur in stark strömenden, kiesgrundigen Bächen und kleinen Flüssen.

Wie bei allen Lamellibranchiaten verbindet auch bei den Najaden ein hinter den Wirbeln (den Wachsthumscentren) am Dorsalrand der Muschel gelegenes, horniges (und zwar hier äusseres) Ligament die beiden Schalenhälften. Die betreffenden an dem Ligament liegenden Ränder der Schalenklappen nennt man die „Schlossränder", und zwar können dieselben zur grösseren, gegenseitigen Befestigung der Schalenhälften noch mit besonderen, in einander eingreifenden Vorragungen versehen sein, den „Schlosszähnen". Von diesen unterscheidet man zweierlei Arten: einmal solche, welche, von mehr dreieckiger conischer Gestalt, direct unter den Wirbeln postirt die Verschiebung der Schalen gegeneinander in der Richtung von vorn nach hinten verhindern, d. h. die eigentlichen Schloss- oder Hauptzähne; und zweitens solche, welche (bei den Najaden nur hinter den Schlosszähnen gelegen) von mehr lamellen-artiger, langgestreckter Form, durch ihr Ineinandergreifen eine Verschiebung in der Richtung von oben nach unten unmöglich machen, d. h. die Seiten-zähne oder Seitenlamellen. Die Gattung *Anodonta* Lam. entbehrt solcher zahnartiger Vorsprünge gänzlich, *Margaritana* Schum. zeigt nur Hauptzähne, während die *Unio*-Arten beiderlei Formen von Schlosszähnen tragen.

Bei sämmtlichen Najadenschalen, und zwar besonders bei den *Unio*-Arten und bei *Margaritana margaritifera*, kann man eine eigenthümliche, auf beiden Schalenhälften immer gleichmässige Verletzung der Wirbelgegend (die sogen. Wirbelcorrosion, Angefressenheit, Abschülferung u. s. w., vergl. Taf. 2. Fig. 2) bemerken, welche durch eine von aussen her erfolgende Zerstörung der Kalkschicht nach Entfernung der Schalenepidermis verursacht wird. Man erklärt die Wirbelcorrosion entweder durch Auflösung der Kalkschicht auf chemischem Wege durch kohlensäurehaltiges Wasser oder durch Abschleifung auf rein mechanischem Wege. Jede von beiden Ursachen allein dürfte nicht als Erklärung genügen: vielmehr könnte man es sich ungefähr so denken: die nachweislich auch durch stärkste chemische Reagentien wie z. B. Königswasser unzerstört bleibende Epidermis bekommt auf mechanischem Wege kleine Risse und Löcher, in denen Algen und Moose sich ansiedeln und die Epidermis noch mehr lockern. Dadurch wird die Kalkschicht äusseren Einwirkungen, chemischen wie mechanischen, blosgestellt, und es wird von der Art des Wassers, in welchem die betreffende Muschel lebt, abhängen, welche von beiden das Hauptagens für die Wirbelcorrosion abgeben wird. In stehenden, stark kohlensäurehaltigen Sumpfwassern wird hauptsächlich oder lediglich eine Auflösung des Kalks auf rein chemischem Wege vor sich gehen; in fliessen-dem Wasser dagegen wird neben einer Auflösung desselben durch Kohlen-säuregehalt noch mehr die mechanische Ab- und Ausspülung wirksam sein. Dem entsprechend sind die Schalen der Bewohner reissender Flüsse und Bäche am meisten verletzt und zwar hauptsächlich am vorderen, stets gegen den Strom gerichteten Theil, während die Schalen der in stehenden, sand-grundigen und klaren Wassern lebenden Muscheln die geringste Corrosion erleiden.

In Bezug auf die Beeinflussung der Formverhältnisse durch bewegtes Wasser hat man zu unterscheiden zwischen einer strömenden Bewegung der

Flüsse und Bäche und einer wogenden und brandenden der grösseren Seen, besonders bei flachem Wasserstande. Ein *Unio* des fliessenden Wassers ist, wie schon erwähnt, immer mit dem Vordertheile gegen den Strom gerichtet, und hat darum den Unbilden des Stromes immer nur nach einer Richtung, nach vorn hin, den hauptsächlichsten Widerstand entgegenzusetzen. Anders in einem See. Hier sehen wir die Unionen nicht in einer bestimmten Lage, wie auch das Wasser nicht in einer bestimmten Richtung bewegt ist. Vor wie hinter der Muschel wogt dasselbe gleichmässig, und eine Najadenschale muss so beschaffen sein, dass das Thier ringsum Schutz und Halt in derselben findet. Besteht der Wassergrund aus weichem Schlamm, so wird eine Muschel sehr leicht tief einzusinken geneigt, andererseits aber auch aus demselben verhältnissmässig leicht auszuheben sein: ist darum Wasser, besonders flaches Wasser mit Schlammgrund (hier also nur stehendes Wasser verstanden) unter Umständen heftigerem Wogenschlag ausgesetzt, so werden die dasselbe bewohnenden Najaden eine Form annehmen müssen, welche sie besonders zum Festhalten am Grunde behufs Vermeidung des Herausgehobenwerdens durch die Wogen geeignet macht, umgekehrt sind die in reissenden Bächen und Flüssen wohnenden Najaden der Gefahr ausgesetzt, fortgerissen und mit dem Strome weggespült zu werden, bedürfen deshalb besonders einer von hinten nach vorn wirkenden Stütze. Ausserdem droht den Flussunionen eine Gefahr in den durch den Strom mitgerissenen fremden Körpern und rollenden Steinen, eine Gefahr, die mit zunehmender Schnelligkeit des Stromes wächst, in jedem stehenden Gewässer aber fortfällt.

Im Allgemeinen ist bei den Flussunionen durchweg das gegen den Strom wie ein Sturmbock gerichtete Vordertheil immer unverhältnissmässig dicker als das Hintertheil, welches letztere, durch jenes geschützt, auch in ziemlich schnell fliessenden Gewässern oft ganz dünn bleibt (Taf. 7. Fig. 1c). Eine Ausnahme hiervon bilden die im Ganzen sehr starkschaligen und zumeist nur sehr reissendes Wasser bewohnenden *Unio crassus* und *Margaritana margaritifera*, bei denen jedoch immer die Dicke des Vordertheils stark überwiegt.

Bei den Seeunionen dagegen, bei welchen alle Theile in dem sie rings umwogenden Wasser gleichmässig gewissen Gefahren, wenn auch geringeren, ausgesetzt sind, sind die Schalen vorn und hinten mehr gleichmässig stark, vorn schwächer, hinten stärker als bei Flussunionen.

Wir erwähnten ferner, dass ein *Unio* des stark wogenden Wassers, besonders bei flachem Wasserstand und zumal bei weichem Schlammgrund gegen das Ausgehobenwerden, ein *Unio* des stark strömenden Wassers gegen das Fortgeschoben- bezw. Weggespültwerden sich zu schützen suchen müsse. Dieses Bestreben würde naturgemäss an dem Theil der Muschel zum Ausdruck gelangen, mit welchem sie den Grund berührt, also an dem Unterrande. Ein kurzer und womöglich stark convex gebogener Unterrand könnte einen Schutz gegen diese Eventualitäten nicht gewähren, in weit höherem Grad aber ein langer Unterrand, der womöglich tief in den Grund sich einzubohren im Stande ist. So sehen wir denn auch in dem Wörthsee bei Klagenfurt an einer flachen, schlammigen, dem Wogenschlag ausgesetzten Stelle, den *Unio pictorum* eine Form annehmen, wie man sie sich nicht geeigneter zur Fixirung der Muschel im Grunde denken kann, und die einen so erfahrenen Conchyliologen wie Rossmässler anfänglich sogar zur Aufstellung einer neuen Art veranlassen konnte (*Unio platyrhynchus* Rossm., Taf. 2. Fig. 1). Die Muschel und demgemäss auch der Unterrand ist langgestreckt, das Hintertheil aber fast hakenförmig nach unten gebogen (Rossmässler, Iconographie, Fig. 130 und 348) und tief in den Schlamm eingesenkt, welcher beim Herausnehmen „traubenförmig" an der Muschel hängen zu bleiben pflegt. Ganz analog sind an derselben Stelle ausgebildet *Unio crassus* Retz. var. *batavus* Lam. als *Unio decurvatus* Rossm., und *Anodonta variabilis* Drap. als *A. rostrata* Kokeil. In einem blind endenden, mit dem Wörthsee in directer Verbindung stehenden Graben, dem Lendkanal, ist der Schlamm durch gewöhnlichen Sandgrund ersetzt; der Kanal hat keinen Wellenschlag, sein Wasser ist tiefer, und allen drei in dem Kanal lebenden Arten fehlt diese Eigenthümlichkeit des hakenförmig nach unten gebogenen Hintertheils: die Muscheln bedürfen dort eines solchen Nothankers nicht und zeigen alle den gewöhnlichen Habitus. Aehnliche, wenn auch nicht ganz so extrem gestaltete See- und zugleich Schlammformen des *Unio pictorum* kommen vor im Chiemsee in Oberbayern (*Unio arca* Held, Isis 1837 S. 304) und auch in mecklenburgischen Seen — immer mit dem „traubenförmig" anhängenden Schlamm. Sollten die Muscheln vielleicht durch eine besonders starke Schleimabsonderung den Schlamm an ihrem Hintertheil klebriger zu machen und so noch mehr Halt in demselben zu gewinnen suchen?

Ganz anders dagegen sehen Stücke von *Unio pictorum* aus, die stillen, klaren Seen mit tieferem Wasser entnommen sind. Bei ihnen ist der Unterrand am hinteren Ende nach oben ausgeschweift und bildet mit dem Oberrande einen aufwärts gekrümmten „Schnabel". Ein stark abwärts gebogenes Hintertheil wäre hier nicht nur überflüssig, sondern, da Unionen solcher Seen bei weitem beweglicher sind, sogar ein nachschleppendes Hinderniss der Bewegung (Taf. 3. Fig. 3).

Betrachten wir andererseits Stücke von *Unio pictorum* aus ziemlich schnell fliessenden Bächen und Flüssen (Taf. 1. Fig. 3), so bemerken wir zwar wiederum die deutlich ausgesprochene Tendenz eines nach unten gerichteten Hintertheils; allein dasselbe ist nicht hakenförmig gestaltet, sondern bildet für die gegen den Strom gerichtete Muschel eine schräg nach hinten und unten gerichtete Stütze, welche sich fest in den Sand des Flussbetts einstemmt. Bei der in schlammigen Flussbuchten vorkommenden Form des *Unio pictorum* (var. *limosus* Nilss. Taf. 4) kommt eine solche, gleichsam wie ein gewölbter Bogen auf das Wasserbett aufgesetzte Form nicht vor; entweder zeigen sich die Muscheln ganz gerade gestreckt (Taf. 4. Fig. 1a) oder auch im Hintertheil stark aufwärts gekrümmt. Dagegen sind bei sämmtlichen Schlammbewohnern Vorder- und Unterrand stets stumpf, da eine allmähliche Zuschärfung einem allzu tiefen Einsinken der Muschel in den Schlamm Vorschub leisten würde, wie umgekehrt Unionen aus Localitäten mit festem Sandgrund fast stets eine solche Zuschärfung zeigen (Taf. 8. Fig. 1c).

Bei dem in sehr verschiedenartigen Gewässern lebenden *Unio pictorum* hat man mehr Gelegenheit, diese Formverhältnisse und Veränderungen zu beobachten, als bei den anderen Arten; doch zeigen auch im Formenkreise des *Unio tumidus* Retz. (Taf. 1. Fig. 6) die Bewohner von starkem Wogenschlag ausgesetzten Seen behufs Fixirung am Grunde Neigung zu einem langen Unterrand und herabgekrümmten Hintertheil (*Unio tumidus* Retz. var. *lacustris* Rossm., Iconographie Figg. 542 und 775). In gleicher Weise sind Flussformen mit dem schräg nach unten und hinten hin abgebauten Hintertheil ausgebildet (Taf. 1. Fig. 2. Taf. 7 und Taf. 8. Fig. 1a).

Die Formen des *Unio crassus* Retz. leben fast nur in fliessendem Wasser mit kiesigem oder sandigem Grunde, und nur die Varietät *batavus* Lam. (Taf. 6. Fig. 1) kommt zuweilen in grossen Seen vor, wie z. B. auch in der oben erwähnten Form, dem *Unio decurvatus* Rossm. aus dem Wörthsee. Dafür

32*

bringen aber auch sämmtliche Formen desselben mehr oder weniger die Tendenz eines nach unten gerichteten Hinterendes zum Ausdruck und zwar um so ausgesprochener, je reissender der sie umspülende Strom ist.   Am ausgeprägtesten in dieser Beziehung ist *Unio crassus* Retz. var. *ater* Nilss. (Taf. 5. Figg. 1a und 1c), nämlich diejenige Form, welche mit der gleichartig gebauten *Margaritana margaritifera* (vergl. Rossmässler, Iconographie, Figg. 70 und 72) zusammen unsere reissendsten, wenn für Najaden überhaupt noch bewohnbaren, Wasserläufe belebt.

Von sonstigen, zwischen See- und Flussformen sich geltend machenden Verschiedenheiten heben wir, ausser dem vorläufig unerklärbaren Umstand, dass die Flussunionen sehr oft, die Seeunionen niemals eine schön grüne Strahlenfärbung besonders auf der hinteren Hälfte der Schalen tragen, noch hervor, dass die Seeunionen durchweg, besonders in der Wirbelgegend, im Ganzen genommen bauchiger und aufgeblasener sind, während die ersteren schmal bleiben und selten hervorragende, spitze Wirbel zeigen (Taf. 8. Figg. 1c und 2c und Taf. 3. Figg. 1d und 3c).   Die Ursache für diese Formverschiedenheit bin ich geneigt in der Bewegungsart des Wassers zu sehen. Der fortwährend in einer Richtung thätige Strom des fliessenden Wassers wird die dasselbe bewohnenden Unionen veranlassen, in ihrem Wachsthum nicht nur in den zur Strömungsrichtung senkrechten Richtungen, also nach oben und nach den Seiten hin, sich möglichst wenig auszudehnen, sondern auch in geringstem Maasse Protuberanzen und Conturenvorsprünge zu entwickeln, welche besonders vielen Unbilden ausgesetzt sein und der Gewalt des Stromes passende Angriffsstellen darbieten würden.   Formen aus stillem Wasser geschützt liegender Seen (Taf. 3. Fig. 3) zeigen bedeutend mehr Eckigkeiten und einen gewissen eleganten Schwung in ihren Umrissen, den man an solchen aus unruhigem Wasser (Taf. 6. Fig. 3a) vermisst, während in der Umgebung sämmtlicher Seeunionen nichts die Ausbildung voller Wirbelrundung hindern könnte.   Doch auch die wogende Bewegung weniger geschützter Binnenlandseen scheint geeignet zu sein, an sämmtlichen Conchylienschalen, besonders an solchen der Limnäen, elegante und manchmal wunderbar eckige Formen heranzubilden, wie man sie am besten bei *Limnaea stagnalis* L., der grössten unserer *Limnaea*-Arten, beobachten kann (vergl. Strebel, Verh. d. Ver. für naturwiss. Unterhaltung, Hamburg 1875).

Allerdings zeigen sich die Formen des unsere reissendsten Gewässer bewohnenden *Unio*, des *U. crassus* Retz. var. *ater* Nilss., manchmal sehr aufgeblasen (Taf. 5. Fig. 1b), mehr, als irgend ein anderer der deutschen Unionen; doch ist derselbe in allen übrigen Beziehungen so an das Leben in starker Strömung angepasst, dass dieser Umstand als nebensächlich betrachtet werden kann. Einmal producirt er verhältnissmässig sehr dicke, bis 0,15 kg schwere Schalen, ausserdem aber ist sein ganzer Schliessapparat ein ausnahmsweise kräftiger (Taf. 5. Figg. 2a und 2b).

Wie oben erwähnt, besteht der Schliessapparat der Najaden aus dem Ligament, den Schlosszähnen und den Schliessmuskeln, mittels deren das Thier seine Schalen auf- und zuklappen kann. Das Ligament ist am schwächsten bei den Anodonten, als bei Bewohnern sehr ruhiger Gewässer, stärker bei *Unio pictorum* und *U. tumidus*, am längsten und kräftigsten wenn auch nicht am meisten hervortretend bei den Formen des *U. crassus* Retz. (Taf. 5. Taf. 6. Figg. 1 und 2) und der *Margaritana margaritifera* L. Gleichfalls sehen wir, dass bei den Anodonten die Schliessmuskeln sehr oberflächliche, nach Entfernung des Thiers auf der Innenfläche der Schale oft kaum sichtbare Eindrücke hinterlassen. Etwas tiefer, besonders am Vordertheil, sind die Eindrücke bei *Unio pictorum* und *U. tumidus;* sehr markirte und rauhe Muskelgruben sowohl vorn wie hinten finden wir bei *U. crassus* und *Margaritana margaritifera* (vergl. Fig. 1c auf Tafeln 3—7). Am meisten aber macht sich in den verschiedenen Formen der Schlosszähne der Einfluss des Aufenthaltsortes geltend. Das Genus *Anodonta* Lam. entbehrt, wie schon erwähnt wurde und auch der Name besagt, der „Zähne" auf den Schlossrändern der Schalenklappen vollständig: der Aufenthalt in dem ruhigen Wasser der Teiche und stillen Seen macht solche auch ganz überflüssig. Bei *Unio pictorum* (Taf. 3. Fig. 1c) und *U. tumidus* sind sämmtliche Schlosszähne mehr oder weniger dünn und schneidend-lamellenartig, während sie bei den Formen des *Unio crassus* (Taf. 5. Fig. 1c) dick und besonders die Hauptzähne (Taf. 5. Figg. 2a und 2b) ausserordentlich gross entwickelt sind. Wie sich nun oben an verschiedenen anderen Verhältnissen zwischen See- und Flussformen der erstgenannten beiden Unionen Unterschiede zeigten, so treten solche an denselben Formen nicht minder in der Entwickelung der Schlossbezahnung hervor. Setzt man eine gegenseitige Verschiebung der

Schalen als möglich voraus, so dürfte eine solche in der Längsrichtung in fliessendem Wasser die wahrscheinlichste sein, in dem wechselnden Spiel des wogenden und wühlenden Seewassers dagegen eine solche in der Richtung von unten nach oben, bez. umgekehrt. Eine Längsverschiebung verhindern mittels ihrer Stellung besonders die Haupt-, eine Verschiebung in senkrechter Richtung aber vornehmlich die Seitenzähne. Demgemäss sehen wir bei den Seeformen der in Rede stehenden beiden *Unio*-Arten die Hauptzähne schwach entwickelt, was bis zum Verschwinden des hinteren Hauptzahns in der linken Klappe des *Unio pictorum* sich steigern kann (Taf. 3. Fig. 2), die Seitenlamellen aber stark und hoch, während bei den Flussformen die Hauptzähne immer gut ausgebildet sind. Ein sehr schönes Beispiel für diese Schlosszahntheorie liefert eine von mir an reissenden Strecken schlesischer Flüsse gesammelte Varietät von *Unio pictorum* (siehe Jahrb. der deutschen malak. Ges. 1879: Die Mollusken der preuss. Oberlausitz), die var. *pachyodon* (Taf. 6. Fig. 3). Dieselbe zeigt nicht nur eine für einen *Unio pictorum* L. im Allgemeinen sehr starke Entwickelung der Haupt- und Seitenzähne, sondern erfreut sich eines hinteren Schlosszahns der linken Klappe (Taf. 6. Fig. 4a, siehe h), der dem sonstigen Artcharakter entgegen ungeheuer und bedeutend mächtiger entwickelt ist, als der vordere. In analoger Weise sehen wir in den Flüssen Deutschlands (und anderwärts) zwei andere Arten von Muscheln auftreten, welche als nahezu einzige Flussformen der Gattungen *Cyclas* Brug. und *Pisidium* C. Pfr. auch einzig unter sämmtlichen anderen Arten genannter Gattungen eine besondere, numerische Verstärkung in den Hauptzähnen aufzuweisen haben, nämlich deren zwei in jeder Klappe: es sind dies *Cyclas* (*Sphaerium*) *rivicola* (Leach.) Lam. und *Pisidium amnicum* Müll. (= *Pis. obliquum* C. Pfr.). Von *Cyclas* bewohnt ausserdem noch eine dickschalige Art, *C. solida* Norm., den Sand grösserer Flüsse.

Ausserdem ist noch die Gattung *Dreissena* zu erwähnen, die überall in der Ebene in ruhigem Wasser vorkommt und erst vor kurzer Zeit aus Russland her sich bei uns eingebürgert hat.

Die gesammte Süsswassermolluskenfauna ist im Ganzen genommen eine Oberflächenfauna, welche höchstens bis zu einer Tiefe von 4 Metern gedeiht; nur einige wenige verkümmerte Formen leben in grösseren Tiefen grosser Seen, wie wir solche bisher aus dem Genfer und Bodensee kennen gelernt haben, von 20—250 Meter Tiefe (A. 20). Es sind dies *Limnaea stagnalis* L., in einer der var. *lacustris* Stud. ähnlichen Form, *L. palustris* Müll. var. *abyssicola* Brot, *Valvata piscinalis* Müll. var., *Pisidium Foreli* Clessin und *demissum* Cless.

Schliesslich bliebe noch ein ziemlich constantes Verhältniss zu erwähnen übrig, das zwischen der Grösse der Wassermollusken und der Grösse des Wasserbeckens, in dem dieselben leben, besteht.

Schon Rossmässler (A. 33) wies darauf hin, dass es ihm scheine, als ob die Unionen mit der Grösse der von ihnen bewohnten Gewässer an Grösse zunähmen: da man auch sonst mannigfache Erfahrungen in dieser Beziehung gemacht hatte, hat man es also hier nicht etwa mit einer neu entdeckten Thatsache zu thun, sondern nur zu constatiren, dass der Umstand, dass die wechselnde Grösse von Thieren vielfach mit der Grösse der ihnen gebotenen Wassermenge (nicht etwa Menge der gebotenen Nahrung allein!) in Verbindung zu bringen sei, hier neue Bestätigung und durch Semper's Versuche (A. 31) mit *Limnaea stagnalis* L. vollständige Belege gefunden hat.

Buffon schon machte darauf aufmerksam, dass grosse Säugethiere nur auf Continenten und grössten Inseln zu finden seien, und Semper knüpft daran die Bemerkung, dass Schmetterlinge gewisser Arten auf den kleinen, westlichen Carolinen immer viel kleiner seien, als auf den viel grösseren Philippinischen Inseln. Möbius (A. 32) erzählt, „dass auf dem adligen Gute Hagen bei Kiel ein 320 Morgen grosser Karpfenteich sich befände, der je drei Jahre trocken liegt und während dessen mit Hafer und Klee bebaut wird; dann wird er gestaut und mit 30 000 Karpfenjährlingen besetzt, welche in der Regel nach drei Jahren 40 000 Pfund Fisch liefern. Versuche, dadurch einen grösseren Ertrag zu erzielen, dass man mehr als 30 000 junge Karpfen einsetzte, schlugen fehl; man erntete trotzdem nicht mehr als 40 000 Pfund. Die Zahl der gefischten Karpfen war zwar grösser als früher; die einzelnen hatten aber ein geringeres Gewicht, als bei einem Einsatz von 30 000 Jungen." Ebenso pflegen Wassersalamander und Frösche in engen Behältern nicht so gross zu werden, als im Freien.

Die Semper'schen Versuche mit *Limnaea stagnalis* L. haben ergeben, dass genannte Schnecke in derselben Zeit und bei derselben Temperatur bis zu einem gewissen Grade desto grösser wurde, ein je grösseres Wasservolumen

auf ein Individuum kam, so dass z. B. in einem Zeitraume von 64 Tagen
1 Stück in einer Wassermenge von 1000 cbcm 22,5 mm, 3 Stück in gleichem
Gefässe durchschnittlich 15,5 mm und 6 Stück nur 12,0 mm lang werden bei
einer Temperatur von ca. 15° R., und dass es gleichgültig ist, ob ein Exemplar
in einer Wassermenge von 1000 cbcm lebt, oder zwei in einer solchen von
2000 cbcm. Ferner haben dieselben Versuche gezeigt, dass ein Maximum
des günstigen Volumeneinflusses stattfindet, und dass dasselbe zwischen 2000
bis 4000 cbcm Wassermenge zu liegen scheint; junge Thiere starben in
Quantitäten von 5500 cbcm Wasservolumen pro Individuum, wobei zu erwähnen
ist, dass Futter in sämmtlichen Fällen in gleich reichlicher Menge vorhanden
war. Es ist selbstverständlich, dass auch Mangel an geeignetem Futter zur
Verkümmerung der Formen beitragen kann; jedoch ist eine solche wohl oft
eine Folge allzu geringer Wassermenge in Fällen, wo man lediglich Futter-
mangel als Erklärung anzuführen pflegte.

Es bleibt hier aber Manches noch aufzuklären. So war Herr Clessin
so gütig mir mitzutheilen, dass man gerade in grössten Seen (z. B. Bodensee)
sehr kleine Anodonten fände! Doch meint derselbe an anderen Orten (A. 28),
der Bodensee sei gerade ein ungünstiger Wohnplatz für die Anodonten, von
denen man immer sehr viele lebend an das Ufer geworfen finde.

Wie schnell übrigens die Wassermollusken von einem Wasserbehälter
zum anderen übertragen werden können, geht aus dem Umstande hervor, dass
beispielsweise in der Altmark, wo in dem Gebiete des früher sechs Quadrat-
meilen grossen Sumpfes „Drömling" besonders auf dem Rittergute Kmuran
bei Oebisfelde zur Urbarmachung desselben sogenannte „Dammculturen" an-
gelegt werden, die Schnecken sich schon nach einem Jahre auch bei vollkommener Isolirtheit eines neu gegrabenen Wasserbehälters wohl in Folge
von Uebertragung durch Wasservögel in grosser Menge anzusiedeln pflegen.

Für Ansiedelung von Landschnecken giebt Potsdam mit seinen Umgebungen ein gutes Beispiel. Vor ungefähr 200 Jahren war Potsdam zwar
schon Stadt, hatte aber durchaus noch keine Parkanlagen und Laubholz-
culturen aufzuweisen, wie sie dasselbe heute in so grossartigem Massstabe
umgeben. Es mag hier vielmehr früher auch nicht anders ausgesehen haben,
als auf den Havelufern anderwärts, welche sich der pflegenden Hand des
Menschen nicht so zu erfreuen haben: d. h. Kieferwälder, mit Birken und

spärlichen Eichen untermengt, bestanden wahrscheinlich die sandigen Ufer der Havel und ihrer zahlreichen Ausbuchtungen, und höchstens an wenigen tiefen Stellen säumten Erlen, Eschen und Weiden nasse Wiesen ein. Mit den grossartigen Anlagen aber, mit denen das vorige und unser Jahrhundert die wasserreiche Umgebung von Potsdam verschönten, wurden vielfach geeignete Localitäten für Landschnecken geschaffen, und wir sehen jetzt innerhalb des Gebietes der Gärten und Parke besonders zwei Schnecken massenhaft auftreten: *Helix (Xerophila) candicans* Z. und *H. (Tachea) nemoralis* L., welche die Grenzen des erwähnten Gebietes nur an einigen wenigen Punkten überschritten haben. Es fehlen dagegen in der ganzen Umgegend von Potsdam manche einheimische Laubschnecken, wie sie in der Mark Brandenburg sonst häufig sind, z. B. *Helix (Pomatia) pomatia* L., *H. (Tachea) hortensis* Müll., *Clausilia laminata* Mont., *nigricans* Pult. etc., und wir gelangen zu dem Schluss, dass dieselben in dem Zeitraume von ca. 150 Jahren noch keine Gelegenheit zur Ansiedelung fanden, obgleich geeignete Wohnorte jetzt ausreichend vorhanden sind. Dagegen findet sich (ebenso wie im botanischen Garten von Berlin) auf der Pfaueninsel bei Potsdam die südliche *Hyalina Draparnaldi* Beck, während ihre einheimische Verwandte *H. cellaria* Müll. auch noch zu fehlen scheint. Zu erwähnen sei noch, dass in den neuesten Anlagen (Babelsberg) auch von *Helix candicans* Z. noch nichts zu entdecken ist.

III. Specielle Behandlung von einzelnen Verbreitungs-districten.

———

Allgemeine Bemerkungen.

Kaum kann irgend etwas aus dem Gebiete der gesammten Natur-wissenschaften in höherem Grade anregen und fesseln, als das Studium der Biogeographie.

Ausgehend von dem gegenwärtigen Zustand, welcher ein natürliches Gleichgewicht in der Verbreitung und Vertheilung der organischen Formen anzuzeigen scheint, findet man, dass verwandte Formen mitunter an möglichst entferntesten Erdpunkten ohne verbindende Zwischenglieder vorkommen. Man kann sich nicht immer mit der Erklärung zufrieden geben, dass etwa gleiche klimatische und orographische Verhältnisse gleiche Formen erzeugt hätten, wie z. B. ähnliche Gattungen und Arten in den arktischen und antarktischen Ländern zugleich heimisch sind. Geht man vielmehr auf frühere Erdepochen zurück, so findet man, dass in dem einen Erdtheile erst unter den Resten verhältnissmässig junger Schichten, in einem anderen aber schon in älteren Ablagerungen entsprechende Gestalten vorkommen. Man erkennt daraus, dass in letzterem die Form zuerst sich entwickelt und erst dann nach jenem sich verbreitet hat. Jetzt aber wogt zwischen beiden vielleicht ein Theil eines grossen Oceans, und man muss aus den biogeographischen Thatsachen und denen, welche die Paläontologie uns kennen lehrt, den Schluss ziehen, dass dieser Ocean nicht immer in gleicher Weise bestehen konnte.

So kommen echte Bären in Europa bis in das ältere Pliocän hinauf vor, während sie in Nordamerika erst in postpliocänen Ablagerungen auftreten.

Genannter Typus muss sich darum nach der heutigen „neuen Welt" erst in Zeiten verbreitet haben, welche dem Pliocän nachfolgten. Andere Untersuchungen ergaben eine auffallend gleichartige, jungtertiäre Circumpolarflora nicht nur aus höheren, sondern auch aus niederen Breiten, und man kann darum gar nicht anders, als ehemalige Landverbindungen zwischen beiden Festlandsbezirken, dem nordamerikanischen und dem europäisch-asiatischen, anzunehmen. Messungen von Meerestiefen zeigten, dass zwischen dem heutigen Europa und Grossbritannien über die Färöer-Inseln und Island nach Grönland hin der Atlantische Ocean eine untermeerische Landbrücke bedeckt, welche nirgends mehr als 700 Meter, meistens aber weniger tief unter den Meeresspiegel untergetaucht ist; aber nach Nordosten und Südwesten hin fällt der Meeresgrund ziemlich rasch bis zu Tiefen von 2000 und 3000 Metern ab. Unter den gegenwärtigen Klimaverhältnissen würde selbst eine solche Landverbindung von keiner besonderen Bedeutung sein. Aber das Klima war nicht immer so. In tertiärer Zeit erfreuten sich auch höhere Breiten einer bedeutend milderen Temperatur, so dass man im Tertiär von Grönland und Spitzbergen noch Nussbäume, Pappeln, Birken und andere Bäume und in Grönland sogar Sträucher gefunden hat, von denen man Immergrüne voraussetzen kann. Darum wäre schon eine ehemalige Landbrücke im hohen Norden hinreichend, gegenseitigen Austausch von Organismen zu erklären.

Auf diese und ähnliche Weise sind die Biogeographie und die Geologie eng mit einander verknüpft, und nur Gedankenlosigkeit kann die Thatsachen der ersteren ohne die letztere erklären wollen.

Von den Dipnoern, jenen eigenthümlichen, im zoologischen System zwischen den Ganoiden und Knochenfischen unterzubringenden Formen, leben nur noch wenige Arten in einer ganz auffallenden Verbreitung. *Lepidosiren paradoxus* ist nur vom Amazonas und einigen anderen südamerikanischen Flüssen bekannt; *L. annectens* bewohnt den Gambia in Westafrika, während eine neuere Entdeckung eine Form aus Queensland, den *Ceratodus*, bekannt werden liess.

Nach Allem müsste man aus einer so ausnahmsweise zerstreuten Verbreitung auf ein hohes geologisches Alter des Typus schliessen. Erst im Laufe verschiedener Erdepochen konnte er sich so weit, über die ganze Erde hin verbreiten, während er allerdings in derselben Zeit in vielen Regionen aus der Reihe der lebenden Formen wieder verschwand. Nun kannte man aus den triassischen Schichten des östlichen Australien schon längst zahlreiche fossile Zähne, die man zweifelsohne ausgestorbenen *Ceratodus*-Formen zuschreiben konnte. Gleicherweise wurden solche Zähne in der deutschen und in der indischen Trias entdeckt, und der *Ctenodus* aus dem Steinkohlengebirge, sowie der *Dipterus* aus dem Devon gehören demselben Formenkreise an. Die Verbindung zwischen den Continenten der östlichen Hemisphäre und Südamerika lieferte endlich ein riesiger Verwandter aus dem nordamerikanischen Devon, den Newberry *Heliodus* genannt hat.

Woher könnte man sonst eine nur anscheinend annehmbare Erklärung solcher Verbreitungsweise nehmen, als aus der Paläontologie?

Gegenwärtig scheint ein Zustand natürlichen Gleichgewichts eingetreten zu sein, das nur geringen Schwankungen und solchen Störungen unterworfen ist, welche menschliche Einwirkung verursacht. Letztere verdrängte den amerikanischen Büffel aus seinem ursprünglichen Gebiete in Nordamerika, machte das Pferd, welches durch unbekannte Ursachen aus Amerika verdrängt worden war, dort wieder heimisch und verminderte von Jahr zu Jahr den Bestand der Wölfe und Bären auf unserem Festlande. Formen, welche durch ihre Lebensgewohnheiten mit der vorschreitenden Cultur in unlösbarem Widerspruch stehen, vernichtet sie, während sie zur Vermehrung, Entwickelung und „Veredelung" ihr Nutzen bringender Arten alle ihr zu Gebote stehende Mittel zu Hülfe nimmt.

Der Mensch aber war nicht von Anfang an vorhanden. Alle frühere Veränderungen in der Zusammensetzung der Faunen und Floren müssen sich darum selbstständig vollzogen haben.

Es ist nun gar kein Zweifel daran zu hegen, dass in der Verbreitung und Vertheilung der organischen Formen augenblicklich ein Zustand des Gleichgewichts eingetreten ist, wobei Schwankungen von Artgrenzen nur in sehr geringem Maasse sich geltend machen. Haben wir darum aber anzunehmen, dass niemals Ereignisse eintraten, welche solche Veränderungen beschleunigen konnten?

Als gegen das Ende der Tertiärepoche auf der nördlichen Hemisphäre durch die Ablenkung des atlantischen Golfstromes oder aus anderen Ursachen das Klima unserer Breiten immer kälter und kälter wurde, als Glacialbildungen immer mehr und mehr überhand nahmen und Gletscher von den Alpen bis nach Turin hinabreichten, da wurde eine üppige Fauna und Flora allenthalben nordwärts des grossen europäischen Gebirgsgürtels vernichtet. Mit dem Eintreten einer neuen Aera, wo wieder günstigere klimatische Bedingungen die angehäuften Eis- und Schneemassen schmelzen und während der warmen Jahreszeit ungeheure Wasserfluthen über die Ebenen sich ergiessen liessen, da wurden durch Befreiung von der mächtigen Eisdecke für Pflanzen und Thiere neue Länder erschlossen, welche von allen Seiten her bevölkert wurden. Directe Verbindungen mit Amerika bestanden damals sicherlich nicht mehr, und so konnte auch nicht mehr die alte Uebereinstimmung zwischen diesem und Europa wiederhergestellt werden. Aber durch die Wanderungen entstanden neue Varietäten und Arten, bis nach Kampf und langem Schwanken der Zustand des Gleichgewichts wieder erreicht war.

Frühere geologische Epochen waren für Entstehung neuer Arten, für die Thätigkeit der natürlichen Zuchtwahl unendlich günstiger. „Die fruchtbarste Periode der Wirksamkeit für die natürliche Zuchtwahl existirte wahrscheinlich während der ersten Hauptabschnitte der Tertiärbildungen (Eocän- und Miocänperiode), wo bei fortdauernder Thätigkeit der unterirdischen, hebenden Kräfte die Inseln allmählich zu Continenten mit sehr verschiedenem Relief zusammenwuchsen und damit der passiven Migration der Pflanzen, wie der freien Bewegung der Landthiere und ihren sporadischen Ansiedelungen ein noch unbesetzter, weiter Raum, das grossartigste Versuchsfeld zur Züchtung und Formenbildung unter neuen und sehr mannigfaltigen Lebensbedingungen dargeboten war" (A. 35).

Wir brauchen zwar mit Zeitmaassen nicht sparsam zu sein; aber dennoch können wir uns eben nicht gut vorstellen, dass alle die Formwandlungen, welche uns die Paläontologie in aufsteigender Linie kennen gelehrt hat, immer ohne Unterstützung ganz aussergewöhnlicher Ereignisse vor sich gegangen seien. So meint auch Moritz Wagner, von welchem verdienstvollen Forscher wir obigen Satz entlehnten, dass ohne Migration keine Transmutation der Arten, dass letztere nicht ohne veränderte Lebensbedingungen und ohne Isolirung von Formen möglich sei. In alten Zeiten hoben sich aus dem Atlantischen Ocean durch untermeerische Kräfte die Azoren, Madeira, die Canaren, Capverden und St. Helena. Alle organische Formen, welche durch irgend welche Zufälle die Gestade dieser Inseln in lebensfähiger Verfassung erreichten, siedelten sich auf denselben an. Plötzlich in andere Umgebungen und andere klimatische Verhältnisse versetzt, suchten sie sich in Form und Lebensweise der neuen Heimath anzupassen: von der grossen Masse ihrer Sippe getrennt, befruchteten sie sich fortan nur untereinander und erzeugten auf diese Weise bald neue Formen. Obgleich darum die Fauna und Flora solcher Inseln zum grössten Theil gänzlich eigenartig sind, lässt sich dennoch deutlich an ihnen die Heimath erkennen, aus welcher sie ursprünglich ausgewandert waren. Auf den atlantischen und ähnlichen Inseln finden sich nun zwischen der Mehrzahl der eudemischen, d. h. eigenthümlichen Formen eine kleinere Anzahl solcher, welche noch mit Arten benachbarter Festländer oder Inseln identisch sind. Manche Forscher belegen im Gegensatz zu den „autochthonen", den „eingeborenen" Formen solche mit der Bezeichnung „nur eingeschleppt" oder „eingewandert" — als ob auf ähnlichen Inseln andere, als eingewanderte Formen vorhanden sein könnten. Nur war der Zeitpunkt der Einwanderung oder Einschleppung ein anderer, und es ist für die Pflanze oder das Thier doch wirklich gleichgiltig, durch welche Mittel und auf welche Weise sie translocirt wurden. Fehlt ihnen nur nachher die Gelegenheit, sich fortgesetzt mit noch immer neuen Ankömmlingen der eigenen Sippe zu kreuzen, so werden sie bald (d. h. geologisch gesprochen) von der ursprünglichen Gestaltung abweichende Formen entwickeln. Mit dem Festlande noch übereinstimmende Inselformen sind auf den Inseln eben von noch zu neuem Datum, um schon in eine andere Gestaltungsphase eingetreten zu sein, oder sie stehen jetzt noch in steter Verbindung mit ersterem.

Man kann sich nun recht wohl denken, dass in gewissen, geologischen Epochen solche „neue" Länder und Inseln in besonders reichem Maasse entstanden, dass bisher continuirliche Landstrecken durch neugebildete Meeresarme nach mehreren Richtungen zerschnitten und isolirt wurden, und solche Epochen gerade könnte man als Bildungsherde von vielen neuen Arten und Formenreihen ansehen. Die Erde, oder vielmehr wohl nur einzelne Theile derselben, befanden sich dabei, wenn man sich dieses Ausdruckes hier bedienen darf, in einem „status nascens".

Wenn man endlich von „neuen" Ländern und „neuen" Meeren spricht, so wird man doch den Gedanken zurückweisen müssen, dass etwa über die

ganze Erde hin ein vollkommener Wechsel von Land und Meer stattgefunden habe (A. 36). Einer der grössten Geologen der Gegenwart, Sir
Charles Lyell, huldigt zwar demselben Glauben. Er sagt nämlich (A. 37):
Festländer, wenn sie auch für ganze geologische Epochen bleibende Gestalt
annehmen, wechseln doch im Laufe der Zeiten völlig ihre Lage. Dennoch
sei es mir vergönnt, mit A. R. Wallace an eine gewisse Beständigkeit der
Continente zu glauben, wenn auch die heutigen Festländer zum grossen Theil
oder in ihrer ganzen Ausdehnung in fortwährendem Wechsel immer stückweise unter Wasser von verschiedenen Tiefen untergetaucht gewesen sein
mögen. Auch befinden wir uns hierin in Uebereinstimmung mit dem berühmten
Charles Darwin (A. 38). Derselbe weist darauf hin, dass alle wirklich
oceanische Inseln frei von allen alten Formationen sind, und zieht daraus den
einzig möglichen Schluss, dass weder Continente noch continentale Inseln in
jenen ältesten Erdperioden an der Stelle unserer heutigen Oceane sich aus-
breiteten. Denn sonst hätten entsprechende Ablagerungen niedergeschlagen
und bei den folgenden Niveauveränderungen wie die Tertiärschichten der
atlantischen Inseln wieder in die Höhe emporgehoben werden müssen. Es
müssen also in den Gebieten unserer heutigen Oceane von den fernsten Zeit-
abschnitten her bereits Oceane vorhanden gewesen sein. Ausserdem aber
kennen wir Gebirge, wie das Sinaigebirge, welche gar keine geschichtete
Formationen erkennen lassen und darum vielleicht niemals unter Wasser gestanden haben (A. 41).

Aus allem diesem ergiebt sich zur Evidenz, dass sämmtliche oceanische
Inseln ihre organischen Formen nur von den heutigen Festlandstöcken her
empfangen haben können — wann und auf welche Art und Weise, ist eine
schwer zu beantwortende Frage, deren Discussion, wenn schon im Allgemeinen
etwas unfruchtbar, am allerwenigsten in den bescheidenen Rahmen dieser
Arbeit passt, ausserdem aber neuerdings durch Wallace eine glänzende und
ausgedehnte Behandlung erfahren hat (A. 36).

Die höheren und zugleich grösseren Thiere werden von dem Cultur-
menschen überall in hohem Grade in ihrem natürlichen Verbreitungstriebe ge-
hindert und zum Theil ihrer Vernichtung entgegengeführt. Weniger geschieht
dies niederen und kleineren Thierformen, wie Mollusken und Insecten gegenüber, wenigstens nicht unmittelbar. Dennoch kann es auf indirecte Weise

geschehen. Als die Portugiesen St. Helena entdeckten, fanden sie dasselbe bis an die Meeresküsten hinab voll des schönsten Waldes, und dieser Wald war von zahlreichen Landschnecken bewohnt. Die Portugiesen aber führten, wie überall, wohin sie kamen, ihre beliebten Ziegen ein, und diese Thiere vermehrten sich auf dem ihnen günstigen Terrain so schnell, dass sie bald durch das „Verbeissen" des jungen Nachwuchses im Verein mit der Axt des Menschen, welcher die grossen Stämme vernichtete, den grössten Theil des schönen Waldes zerstört hatten. Mit ihm verschwand die verhältnissmässig reiche Molluskenfauna. Wollaston (A. 39) führt 29 Arten von St. Helena auf, von denen er 22 als endemisch bezeichnet. Diese leben aber bei weitem nicht mehr alle, sondern mindestens die Hälfte davon ist während der letzten Jahrhunderte ausgestorben und kommt nur noch subfossil vor.

Im Ganzen genommen entwickeln sich in oceanischem Klima reichere Molluskenfaunen, als in continentalem. Tropische Inseln mit gebirgiger, waldreicher Oberfläche bieten ihnen die günstigsten Existenzbedingungen, wie die Antillen mit ihrer erstaunlich reichen Fauna am deutlichsten darthun. Bei keiner anderen Thierklasse finden wir, dass dieselben auf Inseln sich reichlicher entwickelten, als auf Festländern; aber auch bei keiner anderen Klasse finden wir ein Gebundensein an einen beschränkten Umkreis in so hohem Grade ausgesprochen, als bei den Binnenmollusken.

A. Arktische Provinz.

Geographisch am weitesten verbreitet und am meisten abgehärtet gegen kaltes und warmes Klima, also besonders eurytherm, zeigen sich von Land bewohnenden Mollusken einige kleine Erdschnecken, sowie von Süsswasserformen einige ebenfalls kleine Mollusken, welche auch meistentheils in circumpolarer Verbreitung auftreten: malakologisch unterscheiden sich die nördlichsten Länder von Amerika, Europa und Asien wenig und nicht von einander. Ausser den Formen aber, welche in genannten Continenten fast überall zu finden sind und von den Azoren und Madeira bis nach Finland, Lappland, Sibirien, Innerasien und durch fast ganz Nordamerika vorkommen[1]), leben in

---

[1]) z. B. *Cionella lubrica* Müll., *Helix costata* Müll. und *pulchella* Müll., *Punctum pygmaeum* Drap., *Pupa muscorum* (L.) Müll., *Hyalina fulva* Drap.

den höheren, nördlichen Breiten auch mehrere Arten, welche denselben einerseits ausschliesslich zukommen, andererseits ihnen besonders charakteristisch sind (*Helix harpa* Say, *Pupa arctica* Wallenberg, *Pupa Shuttleworthiana* Charp.).

In floristischer Beziehung hat Grisebach (A. 2) diejenigen Länder als „arktisches Gebiet" bezeichnet, in denen Baumwuchs mehr oder weniger fehlt. Die mit Waldbäumen bestandenen Landstriche südlich davon nennt er das „östliche" und „westliche Waldgebiet", was wir hier als „germanische Region" der „paläarktischen Provinz" und als „atlantische Region" der „nearktischen Provinz" bezeichnen wollen. Die südlichen Grenzen unserer arktischen Provinz aber lassen wir da verlaufen, wo dicht bestandene Hochwälder nach Norden hin aufhören. Diese Grenzen stimmen in Folge gleicher Gewohnheiten für die meisten unserer Landmollusken und für eine Pflanzengattung, die Gattung *Rubus*, auffallend überein. „Die *Rubus*-Arten sind im Allgemeinen Waldpflanzen mittelwarmer und einigermassen gleichmässig feuchter Gegenden — — — in den aussertropischen Gegenden bewohnen sie die Berg- und Hügelregion und ausserdem waldreiche Ebenen, einzelne zwergige Vertreter nach der kalten Zone sendend" — so charakterisirt Focke (A. 40) die Gattung *Rubus*, und man kann zugleich für das Gros der Landmollusken der nördlich gemässigten Länder kaum eine bessere Charakteristik geben, so dass diese Uebereinstimmung in der Verbreitung recht erklärlich erscheint.

Wenn man nun aber im Ganzen keine scharfe Grenzen zwischen einzelnen Verbreitungsdistricten von organischen Formen ziehen kann, so wird dies bezüglich der arktischen Provinz am wenigsten stattfinden können. Fast nirgends giebt es im Norden höhere Gebirge mit einer vorwiegend ost-westlichen Richtung, und was man „nordische Wüste" nennen könnte, nämlich die verschiedenen Moos- und Flechtentundren von Europa und Asien, so breiten sich diese nur an Meeresküsten aus, also nicht so, dass sie zu Grenzen zwischen Landbezirken werden könnten. Die ungefähre Südgrenze der arktischen Provinz dürfte man am besten auf folgende Art bezeichnen (siehe Karte):

Im Westen von Nordamerika und auch an den Westküsten des östlichen Continentalcomplexes herrscht an den Küsten in Folge von äquatorialen Meeresströmungen weiter nach Norden hin ein gemässigteres Klima, als im Inneren und an den Ostküsten, an welchen letzteren hingegen treibeisführende, boreale Strömungen das Klima weit nach Süden hin kalt und polarisch erscheinen lassen. So liegt im Westen beider Festlandsmassen die Südgrenze unserer arktischen Provinz um ca. 10 Breitegrade nördlicher, als im Osten derselben. Wir rechnen zur arktischen Provinz:

in Europa: Nordskandinavien im Westen nördlich von 64—65° n. Br., im Osten nördlich von 61—62° n. Br. ab;

die russischen Länder (ausser Südfinland und dem Ladogasee) von 60° n. Br. (Petersburg) ab;

in Asien, soweit man nach den wenigen Forschungen urtheilen kann, verläuft die Südgrenze der arktischen Provinz vom Ural, von 60° n. Br. ostnordostwärts, bis sie bei ca. 100° ö. L. v. Gr. den Nordpolarkreis trifft, um alsdann in einer nach Südsüdosten offenen Bogenlinie bis zur nordöstlichen Ecke des Stanowoigebirges zu gehen, zieht mit diesem ein Stück südwest-wärts und biegt erst bei 52—53° n. Br. nach der Küste hin ab; so schliesst sie also einen breiten Küstensaum von Ochotsk bis Udskoi und einen schmalen solchen von da bis zur Amurmündung (Nikolajewsk), wo noch Tundrabildungen herrschen, als zur arktischen Provinz gehörend ein. Nikolajewsk, 53°58'n. Br., hat beispielsweise noch das niedrige Jahresmittel von —2,0°C. (Juli +16,2°C., Januar — 24,5° C.), während an der nordamerikanischen Westküste das um mehr als drei Breitegrade nördlicher gelegene Sitka (57°3'n.Br.) eine jährliche Durchschnittstemperatur von + 6,2° C. (August + 13,2° C., Januar 0,0° C.) aufzuweisen hat.[1]

In Nordamerika fängt das arktische Gebiet an der Westküste bei ca. 60—62° n. Br. an, dringt im Inneren, von den Rocky Mountains ab, weiter nach Süden und an der Ostküste sogar bis zu 50° n. Br. vor und umfasst also noch die nördlichen Theile von Newfoundland, was man als westliches Analogon von Kamschatka, mit kalten Wintern und sehr kühlen Sommern auffassen kann.

Ausserdem gehören Grönland hierher und Island, des letzteren Südküste ausgenommen. Auf Spitzbergen, Nowaja Semlja etc. hat man noch keine Mollusken finden können.

---

[1] Im Ganzen genommen dürfte die Abgrenzung der nordarktischen Länder in Asien als ganz besonders verwischt zu bezeichnen sein.

Es ist sonst wohl üblich, die arktischen Länder lediglich als verarmtes Glied der nördlich gemässigten Regionen zu betrachten, und es ist besonders Wallace (A. 4), der in thiergeographischer Hinsicht diese Ansicht vertritt und zu begründen sucht.

Erstens führt er an, dass die grosse Wüstenzone auch eine Anzahl von „Wüstenformen“ enthalte, ohne dass man hier eine besondere „Region“ oder „Provinz“ aufgestellt habe. Einmal aber hat nun z. B. Schmarda (A. 3) unter seinen 21, allerdings etwas zahlreichen zoologischen Reichen der festen Länder und Inseln als neuntes Reich die Sâharâ (das „Reich der Melasomen und des afrikanischen Strausses“) unterschieden, und ebenso spricht Grisebach von einem „Gebiete der Sâharâ“ als von etwas Besonderem; ausserdem aber ist denn doch wohl die grosse Wüste noch in ganz anderem Grade formenarm, als die arktischen Länder; von besonderen Gattungen ist nicht die Rede.

Zweitens, meint Wallace, habe man weder für die Wüstenregion, noch für die arktische „irgendwelche bestimmte zoologische oder geographische Grenzen“ setzen können. Man weiss nicht recht, was man unter „bestimmten Grenzen“ hier zu verstehen habe. Jedenfalls wird man wohl überhaupt nicht öfters in der Lage sein, bei biogeographischen Arbeiten bestimmte Grenzen irgendwo herauszufinden, während es hingegen gerade scheinen will, als ob eine Wüste recht gut, oder wenigstens noch am ehesten von den umliegenden Bezirken zu unterscheiden sein müsste. „Der Versuch“, meint Wallace weiter, „welche Arten oder Gattungen ihnen“ (den Wüsten- oder Polarregionen) „zuerkannt werden sollten, würde sich als unlösbares Problem erweisen.“ Wallace selbst aber führt vorher (Bd. I, pag. 85 ff. in Meyer's Uebersetzung) folgende „echt arktische“ Gattungen und Arten an:

Landsäugethiere: *Gulo, Myodes, Rangifer,*
Ursus maritimus,
Vulpes lagopus.

Landvögel: *Pinicola, Nyctea, Surnia.*

Wasservögel: *Somateria, Uria, Catarractes, Mergulus, Alca, Fratercula* — das Problem wäre also gelöst.

34*

Schliesslich macht der berühmte Forscher noch darauf aufmerksam, dass die arktische Region in neueren Erdepochen in ihrer Ausdehnung schwankend gewesen sei: „zur Eiszeit war sie viel grösser und vor derselben scheint sie gar nicht bestanden zu haben." Gewiss, aber schreiben wir geographische Zoologie oder Paläontologie? In ersterem Falle müssen wir doch wohl von dem gegenwärtigen Zustand ausgehen, ohne dass wir dabei aus der Paläontologie uns erwachsende Aufschlüsse zu übersehen brauchen. Was mich nun zur Ausscheidung einer „arktischen Provinz" veranlasst, ist Folgendes:

Erstens bin ich der Meinung, man müsse sich bemühen, für sämmtliche Thiere und Pflanzen bezüglich ihrer Verbreitung über die Erde wenigstens in den Hauptzügen ein möglichst einheitliches Bild herzustellen, soweit die wissenschaftlichen Ergebnisse dies nur irgend zulassen. Da man nun unzweifelhaft von einer typisch nordischen Flora mit ca. 20 endemischen und ca. 300 charakteristischen von im Ganzen ca. 700 vorkommenden Arten und ebenso von sonstigen, dem hohen Norden eigenthümlich angehörenden Thieren sprechen muss, so würde ich unter allen Umständen schon von Mollusken der „arktischen Provinz" reden, auch dann, wenn ich mich nicht berechtigt glaubte, eine besondere malakologische, arktische Provinz auszuscheiden — wenn hier nur Mollusken vorhanden wären, welche anderwärts vorkämen und sich nur bis hierher verbreitet hätten.

Nun aber haben wir es zweitens auch unter ca. 40—50 in hohen Breiten lebenden Binnenmolluskenarten (siehe Tabelle) mit mehreren zu thun, welche denselben eigenthümlich sind. *Helix (Acanthinula) harpa* Say kommt nur in der gesammten arktischen Provinz vor, ohne irgendwo (ausser in Nordamerika auf kurze Strecken hin) die Grenzen derselben nach Süden hin wesentlich zu überschreiten; wären *Helix harpa* Say und *H. aculeata* Müll. als zu einem Artbegriff gehörig zu betrachten, so kann ich nicht einsehen, warum *H. aculeata* Müll. nicht auch in Nordamerika südlich von der nordischen Form, in Sibirien und Centralasien gefunden wird, und warum dann die Form als *H. harpa* Say sich nicht auch z. B. in der subalpinen Region der schlesischen Gebirge und in alpinen Zonen anderer Hochgebirge, deren Fuss von *H. aculeata* Müll. bevölkert ist, entwickelt hat.

Ausserdem sind noch als charakteristisch für die arktische Provinz *Pupa arctica* Wallenberg und *P. Shuttleworthiana* Charp. anzuführen, welche beide auch in hohen Gebirgsregionen südlicherer Länder sich wiederfinden. Erstere kommt in der subalpinen Region des schlesischen Riesengebirges und als *P. Tirolensis* Gredler in den Tyroler Alpen vor, letztere im Harz, in dem schlesischen Riesengebirge, den Schweizer Alpen, den Bergen von Wales, den Gebirgen von Galizien und Siebenbürgen. Finden sich aber Formen nur sporadisch auf gewissen Gebirgen, während sie in den Polarländern allgemein auftreten, so muss ihnen doch sicherlich ein vorwiegend borealer Charakter zugeschrieben werden — und beide kleine *Pupa*-Arten sind in hohen Breiten circumpolar, indem mit der ersten von beiden *P. Hoppei* Möll. von Grönland und mit der anderen *P. borealis* Morelet von Ostasien, Kamschatka und Aljaska identisch sind.

Ferner treten drittens nicht nur die nordischen Mollusken, sondern die meisten Nordlandsthiere in sämmtlichen, um den Nordpol herum gruppirten Ländern auf, wenn diese überhaupt zugänglich für sie sind, und gleicherweise ist der grösste Theil der arktischen Pflanzen rings um den Nordpol herum verbreitet. Verschieden aber sind die Faunen und Floren der gemässigten östlichen und westlichen Continente, in welche das arktische Gebiet mit seinen Formen beiderseits allmählich übergeht. Darum könnte man, wollte man die arktische Fauna nur als eine verarmte gemässigter Länder charakterisiren, dieselbe als integrirenden Theil für Nordamerika und gleichzeitig auch für den östlichen Continentalcomplex in Anspruch nehmen; denn die circumpolare, vollkommen gleichartig ausgebildete Molluskenfauna der Nordpolarländer kann doch unmöglich auseinandergetrennt werden, um jedem Theile, Nordamerika sowohl, als dem östlichen Continente, ein Stückchen davon zukommen zu lassen. Oder aber man müsste die gesammten nördlich gemässigten und nordischen Länder der Erde als ein Ganzes betrachten, was letzteres doch wohl besser nicht geschieht, wenn auch nicht geleugnet werden kann, dass grosse Aehnlichkeiten zwischen Nordamerika einerseits und Europa und Asien andererseits, soweit letztere der gemässigten Zone angehören, vorhanden sind. Ja, hätten wir noch dieselben Verhältnisse, wie sie während der Tertiärzeit, besonders der jüngeren Tertiärzeit bestanden, so wäre ein solches Verfahren vollkommen gerechtfertigt. Während dieser Epoche waren Island, Spitzbergen,

Sibirien, Kamschatka und Nordeuropa von gleichartigen Wäldern beschattet. Ein gleichmässigeres, wahrscheinlich feuchteres und wärmeres Klima als jetzt beherrschte alle diese Länder, und die vegetabilen Reste aus den Braunkohlenlagern Grönlands, Mitteleuropas und Sibiriens weisen die gleichen Gattungen von Waldbäumen auf, wie sie noch heute in Nordamerika und theilweise auch in Japan vorkommen (z. B. Magnoliaceen, Laurineen, Juglandaceen, Taxodien, Sequoien), und Asa Gray (A. 42) bezeichnet darum die Bäume der gemässigten Zone als „mit Sicherheit von Norden abstammend". Diese Waldfauna wurde in dem grössten Theile ihres Verbreitungsbezirkes während der Eiszeit vernichtet und lebt nur noch im atlantischen Nordamerika und Japan. Interessant ist nun der Umstand, dass gerade die Schnecken, welche man gleichmässig in Europa, Mittel- und Nordasien, Nordamerika und theilweise auch noch in arktischen Ländern vorfindet, dasselbe hohe Alter aufweisen können. So gehören *Helix pulchella* Müll., *Cionella lubrica* Müll., *Pupa edentula* Drap., *Limnaea truncatula* Müll. u. A. sämmtlich schon dem oberen Tertiär an, und man wird für dieselben mit gleichem Rechte eine nordische Abstammung annehmen können.

In Uebereinstimmung damit plaidirt man neuerdings [Axel Blytt (A. 18), Wallace (A. 36)], Geikie (A. 43)] aus verschiedenen Gründen für eine frühere, präglaciale Landverbindung zwischen Grönland, Island, der Färöergruppe und Europa, oder auch für eine solche im hohen Norden; und in der That, wenn man bedenkt, dass z. B. auf Sicilien noch in einer Höhe von 3000 Fuss Mollusken in fossilem Zustande gefunden worden sind, wie sie heute noch lebend im Mittelmeer vorkommen, so hat man wenigstens keinen Grund, von vornherein die Theorie von einer einstigen Niveauveränderung um 1800—2000 Fuss im Gebiete des nördlichen atlantischen Oceans kurz von der Hand zu weisen. Eine Erhebung aber um genannte Höhe würde den von Grönland über Island, die Färöergruppe, die Hebriden nach Schottland sich hinziehenden Strich von geringeren Tiefen in Land verwandeln; und da nun weder auf Island, noch auf der Färöergruppe eine einzige Pflanze vorkommt, die nicht auch in Skandinavien gefunden würde, und da auch Grönland mindestens zu $^4/_5$ dieselbe Flora hat, während andere Inseln oft so sehr eigenartige Formen erzeugen, so kann man sich dieser Anschauung kaum entziehen. Es wird dabei für unsere Zwecke gleichgültig sein, ob diese Landverbindungen zu prä- oder postglacialer Zeit bestanden haben; doch könnte man aus dem Umstande, dass oben erwähnte, noch jetzt auf der nördlichen Hemisphäre allgemein verbreitete Schnecken grossentheils bereits im oberen Tertiär vorhanden sind, den Schluss ziehen, dass dieselben bereits in präglacialer Zeit bestanden haben müssten.

In der arktischen Provinz also, in den Ländern, wo dichte Waldbestände nicht mehr ihr schützendes Dickicht ausbreiten, wo das Klima besonders Eiche und Buche nicht mehr gedeihen lässt, und wo als charakteristische Zwergsträucher z. B. *Rubus chamaemorus* L., *Rubus arcticus* L. und *Rubus stellatus* Sm. verbreitet sind, werden wir zwischen drei Reihen von Binnenmollusken zu unterscheiden haben:

1. einmal solchen, welche für dieselbe endemisch oder wenigstens charakteristisch sind;

2. ferner anderen, welche ebenfalls circumpolar, aber auch weithin in den angrenzenden gemässigten Ländern auftreten, und

3. endlich denen, welche nur an einzelnen Stellen von den benachbarten Ländern aus auf kleine Strecken hin, durch locale Verhältnisse begünstigt, in dieselbe eingedrungen sind.

Zu der ersten Abtheilung rechnen wir die schon erwähnten:

Pupa (*Vertigo*) *arctica* Wallenberg (A. 44) aus Lappland, Nordsibirien (A. 45), Island und Grönland (A. 46 und A. 47),

ausserdem gefunden nur auf den Hochalpen in Tyrol, an der oberen Holzgrenze auf dem Rodlerberg (A. 48) und mit der folgenden zusammen auf dem schlesischen Riesengebirge (A. 12).

Pupa Shuttleworthiana Charp. (= *alpestris* Alder) aus Lappland (A. 44), Nordsibirien, Kamschatka (A. 49), Aljaska und Nordcanada (A. 50),

ausserdem auf dem Harze (A. 51), den Hochgebirgen von Schlesien und Mähren (A. 12), Grossbritannien (A. 52), der Schweiz (A. 53), Siebenbürgen (A. 54), Galizien (A. 55), also öfter als die vorige, aber immerhin nur local ausserhalb ihrer Heimath sich findend.

Helix (*Acanthinula*) *harpa* Say, allein innerhalb der arktischen Provinz lebend und deren Grenzen nur in Nordamerika ein wenig überschreitend, ist bisher bekannt aus Nordskandinavien und Lappland, Finland, dem nördlichen Amurland, Kamschatka, Aljaska und Canada.

Was das Vorkommen der *Pupa arctica* Wallenberg in dem schlesischen Riesengebirge anbetrifft, so kommen mit ihr zugleich arktische Pflanzen an gleicher Stelle vor: *Rubus chamaemorus* L., *Saxifraga nivalis* L. und mehrere Moosarten, und es ähnelt die ganze Molluskenfauna der subalpinen Riesengebirgsregion sehr derjenigen von Lappland. Doch ist es entschieden als tendenziöse Aeusserung anzusehen, wenn Wallenberg meint, dass z. B. *Limnaea peregra* Müll. „in Lappland in derselben Form vorkäme, wie sie im schlesischen Gebirge gefunden wird“. *L. peregra* ergeht sich allenthalben in allen möglichen Formen, so auch in Schlesien und in dessen Gebirgsgewässern.

Schmarda (A. 3) unterscheidet in seinem „Reiche der Pelzthiere und der Schwimmvögel“ zwei Districte, welche durch die Polargrenze des Baumwuchses von einander getrennt sein sollen. Für den nördlichen District, den er das Reich „der Moose und Saxifrageen“ nennt, nimmt er als Charakterthier den *Canis lagopus* an, im südlichen bezeichnet er als hervorstechenden Charaktertypus die „Knospen fressenden Tetraoniden“. Er fügt hinzu, dass grosse Zahlen von Säugethieren nur innerhalb der Baumregion im Bereiche der „Polarländer“ vorkommen. Man weiss nun nicht recht, was Schmarda hier Baumregion nennt, oder wenigstens sagt er es nicht; sind es die dichten Wälder, oder gehören dazu auch noch jene Strecken, wo wohl noch Bäume, aber nur vereinzelte und verkrüppelte vorkommen? Man sollte aber denken, es sei die Region der dichten Wälder verstanden, da die Knospen fressenden Tetraoniden derselben jedenfalls mehr oder minder bedürfen. Auch grosse Zahlen von Landsäugethieren möchten wir wohl in keinem Theile unserer arktischen Provinz für gewöhnlich antreffen, und es ist begreiflich, dass andere Forscher eine in Schmarda's Fassung angenommene arktische Region nicht immer von südlicheren Landstrichen zu unterscheiden vermögen.

Ich erlaube mir aber, von dem bekannten und kenntnissreichen Thiergeographen eine Tabelle über die Verbreitung nordpolarer Charakterthiere hier zu entlehnen; sie lautet:

	Nord-Europa.	Nowaja Semlja.	Sibirien.	Grönland.	Nord-Amerika.
Ursus maritimus	*	*	*	*	*
Canis lagopus	*	*	*	*	*
Canis lupus	*	*	*		
Gulo borealis	*		*		
Gulo luscus				*	*
Myodes lemnus	*	*			
M. Obensis		*	*		
M. Groenlandicus				*	*
M. helvolus					*
M. trimucronatus					*
M. Hudsonius					*
Cervus tarandus	*	*	*	*	*

Von anderen Binnenmollusken, welche in der arktischen Provinz circumpolar auftreten, sonst aber weithin in anderen Ländern von Amerika, Europa und Asien gefunden werden und denen man wohl den Norden als ursprüngliche Heimath anweisen muss, seien erwähnt:

Margaritana margaritifera L.,

Pisidium obtusale C. Pfr. (einschl. *P. Scholtzi* Cless. und *P. ventricosum* Prime),

Limnaea peregra Müll. und *truncatula* Müll.,

Physa hypnorum L., die am weitesten nach Norden hin vorkommende, in Sibirien, im Taimyrlande bis über 70° n. Br. hinausgehende Schnecke,

Planorbis albus Müll.,

Succinea putris L., die am weitesten auf der Erde verbreitete Schneckenform, wie sie ebenso oder wenigstens sehr ähnlich auch auf der südlichen Hemisphäre verbreitet ist,

Pupa (Pupilla) muscorum (L.) Müll.,

Cionella lubrica Müll., auf der ganzen nördlichen Erdhälfte eine der häufigsten Landschnecken,

Punctum pygmaeum Drap., die kleinste der Heliceen,

Hyalina fulva Drap.,

Hyalina pura Alder und *radiatula* Alder,

Vitrina pellucida Müll.

In die arktische Provinz gehen hinein
von Europa aus:

Cyclas cornea L., noch vereinzelt in Lappland,

Neritina fluviatilis L., ebenda und im nördlichsten Russland,

Bythinia tentaculata L., soll auch bei Neuherrnhut auf Grönland vorkommen,

Planorbis marginatus Drap., in Lappland,

Planorbis rotundatus Poiret (= *leucostoma* Mich.), ebenda,

Pupa edentula Drap., ebenda,

Helix (Arionta) arbustorum L. und *Patula ruderata* Stud.,

Arion fuscus Müll., alle in Lappland und Nordskandinavien; der *Arion* ist
in Grönland (auch in Nordamerika) neuerdings eingeschleppt worden,

Limax agrestis L., in Lappland, Island, Grönland und Nordsibirien; in
Nordamerika vor Kurzem eingeschleppt; eine vicarirende Art, *L. campestris* Say, ist dafür dort weiter verbreitet.

Island hat mehrere Arten von Mollusken und Pflanzen aufzuweisen,
welche in anderen arktischen Ländern nicht vorkommen und auf eine Verbindung mit Europa hinweisen; die Südküste, warm durch den Einfluss des
Golfstromes, gehört in malakologischer Beziehung sogar wegen des Vorkommens der *Helix (Tachea) hortensis* Müll. schon kaum mehr zur arktischen
Provinz. Sonst finden sich auf Island z. B.

Pisidium amnicum Müll., *pusillum* Gmel., *nitidum* Jen., *pulchellum* Jen.,

Limnaea ovata Drap.,	*Limax agrestis* L.,
Planorbis rotundatus Poiret,	*Arion empiricorum* Fér.,
Helix arbustorum L.,	*Arion fuscus* Müll.

In Sibirien verbreiten sich mit dem wärmeren Wasser der aus dem
inneren Asien hervorbrechenden Ströme einige der arktischen Provinz sonst
ganz fremde Wassermollusken bis in dieselbe hinein. Es wird die Frage
sein, ob dieselben in diesen hohen Breiten sich selbst fortpflanzen, oder ob
die betreffenden Funde, was mir wahrscheinlicher scheint, nur auf immer sich
wiederholenden Einschwemmungen basiren (s. pag. 57 u. 58); wir erwähnen:

Planorbis contortus L. bis 68° n. Br.,

Limnaea stagnalis L. bis 69°, *palustris* Müll. bis 68°, *auricularia* L. bis
63°, *lagotis* Schrank bis 65°, *ovata* Drap. bis 69°,

sowie die auch anderwärts tief in die Länder der arktischen Provinz hinein-
gehenden *Limnaea peregra* Müll. und *truncatula* Müll. Dass hier das aus
wärmeren Gegenden stammende Wasser der Flüsse das Hauptmoment ab-
giebt, geht daraus hervor, dass in Nordrussland, wo die Ströme vielmehr
einen südlichen Lauf einschlagen und nur einige kleine Küstenflüsse in das
Eismeer münden, alle diese Wasserschnecken fehlen.

Dem nördlichsten Asien eigenthümlich ist *Cyclas Asiatica* E. v. Mart.
Früher war dieselbe lebend nur aus Kamschatka bekannt, während sie im
westlichen Nordsibirien am Irtisch nur fossil gefunden worden war. Die von
O. Finsch und dem Grafen zu Waldburg-Zeil veranstalteten Sammlungen
ergaben diese Art auch lebend vom unteren Ob. Man darf mit Sicherheit
vermuthen, dass sie auch in Ostsibirien vorkomme.

Ferner gehören dem östlichen Nordsibirien nach S. Clessin zwei
eigene Pisidien an: *Pisidium Nordenskioeldi* Cless. und *P. boreale* Cless., mit
denen ebenda *Cyclas Levinodis* Westerl. und *C. nitida* Cless. vorkommen.

In Nordsibirien kommen wie in Lappland auch vor:
Pupa edentula Drap., *muscorum* (L.) Müll., beide bis 69° n. Br.,
    und ausserdem zwei grosse Helixformen,
Helix (Fruticicola) fruticum Müll. und die verwandte
H. Schrenki Midd., welche auch dem Laufe der Flüsse stellenweise bis
    68° n. Br. folgen.
H. Schrenki Midd. kommt zusammen mit
H. hispida L.,
Succinea Pfeifferi Rossm. und *S. putris* L. auch im nördlichsten Russland
vor, und es machen diese vier Schnecken z. B. die gesammte Land-
molluskenfauna von Archangel aus.

Wie überall leben in Nordsibirien noch bis 69° n. Br. *Hyalina fulva*
Drap. und *Limax agrestis* L.

Aus Kamschatka sind als eigenthümliche Formen *Unio complanatus*
Soland. (wohl auch *Margaritana complanata* genannt) und *Helix (Patula) flocculus*
Morelet angegeben worden. Letztgenannte Art wenigstens wird sich kaum
als solche halten lassen. Vielmehr vermuthet Westerlund darunter unaus-
gebildete Exemplare seiner *Helix (Vallonia) adela* Westerl. (= *tenuilabris* A. Br.).

35*

In Kamschatka, ganz Sibirien und dem Amurlande kommen vor:
Valvata Sibirica Midd. (mit *V. cristata* Müll. verwandt);
in Kamschatka, in Ost-Sibirien und dem Amurlande:
Planorbis borealis Loven;
in Kamschatka, im Amurlande und in Nordjapan findet man:
Patula pauper Gould, an welche sich *P. Cronkheiti* Newcomb aus dem
 pacifischen Nordamerika (von Aljaska bis Californien hin) eng anschliesst.

  Ausserdem kommen in Kamschatka vor die weitverbreiteten Arten:
Limnaea ovata Drap.,
Pupa Shuttleworthiana Charp. (= *borealis* Morelet),
Cionella lubrica Müll.,
Helix harpa Say,
Hyalina fulva Drap.,
Vitrina pellucida Müll. (= *exilis* Morelet).

  Während im Innern von Sibirien in der gleichen Breite mit Kamschatka
schon eine andere und entwickeltere Fauna sich zeigt, sind hier nur einige
wenige, meist allgemein im arktischen Norden verbreitete Arten zu verzeichnen.
Der für Kamschatka charakteristische Baum ist die ärmliche *Betula Ermani*
Chamisso, die noch ärmlicher erscheint, wenn man sie in Vergleich mit den
stattlichen Wäldern stellt, welche unter demselben Parallel in Sibirien gedeihen. Die Gründe hierfür liegen in den äusserst ungünstigen, durch die
angrenzenden Meere verursachten Klimaverhältnissen. Den kalten, Treibeis
führenden Polarströmungen ausgesetzt, durch vorliegende Inseln von dem
japanischen Golfstrom, dem Kuroshiwo, abgesperrt, im Winter von kalten
West- und im Sommer von kühlen und feuchtigkeitsschwangeren Ostwinden
beherrscht, zeigen sämmtliche, um das Ochotskische Meer herum gelagerte
Landstriche ein unangenehmes Polarklima, weniger polar durch äusserst strenge
Winter, welche ihr Maximum vielmehr bei Jakutsk[1]) erreichen, als noch mehr
durch wirkungslose Sommer. Die höchstbeobachtete Julitemperatur in Peter-
paulshafen sind 12° R., während sie meistens 10° R. nicht übersteigt. In
Ochotsk und Nikolajewsk wird der Sommer nicht wärmer, der Winter dafür

---

 [1]) oder nach neuer Version (Wild, Temperaturverhältnisse Russlands) bei Wercho-
jansk, 67° 34' N., 133° 51' Oestl. Greenw.

desto kälter, und daher kommt es, dass an der Mündung des Amur, unter gleichem Breitegrade mit der norddeutschen Ebene gelegen, noch Tundra-bildungen mit dem Vegetationscharakter des nördlichen Sibirien zu finden sind. Wenige hässliche Lärchen, Fichten und Birken zeigen sich, während die Gegend um Ochotsk sogar nur von einigen verkrüppelten Lärchen bestanden ist.

Im inneren Sibirien dagegen steigert sich der continentale Charakter des Klimas mit zwar kalten Wintern, doch dafür desto wirkungsvolleren Sommern fortwährend von West nach Ost. Dasselbe ist gegen das Ochotski-sche Meer hin durch das Stanowoi- und Ochotskische Küstengebirge vor den kaltfeuchten Einwirkungen dieses Meeres während des Sommers geschützt, während dieselben Gebirgszüge von dem Küstenstriche an ihrem Fusse die wohlthätigen Einwirkungen continentaler Sommertemperaturen vollständig abhalten.

Von gleichen Verhältnissen wird der nördliche Theil der Insel Sachalin beherrscht.

Das arktische Nordamerika bringt von Süsswasserformen wieder die schon oft erwähnten, kleinen Wassermollusken und *Margaritana margaritifera* L. (*Limnaea peregra* Müll., *truncatula* Müll., *Physa fontinalis* L. vom grossen Bärensee, *Physa hypnorum* L.) und von Landschnecken:

Punctum pygmaeum Drap.,

Helix harpa Say,

Pupa Shuttleworthiana Charp. mit der verwandten *P. Gouldi*,

Pupa muscorum (L.) Müll. mit der ihr nahestehenden *P. Blandi* Morse,

Cionella lubrica Müll.,

Vitrina pellucida Müll. (— *V. limpida* Gould), endlich auch

Hyalina pura Alder (— *viridula* Mke. = *electrina* Gould) und die verwandte

H. exigua Stimpson (= *radiatula* Alder?), sowie die allgemein verbreitete

H. fulva Drap.

Auch *Zonitoides nitidus* Müll. kommt hier ziemlich weit nach Norden hin vor.

Aehnliche Verhältnisse wie am Ochotskischen Meere bedingen das Klima von Newfoundland, dessen Südküste die europäische *Helix hortensis* Müll. zugleich mit der europäischen *Calluna vulgaris* (L.) Salisb., dem Haidekraut, trägt.

In Grönland endlich finden wir mehr an der West- als an der Ostküste *Vitrina pellucida* Müll. (= *Angelicae* Beck), *Succinea putris* L. (= *Groenlandica* Beck) und ausser den schon oben erwähnten noch *Hyalina alliaria*
Müll., die sonst den gemässigten Nord- und Ostseeküsten angehört.

B. Die Nearktische Provinz.

(A. 39).

Das übrige Nordamerika, also die gemässigten Länder desselben, nennen
wir hier mit Wallace die Nearktische Provinz. Ihre ungefähre Nordgrenze entspricht der oben (pag. 82) beschriebenen Südgrenze der amerikanisch-
arktischen Provinz, d. h. sie reicht im Westen, bedingt durch den pacifischen,
von den Küsten Mittelamerikas herstammenden Golfstrom, um 10 Breitegrade
weiter nordwärts, als im Osten, wo die Hudsonsbai auf die umliegenden
Landstriche einen stark erkältenden Einfluss ausübt. Auch die Nordküste von
Labrador bis zur Mündung des Lorenzstromes und das nördliche Newfoundland gehören hierher, wo ähnlich der Halbinsel Kamschatka und der Ochotskischen Küste in Folge der herrschenden Winde zwar milde Winter, aber
auch kühle, von ewiger Nebelbildung begleitete Sommer herrschen, und wo
endlich die mittlere Südgrenze des Treibeises südlicher verläuft, als irgendwo,
nämlich bis ca. 45° n. Br. an der Küste (Halifax) und bis 40° n. Br. im
Ocean herabreicht.

Im Süden reicht die Nearktische Provinz ungefähr bis zu 30° n. Br.,
so zwar, dass die Halbinseln Altcalifornien und Florida weniger mehr zu ihr,
als zu dem tropischen Amerika (neotropische Provinz) gehören. Sie schliesst
im Süden mit der Aequatorialgrenze der Nadelhölzer ab.

Im Ganzen erinnert die nearktische Fauna recht sehr an die europäisch-
asiatische. Die Arten sind allerdings selten identisch, dafür ist der allgemeine
Typus desto ähnlicher. So halten manche Naturforscher den gewöhnlichen
Wolf der „alten Welt" für dieselbe Art wie die Wölfe Nordamerikas, welche
von dem Eismeere bis nach Mexico hin vorkommen; das wäre dann eine bei
Säugethieren sonst seltene Ausdehnung des Verbreitungsbezirkes, wie sie
ähnlich wohl nur bei dem Leoparden wieder zu constatiren ist, welcher der
ganzen Paläotropischen Zone (Aethiopische und Asiatischtropische Provinz)

gemeinsam ist. Ebenso müssen wir wohl den Biber beider Continente als zu einer Art gehörig auffassen, und nicht viel anders verhält es sich mit dem braunen Bären. Sonst finden sich hier wie dort Katzen, Luchse, Füchse, Hirsche, Hasen, und auf den ersten Blick scheinen bezüglich der Säugethiere wenig Unterschiede zu bestehen. Doch bei genauerer Untersuchung findet man, dass sowohl die nearktische, als die paläarktische Provinz auch eigene Säugethierformen haben.

In der paläarktischen Provinz sind 20 Arten von Ziegen und Schafen heimisch, während in Nordamerika nur ein Schaf in den Rocky Mountains lebt. Amerika hat ferner eigenthümliche Gattungen wie *Mephitis*, *Antilocapra* und *Aplocerus*; drei Fünftel seiner Säugethierfauna machen Nagethierarten aus, und es zeigt ausserdem zum Unterschiede von dem östlichen Festlande Anklänge an Südamerika. Von letzterem ist es wieder durch zahlreiche Insectivoren (z. B. 15 *Sorex*-Arten) unterschieden, welche diesem gänzlich fehlen. Von Vögeln sind ebenfalls ungefähr ein Achtel südamerikanisch, wie die Arten der Vögel überhaupt in bedeutend höherem Grade verschieden von dem östlichen Continentalcomplex ausfallen, als die Säugethiere. Noch schärfer sind die Reptilien unterschieden; man denke nur an Klapperschlangen und Iguaniden und an die zahlreichen geschwänzten Batrachier Nordamerikas. Unter den Fischen finden sich viele Gattungen, welche der paläarktischen und der nearktischen Provinz gemeinsam sind; aber letztere ist durch eine reiche Ganoidenfauna vor jener ausgezeichnet.

Im Ganzen erinnert auch die Molluskenfauna durch gleiche Gattungen und Gruppen recht sehr an die der nördlichen Länder von Europa und Asien, aber es haben sich die nämlichen Gruppen anders entwickelt. Während im nördlichen Europa und Asien die Helixgruppe *Fruticicola* prävalirt, ist diese in Amerika nur spärlich vertreten; dagegen sind die Helixgruppen *Patula* und *Triodopsis*, letztere mit nur je einem Vertreter in Europa und Asien (*Helix personata* Lam. in Europa und *H. subpersonata* Midd. in Centralasien), in hohem Grade entwickelt. Hyalinen finden sich hier wie dort, wenn auch theilweise als andere Arten, und einige kleine Erdschnecken sind gemeinsam. Es fehlen nur die europäischen Gattungen *Neritina* und *Amphipeplea*. Die Neritinen sind augenscheinlich südöstlichen Ursprungs und finden sich besonders in den Mittelmeerländern und in dem tropischen Asien, hier auch zugleich mit den

von ihnen abstammenden Navicellen. Im nördlichen Europa kommt dagegen
nur noch eine Art, *Neritina fluviatilis* L., vor. Die Gattung *Amphipeplea*
hat nur eine Art, *A. glutinosa* Müll., in dem atlantischen Europa aufzuweisen
und ist ausserdem bisher merkwürdigerweise nur von den Philippinen bekannt
geworden. Ob die Form aus dem irischen Killarney Lake eine echte *Limnaea*
oder eine *Amphipeplea* ist (nämlich *Limnaea* oder *Amphipeplea involuta*
Harvey), scheint — wunderbar genug — noch nicht genügend festgestellt
worden zu sein.

Sonst zeichnet sich Nordamerika vor dem europäisch-asiatischen Continent durch eine wahrhaft colossale Entwickelung der Unioformen aus.

Bezüglich der Flora unterscheidet Grisebach (A. 2) in Nordamerika
zwischen drei Gebieten; diese sind:

1. das Waldgebiet des westlichen Continents, in dem gesammten Norden
und im atlantischen Nordamerika;

2. das Prairiegebiet, westlich vom Mississippi und Missouri bis zum
mexikanischen Californien und dieses einschliessend, und

3. das californische Küstengebiet.

Das Waldgebiet wird auch hier als so weit nach Norden hinaufreichend
angenommen, als überhaupt noch Baumwuchs vorhanden ist und greift darum
noch weit in unsere arktische Provinz hinein, welche letztere wir vielmehr
nur so weit gehen lassen, als dichte Waldbestände vorkommen. Ueberein-
stimmend mit diesen drei Florengebieten von Grisebach unterscheidet auch
Asa Gray (A. 42) bezüglich des Waldwuchses drei Gebiete in Nordamerika,
von denen wir sehen werden, dass sie auch für die Binnenmollusken als zu-
treffend angenommen werden können.

Asa Gray unterscheidet:

1. das Gebiet des atlantischen Waldes, vorwiegend Laubwald; es über-
schreitet den Mississippi nur wenig, hat im Süden 56 Zoll jährlicher Nieder-
schläge, mehr im Sommer als im Winter, im Norden, am oberen Mississippi
und an den grossen Seen 35 Zoll gleichviel im Sommer und im Winter;

2. das im Ganzen waldlose, trockene Gebiet der Prairie besitzt nur
Baumwuchs in Schluchten und an Flussläufen und sehr geringen Regenfall;

3. das Gebiet des pacifischen Waldes erstreckt sich von San Diego an
nordwärts; es ist im Süden auf zwei Höhenzüge beschränkt (Coast Ranges

und Sierra Nevada), deren Waldgürtel sich nach Norden hin untereinander und dann auch mit dem Rocky-Mountains-Wald vereinigen, wo dann im British Territory mit nordwestlichen Ausläufern des atlantischen Waldes eine Verbindung hergestellt. wird. Im südlichen Drittheil fällt fast kein Regen und nur im Norden auch Sommerregen. (San Diego 8 Zoll, San Francisco 20 Zoll, am Puget-Sound 70 Zoll). Der pacifische Wald, vorwiegend Nadelwald, erstreckt sich bis Aljaska hin, während die übrige californische Flora bei weitem nicht so weit nördlich hinaufgeht.

Unter diesen Umständen wird es nicht zu verwundern sein, dass in dem Prairiegebiete die Molluskenfauna höchst ärmlich entwickelt ist, dass vielmehr östlich und westlich desselben, wo die zur Entwickelung einer reichen Schneckenfauna nothwendigen Existenzbedingungen nicht fehlen, die meisten der nearktischen Formen zu suchen sind. Welchen Eindruck diese Ebenen im Innern von Nordamerika stellenweise machen, geht aus den zwar etwas drastischen, doch wohl aber berechtigten Worten eines neueren Reisenden hervor: „Hat man auf solche Weise die Sierra Nevada genossen, so gelangt man in die gemeinste, niederträchtigste Landschaft der Erde, von deren Erbärmlichkeit sich Keiner einen Begriff machen kann, der nur die anmuthigen Gefilde des schönen Europa kennt. Eine schmutzig gewordene Kalkgrube, vertrocknet, in lauter kleine Inselchen zerklüftet, bürstenartig besetzt mit dürren, verstaubten Artemisinbüscheln, bis ins Unendliche ausgedehnt — —" (A. 56). Wir unterscheiden übereinstimmend mit den Florengebieten ebenfalls drei Regionen bezüglich der Malakologie in Nordamerika:

1. die östliche oder atlantische Region (Eastern Province von Binney, A. 50) beginnt mit dem atlantischen Walde östlich von den Rocky Mountains, vielleicht ein wenig südlich vom kleinen Sclavensee; sie zieht sich am Missouri und Mississippi hin, die Region der canadischen Seen einschliessend, und reicht bis an den atlantischen Ocean und die Nordostküsten des mexicanischen Meerbusens, den Mississippi nur wenig überschreitend. Florida gehört nicht mehr hierher. Wie es in seinen Mollusken sich an das tropische Amerika anschliesst, so ist auch seine Vegetation, zumal sein Wald, als subtropisch zu bezeichnen.

Wir haben hier zu unterscheiden zwischen einem nördlichen und einem südlichen Bezirk, welche bei 34 bis 36° n. Br. zu trennen sein dürften, und von denen besonders in dem letzteren die nordamerikanische Molluskenfauna sich am typischsten in einer Menge schöner *Patula-*, *Petasia-* und *Triodopsis-*Arten entwickelt hat (cf. Tabellen-Anmerkung 1).

2. Die centrale Region (Central Province von Binney, Rocky-Mountains-Subregion von Wallace), die trockene Region des inneren Beckens von Nordamerika, vom Norden der Rocky Mountains her bis zu den grossen Prairien von Texas und einschliesslich derselben.

3. Die pacifische Region (Pacific Province von Binney), die Küstenländer des pacifischen Oceans von Neucalifornien bis Aljaska hin umfassend, ist lediglich Küstenregion; man würde zwischen einem südlichen oder californischen und einem nördlichen oder columbischen Bezirk zu unterscheiden haben.

Gleiche Verschiedenartigkeit in der Verbreitung zeigt auch wieder die Gattung *Rubus*, indem in der atlantischen Region bis wenig über den Mississippi hinaus Rubusformen von europäischem Typus vorkommen; das Innere, also die centrale Region, ist frei von *Rubus-*Arten, und andere Formen finden sich an der pacifischen Küste von San Francisco bis 60° n. Br. hin, die im Süden von San Francisco sich noch ein Stück auf den Gebirgen fortsetzen (z. B. *Rubus spectabilis* Pursh).

Mit dem östlichen Continentalcomplex hat Nordamerika folgende Landschnecken gemeinsam, und davon kommen vor:

1. In Europa, Asien und ganz Nordamerika (cf. pag. 89):

Punctum pygmaeum Drap.,

Vallonia pulchella Müll. und *costata* Müll.,

Cionella lubrica Müll.,

Hyalina pura Alder (nach Binney — *viridula* Mke. = *electrina* Gould; Weinland (A. 7) erklärt nach eigenen Funden die *H. electrina* Gould für gleichbedeutend mit *H. radiatula* Alder — *H. Hammonis* Ström — es werden wohl eben beide Arten auch in Nordamerika vorkommen),

Hyalina fulva Drap.,

Succinea putris L. (= *S. campestris* Say).

2. Nur in der atlantischen Region finden sich und sind vielleicht sämmtlich, wie es von einigen auch feststeht, durch den menschlichen Verkehr von Europa aus in Nordamerika eingebürgert worden, obgleich man das Vor-

kommen einiger von ihnen auch auf frühere Landverbindungen mit Europa zurückführen könnte:

a) in dem nördlichen Bezirk:

Helix hortensis Müll., nördliche Ostküste und Südküste von Newfoundland.

Helix nemoralis L., von Binney 1857 in Massachusets eingeführt und in unveränderter Gestalt gut gedeihend.

Helix hispida L., von England vermuthlich in Nova-Scotia eingeschleppt.

Helix rufescens Pennant, nur bei Quebec, von England her eingeführt.

Arion fuscus Müll., in der Stadt Boston (Weinland erklärt aus eigener Anschauung dieses Vorkommen für *Arion hortensis* Fér.).

Limax agrestis L., in östlichen Küstenstädten eingeführt.

Limax variegatus Drap., schon ziemlich weit von einigen östlichen Küstenstädten aus nach Westen und Süden hin verbreitet.

Limax cinereo-niger Wolff, in östlichen Küstenstädten.

Hyalina cellaria Müll., ebenso (cf. pag. 38).

Zonitoides nitidus Müll., schon sehr weit verbreitet, sowohl nach dem Norden hin, als auch nach Binney bis an die westlichen Grenzen der östlichen Region. Vielleicht einheimisch?

b) in dem südlichen Bezirk:

Helix aspersa Müll., an der südlichen Ostküste.

Stenogyra decollata L., von Südeuropa aus in Südcarolina eingeführt.

Caecilianella acicula Müll., in Florida und New Jersey wohl mit Ziersträuchern eingeschleppt.

Obgleich wir in Europa doch auch amerikanische Bäume und Sträucher cultiviren, ist es wunderbar genug, dass von der Einschleppung amerikanischer Schnecken noch nichts bekannt wurde. Nur *Planorbis dilatatus* Gould ist als in England aus Nordamerika her eingeschleppt bezeichnet worden.

3. Ausserdem finden sich in der nearktischen Provinz noch mehrere mit Formen aus dem gemässigten Europa und Asien vicarirende Arten. Hierher gehören:

Limax campestris Say, in Gestalt und Auftreten dem europäischen *L. agrestis* L. ganz ähnlich.

Vitrina limpida Gould, aus dem nördlichen Bezirk der atlantischen Region und aus der arktischen Provinz, *V. pellucida* Müll. wohl mehr als ähnlich.

36*

Helix (Fruticicola) jejuna Say und
H. Tennesseensis Lea, beide an unsere *H. hispida* L. erinnernd.

Limax agrestis L., *Vitrina pellucida* Müll. und *Helix hispida* L. gehen in derselben sich gleich bleibenden Form durch ganz Europa und Asien bis nach dem Amurlande, oder wenigstens bis tief nach Innerasien hinein; eine Veränderung des Typus tritt also erst in Nordamerika auf, und man kann wohl Europa mit Recht als Heimathland annehmen.

Anders verhält es sich mit folgenden drei Formenreihen:

Helix (Patula) ruderata Studer von Europa – *H. pauper* Gould aus dem nordpacifischen Asien — *H. striatella* Anthony von Nordamerika;

H. (Petasia) bidens Chemn. von Europa — *H. bicallosa* Friv. von Innerasien — einige Petasien von Nordamerika;

H. (Triodopsis) personata Lam. von Europa — *H. subpersonata* Midd. von Innerasien — *H. clausa* Raf. und Verwandte von Nordamerika.

Bei diesen können wir einen allmählichen Uebergang aus dem einen Typus in den anderen von Amerika über Asien bis nach Europa hin verfolgen — es wird wohl Niemand sagen wollen, von Europa über Asien nach Amerika, da die drei Helixgruppen, zu denen diese Arten gehören, in Amerika bei weitem hochgradiger entwickelt sind, als in Europa, wo sogar *H. personata* und *H. bidens* als einzige Repräsentanten der betreffenden Gruppen dastehen.

In ähnlicher Weise besteht von Europa aus über Asien hin eine Verwandtschaft nach Amerika in Formen der Helixgruppe *Arionta;* doch nicht über Sibirien, sondern über China hin nur nach dem californischen Theile der pacifischen Region, nämlich

Helix arbustorum L. von Europa,

H. Kiangsinensis E. v. Mart. von Ostasien,

H. Californiensis Lea
H. Nickliniana Lea   } von Californien.
H. Townsendiana Lea

Die unter 1. angeführten Schnecken sind allgemein verbreitet, genau so, wie dies in jungtertiärer Zeit mit der Waldflora der Fall war; die unter 2. genannten Arten sind nur durch den menschlichen Verkehr, also künstlich, in Nordamerika eingebürgert worden, wenn ihr gutes, dem günstigen Wachsthum amerikanischer, in Europa angepflanzter Bäume entsprechendes Gedeihen daselbst auch immerhin bemerkenswerth ist, und die unter 3. nebeneinander gestellten Formentypen zeigen sich einestheils als von Europa her über Asien nach Amerika, anderentheils von Amerika her über Asien nach Europa eingewandert, und zwar wohl erst in späterer Zeit, indem die nach der Tertiärzeit veränderten Klimaverhältnisse auch Veränderungen in den Formen bedingten.

So sehen wir zwei Arten von Verwandtschaft zwischen Amerika und Europa bestehen: einmal in jenen alten, schon tertiären Formen, welche sich voraussichtlich unter den damals günstigeren Klimaverhältnissen über eine im Norden des atlantischen Oceans anzunehmende Landbrücke verbreitet haben, und zweitens in einer Reihe von Typen, deren beiderseitiges Vorkommen am besten durch die Zwischenlagerung von Asien zu erklären ist.

Ein einziges Beispiel könnte man von einer directen, über das atlantische Meer hinüber bestehenden Verwandtschaft anführen: *Carychium minimum* Müll., die einzige Binnenlandauricule von Europa, und das ganz ähnliche *Carychium exiguum* Say, die ebenfalls einzige Binnenlandauricule von Nordamerika — doch wohl ohne Berechtigung. Die küstenbewohnenden Auriculaceen von Nordamerika und Europa sind Meeres- oder wenigstens Brackwasserbewohner und als solche an den nordamerikanischen und europäischen Küsten als Angehörige eines und desselben oceanischen Beckens vielfach identische Arten; was kann näher liegen, als die beiderseitige, doch ganz selbständige und untereinander verbindungslose Entwickelung gleicher, verkümmerter Binnenlandsformen unter Verhältnissen ziemlich gleicher Klimate?

Von Pflanzenarten, welche gleichzeitig, abgesehen von den circumpolaren Arten, in Europa und Nordamerika vorkommen, führt Asa Gray (A. 57) 24 an. Nach Engler (A. 58) müsste man davon 15 abziehen, von denen einestheils ihre Einschleppung durch menschlichen Verkehr nachweisbar oder wenigstens mehr als wahrscheinlich ist, und von denen anderentheils einige wohl nicht hüben wie drüben vorkommen. Die übrig bleibenden 9 Arten sind erstens zwei Cryptogamen: *Equisetum Telmateja* Ehrh. und *Lycopodium inundatum* L. In Westeuropa allgemein, wohl auch am Meeresstrand verbreitet, in Nordamerika aber nur stellenweise vorkommend sind *Carex extensa* Good., *Calluna vulgaris* (L.) Salisb., *Leersia oryzoides* Sw. Ferner kommen drei nordamerikanische Arten in Europa beschränkt vor: *Eriocaulon septangulare*

Michx. (auf Mooren in Skye, auf den Hebriden und in Irland), *Spiranthes gemmipara* Lindl. (= *Romanzowiana* Cham.) (nur in einem Torfmoor in Irland), *Lobelia Dortmanna* L. (in Westeuropa bis Skandinavien und Litthauen hin verbreitet), und *Spartina stricta* Roth. (eine amerikanische, auch im westlichen Europa ziemlich verbreitete Strandpflanze). Von Asa Gray nicht angeführt, aber hier wohl noch zu nennen ist *Oxycoccos macrocarpus* Pursh, neuerdings in den Niederlanden bei Terschelling gefunden. Obgleich nun ziemlich fest- steht, dass litorale Vögel von Grossbritannien über Island nach Grönland fliegen und man ja annehmen könnte, dass diese Vögel dann auch nach Labrador und südwärts weiter gehen, so wäre die Annahme von einer Ver- schleppung genannter zehn Pflanzen auf diesem Wege doch etwas gewagt; es liegt näher, sie als Ueberbleibsel zu betrachten von einer grossen Anzahl identischer Arten, welche einst rings um den nördlich atlantischen Ocean herum über eine ehemalige Landbrücke hinweg vorkamen.

Der Austausch organischer Wesen zwischen Nordamerika und Grön- land ist ein ebenso geringer, so dass sich von arktischen Gewächsen, abge- sehen von der Hauptmasse der circumpolaren Arten, nur einige wenige, etwa sechs, in beiden finden, während die sibirische Flora recht eng an die von Nordamerika anschliesst (A. 59), und andererseits ein Anschluss von West- sibirien aus über Spitzbergen nach Grönland erreicht wird, was letzteres am besten aus der meerischen Nordpolarströmung erklärt werden dürfte und den grossen, von dieser transportirten Mengen sibirischer Treibhölzer.

Von Wassermollusken kommen in Nordamerika, besonders in dem nördlichen Bezirk atlantischer Region und, wie schon erwähnt, in der arkti- schen Provinz folgende mit Europa und Asien gemeinschaftliche Arten vor:

Valvata sincera Say = *V. depressa* C. Pfr.,

Physa hypnorum L., durch den ganzen nördlichen Bezirk,

Planorbis albus Müll. (= *P. hirsutus* Gould) in Neuengland und besonders im Bezirke der grossen Seen,

Limnaea stagnalis L., von Middendorf auch im südlichen Alaska, also der pacifischen Region, gefunden,

Limnaea ovata Drap., *peregra* Müll., *truncatula* Müll., *palustris* Müll.

Im Uebrigen gestattet uns hier der Raum nicht, genauer auf die nearktische Provinz einzugehen.

C. Die paläarktische Provinz.

(Siehe Karte 2.)

Der Name „paläarktische Provinz" ist schon in verschiedener Weise angewendet worden. In Deutschland brauchte ihn wohl zuerst Keferstein (A. 60): derselbe entlehnte den Ausdruck von Sclater, schliesst sich sonst aber in seiner Uebersicht über die geographische Verbreitung der Land-conchylien eng an Woodward an (A. 66), dessen 27 Erdprovinzen noch um weitere 7 vermehrend. Dr. Kobelt (A. 61 und 62) stimmt mit Keferstein darin überein, dass man das nördliche Nordamerika ebenfalls als paläarktisch betrachten müsse, die atlantischen Inseln aber nicht zu dieser Provinz zu-ziehen dürfe. Wallace endlich (A. 4) zieht ganz Nordamerika mit Grönland als „nearktische Region" zusammen, rechnet aber zu seiner „paläarktischen Region" sowohl die arktischen Länder von Europa und Asien, als auch Japan, Nordchina und den grossen Wüstengürtel.

Ueber Nordamerika und die arktischen Länder erlaubte ich mir oben einige Bemerkungen (pag. 83—85, 94—96): in Bezug auf Japan möchte ich Gloyne (A. 63) beipflichten, welcher dasselbe hinsichtlich der Landschnecken als mehr zur asiatischtropischen Provinz gehörig schildert (um mit Gloyne zu sprechen: zur „paläotropischen Provinz"),[1] und zwar besonders wegen seines grossen Reichthums an Deckellungenschnecken und wegen der Clausilien von vollständig asiatischtropischem Typus. Rein (A. 64) spricht sich, auf seine eigenen Erfahrungen gestützt, in dem ersten Bande seines prachtvollen Werkes in Uebereinstimmung mit Wallace auch für den paläarktischen Cha-rakter der japanischen Fauna aus, fügt aber hinzu, dass die meisten Typen ihm den Eindruck der Zugehörigkeit zu dem benachbarten Festlande machten.

Die Mittelstrasse ist bekanntlich golden, und ich glaube am besten zu thun, wenn ich Japan ein Uebergangsgebiet nenne, von welchem man mit demselben Recht oder Unrecht sagen darf, es sei paläarktisch oder asiatisch-tropisch. Der Norden ist freilich entschieden paläarktisch, also die Insel Yezo und diese wiederum vorwiegend in denjenigen Theilen, deren Küsten den

---

[1] worunter nur die asiatischtropischen Länder verstanden werden.

kalten, aus dem Ochotskischen Meere kommenden Strömungen ausgesetzt sind, nämlich in den nördlichen und westlichen. Die grosse Insel Hondo (Nipon) wäre in ihren nördlichen Theilen bezüglich ihres paläarktischen oder tropischen Charakters kaum definirbar, während Shikoku und Kiushiu ganz entschieden als asiatisch-tropisch zu bezeichnen sind.

Japan hat 40—50 Säugethiere[1]), von denen 25 bestimmt als eigenthümlich anzusehen sind. Diese endemischen Formen zeigen theils tropische, theils paläarktische Verwandtschaft, und theils sind sie in ihrem Charakter unbestimmt. Tropische Verwandtschaft zeigen südjapanische Formen, wie *Inuus speciosus, Pteropus dasymallus, Ursus Japonicus.* Tropische Verwandtschaft zeigen aber auch Formen, welche durch ganz Japan vorkommen: ich meine besonders *Cervus Sika,* der auch noch auf Yezo vorkommt und dem *Cervus pseudaxis* von Formosa, allerdings wohl auch dem *Cervus Mansuricus* aus Nordchina nahe steht, und ferner *Antilope (Nemorhedus) crispa,* welche auf allen hohen Gebirgen Japans heimisch ist und nächste Beziehungen zu *A. Sumatrana* von Sumatra und *A. Swinhoei* von Formosa hat.

Ebenso schliesst sich das japanische Schwein (*Sus leucomystax*) am engsten an *S. taevanus* von Formosa an.

Paläarktische Verwandtschaft haben unter den eigenthümlichen Formen erstens drei Marder, von denen aber wenigstens der eine (*Mustela brachyura*) nur im Norden vorkommt: ferner eine Fischotter (*Lutronectes Whiteleyi*), die man nicht mit der unsrigen (*Lutra vulgaris* L.) verwechseln darf; dann *Canis (Vulpes) Japonicus,* der aber nicht mit unserem *Canis vulpes* identisch ist. Ein richtiges Uebergangsglied an sich ist z. B. der Yama-inu (Berghund), der japanische Wolf (*Canis hodophylax*), welcher gleicherweise mit *C. Sumatranus* vom Malayenarchipel und *C. alpinus* von Sibirien verwandt ist. Ganz besonders merkwürdig ist aber ein Insectivore, *Urotrichus talpoides,* welcher einer sonst nur im nordwestlichen Amerika vorkommenden Gattung angehört; manche halten ihn sogar für identisch mit dem nordamerikanischen *U. Gibsii.*

Auch die anderen Säugethierformen geben in ihrer Zusammenstellung das Bild einer Faunenfacies von unbestimmtem Charakter. Die Flederthiere,

---

[1]) Wallace zählt 40, Rein giebt etwa 50 an.

von denen ausser dem *Pteropus* keine Form eigenthümlich japanisch ist, sind
zur Hälfte tropisch, einige sind nördlich und eines ist chinesisch. Vier *Sorex*-
Arten kommen in Japan vor, von denen eine tropisch, die anderen aber endemisch sind. Eine Varietät des nordischen braunen Bären, *Ursus arctos* var.,
welche man wohl auch fälschlich für den nordamerikanischen Grizly hielt,
gehört zwar wohl der japanischen Fauna, aber nur Yezo an. Sie kommt
sonst auch im Amurlande, auf Kamschatka und den Kurilen vor. An Mäusen
hat Japan 4, von denen 3 eigenthümlich und eine chinesisch ist. Man sieht,
dass die Säugethierfauna zum grössten Theile aus eigenthümlichen Formen
besteht, welche wechselnde Verwandtschaft, im Ganzen aber in Nordjapan
mehr nördliche, im Süden mehr südliche Verwandtschaft zeigen. Ausserdem
gehen tropische Charaktere weit nördlich und weit in die Gebirge hinauf, und
einige nördliche Formen dringen weit nach Süden hin vor. Von der paläarktischen Provinz ist Japan ausserdem durch das vollkommene Fehlen von
Schafen und Ziegen unterschieden.

Die japanische Vogelfauna scheint sehr reichhaltig zu sein. Rein
meint, sie zähle ungefähr 250 Arten, eine Zahl, deren Vermehrung man wohl
erwarten dürfe. Wallace giebt in seinem „Island Life" dagegen nur 165
an, von denen nach Seebohm nur 11 eigenthümlich genannt werden könnten
und von denen 40 zugleich auch Grossbritannien angehören. Man kann wohl
nicht leugnen, dass die japanische Vogelfauna in höherem Grade paläarktische
Elemente birgt, als die der Säugethiere und besonders als die der niederen
Thiere, zumal da auch Papageien gänzlich fehlen. Nordische Singvögel, selbst
Nachtigallen (*Cettia cantans*), lassen auch in Japan ihr schmetterndes Lied
erschallen, und der Sperling (*Passer montanus*) ist ein ebenso häufiger Gast
wie bei uns. Ebensowenig fehlen in Japan die Häher, die Elstern, Staare,
Bachstelzen, Lerchen, und auch ihr Kukuk hat hier sein Domicil aufgeschlagen.
Wenn auch Anklänge an die Tropen nicht fehlen, so sind sie doch in gerin-
gerem Maasse vorhanden. Dafür machen sich diese wieder innerhalb der
Klassen der Reptilien und Amphibien desto mehr geltend.[1] So bildet Alles

---

[1] Neuerdings lese ich in Wallace' Island Life, pag. 371: Die hauptsächlichsten
Thatsachen bezüglich der Verbreitung der Fauna (Japans) zeigen eine Mischung von gemässigten
und tropischen Formen mit einem beträchtlichen Bruchtheil eigenthümlicher Arten.

zusammen ein wunderliches Gemisch von nördlichen und tropischen und selbst von specifisch amerikanischen Formen, und man kann sich dies kaum anders erklären, als dass die Inseln zu verschiedenen Malen bei verschiedenen Klimaten mit dem Festlande in Verbindung gestanden und immer etwas von den überkommenen Formen aufbewahrt haben, zum Theil in nach und nach sich verändernder, zum Theil in unveränderter Form. Vögeln und Flederthieren ist Japan natürlich noch jetzt von dem Festlande aus zugänglich. War nun die Fauna aus verschiedenen Elementen zusammengesetzt, und ähnelte dieselbe in mancher Beziehung der unsrigen einigermassen, so kann man dies in weit geringerem Grade von der Flora, am allerwenigsten, von Yezo abgesehen, von dem japanischen Walde sagen. Der Grundcharakter des europäischen Waldes ist sein Bestehen aus wenigen Baumarten, die aber als echte sociale Pflanzen nur eine geringe Zahl Sträucher unter sich dulden. Der japanische Laubwald dagegen ist aus einer grossen Menge von Baum- und Straucharten zusammengesetzt. Schling- und Kletterpflanzen, epiphytische und andere Farne spielen eine grössere Rolle und erinnern an den tropischen Urwald. Auch im Uebrigen muss die Flora als innig verwandt — immer von Yezo abgesehen — mit den tropischen Ostasien betrachtet werden. So sagt auch A. Engler (A. 65): — — „ungleich grösser ist die Anzahl der Verwandten südasiatischer Pflanzen auf Nippon und Kiousiou; da ist die innige Verwandtschaft mit der chinesichen Flora und der Ostindiens wie des Archipels ganz auffallend. Viele Gattungen zeigen noch eine reiche Entwickelung, ähnlich wie im tropischen Asien; zahlreiche Gattungen tropischer und subtropischer Familien aber sind monotypisch, und dies zeigt an, dass schon seit Langem in Japan die Flora des tropischen Asiens vorhanden war, allmählich aber decimirt wurde. Als Beispiele solcher Gattungen nenne ich die Magnoliaceen *Euptelea*, *Cercidiphyllum*, *Trochodendron*, die Nymphaeacee *Euryale*, die Bixacee *Idesia*, die Tiliacee *Corchoropsis*, die Celastracee *Tripterygium*, die Rubiacee *Serissa*, die Gesneracee *Conandron*, die Myoporacee *Pentacoelium* und einige andere". So äussert sich Engler, nachdem er 61 Pflanzen aufgezählt hat, welche sogar noch auf Yezo und im Amurland an Formen des tropischen und subtropischen Asiens sich anschliessen.

Die atlantischen Inseln sind in jeder Beziehung stark differenzirt; aber wenn man sie nicht in das paläarktische oder europäische Gebiet einrechnen,

und wenn man auch nicht alle ebenso differenzirten Inseln und Inselgruppen
als besondere Provinzen unterscheiden will, wohin sollte man sie sonst stellen?
Ausserdem kommen in malakologischer Beziehung mehrere specifisch europäische
neben allgemein paläarktischen Arten vor, z. B. *Arion empiricorum* Fér., *Limax
gagates* Drap., *maximus* L. (*cinereus* List.), *Testacella haliotidea* Drap., *Hyalina
cellaria* Müll. und *crystallina* Müll. (= *subterranea* (Bourg.) Reinh.), *Helix rotundata* Müll., *aspersa* Müll., *pisana* Müll., *lactea* Müll., *lenticula* Fér., *Stenogyra decollata* L., *Pupa umbilicata* Drap., *Balea perversa* L., *Physa acuta* Drap.
u. s. w. ausser den allgemeinen *Limax agrestis* L., *variegatus* Drap., *Helix
pulchella* Müll., *Punctum pygmaeum* Drap., *Cionella lubrica* Müll., *Pupa edentula* Drap. (= *microspora* Lowe), so dass diese Zurechnung zu dem europäischen Gebiete mir nicht nur zulässig, sondern sogar erforderlich erscheint.

Allerdings hätte ich am liebsten die ganzen Mittelmeerländer mit
Vorderasien als eigene Provinz von der paläarktischen abgetrennt; da man
aber auch in gewisser Hinsicht eine Zusammenziehung aller nichtarktischen
Länder nördlich der grossen Wüstenlinie rechtfertigen kann und da dieses von
neueren zoologischen Autoren bisher immer geschah, so will ich diesem Vor-
gehen folgen, um nicht eigensinnig zu erscheinen und nicht meinem oben
(pag. 84) ausgesprochenen Grundsatze zuwider zu handeln. Hiernach möchte ich die Ausdehnung der paläarktischen Provinz so
annehmen, dass folgende Länder zu ihr gehören:

die atlantischen Inseln, Afrika nördlich der Sàharà, Europa, soweit es
nicht arktisch ist, Vorderasien einschliesslich Persien, ausschliesslich Afghanistan, Innerasien südlich von der oben (p. 82) angegebenen Südgrenze des
arktischen Sibirien und nördlich von dem grossen Gebirgsgürtel, der mit
dem Hindukusch anfängt und in einem grossen, nach Nordwesten offenen
Bogen bis zum Amur sich hinzieht, und endlich das Gebiet des Amur mit
den Inseln Sachalin und Yezo, sowie den nächsten der Kurilen.

Dass dieses ungeheure Gebiet, in welchem Grisebach vier verschiedene
Florenbezirke unterscheidet, sich hinsichtlich der Binnenmollusken nicht überall
gleichartig verhält, dass vielmehr recht verschiedene Formenbilder innerhalb
desselben sich entwickeln, ist nicht wunderbar, besonders, wenn man bedenkt,
mit wie verschiedenen Klimaten und mit wie ausserordentlich heterogenen
orographischen Verhältnissen man zu thun hat. Von dem nur durch mensch-

37*

lichen Fleiss und unaufhörliche Wachsamkeit dem Meere abgerungenen Boden
Hollands steigen wir zu den Regionen des ewigen Eises und Schnees nicht
nur der Alpen, der Pyrenäen und des Kaukasus empor, sondern auch zu dem
höchsten Hochlande der Erde, zu Tibet, am Fusse des unter allen Gebirgen
riesenhaft emporragenden Himalaya; von dem so vollständig oceanischen Klima
Englands und Irlands, wie es ausgesprochener kein anderes giebt, kommen
wir von Westen nach Osten schliesslich in ein Land, welches auf der ganzen
Erde mehr wie jedes andere ausgeprägt continental genannt werden muss, zu
dem District am Baykalsee; die Gartenculturen Englands und Frankreichs,
wo kein Zollbreit Landes von der bearbeitenden Hand des Menschen verschont
geblieben ist, liegen in unserem Gebiete, aber auch die weiten Steppen und
Wüsteneien Vorder- und Innerasiens, wo nomadisirende Völker fast noch auf der
Culturstufe der mythischen Urväter des alten Testaments sich befinden. Und dennoch giebt es einige Züge, welche durch alle diese Länder hindurchgehen
und deren Zusammengehörigkeit, wenn diese auch mitunter recht locker genannt werden muss, documentiren.

Im Verlauf der vorigen Seiten erwähnten wir schon einige für die
„paläarktische Provinz" allgemein charakteristische Züge, so bei der Besprechung
Japans (pag. 104—106) und der nearktischen Provinz (pag. 95). Für die
ganze paläarktische Provinz vieles Charakteristische und zugleich Gemein-
same herauszufinden ist nicht gerade leicht, und allgemein vorkommende Arten
giebt es zumal sehr wenige. An Säugethiertypen wäre es vielleicht das Zu-
sammenleben von Bären, Wölfen, Füchsen, Luchsen, Hirschen, Hasen und
Bibern. Aber wie sehr hat da schon allenthalben die raubthierfeindliche Cultur
des Menschen aufgeräumt! Am meisten bezeichnend wäre noch die Menge
der Schafe und der Ziegen und der Insectivorentypus der Talpiden. Die
Marder gehen nach dem Süden zu schon in die Viverren über. Sonst sei
von Säugethieren noch das Wildschwein erwähnt. Von Vögeln nennen wir
Locustella, *Pyrrhula*, *Emberiza* und von Insecten besonders die Carabiden.
Von Europa aus mehren sich nach Süden zu die Katzen, die Geier, die
Reptilien, Arachniden und die Landschnecken, während die Eulen kleiner
werden. Nach Osten zu treten an Stelle der zahlreichen Karpfen mehr
störartige Fische, Hirsche werden seltener, wofür Antilopen auftreten. Die
Insecten im Osten schliessen sich an Mitteleuropa an — der Zusammenhang

der Provinz ist faunistisch kein besonders fester, floristisch existirt er kaum. Vor allen Dingen werden wir zu unterscheiden haben zwischen einem nördlichen Theile, der in seiner Ausdehnung ungefähr dem „östlichen Waldgebiete" von Grisebach entspricht, nur vielleicht etwas weniger weit nach Norden gehend zu denken ist (s. pag. 81), und einem südlichen Theile, welcher den Florengebieten der atlantischen Inseln, der Mittelmeerländer und der asiatischen Steppen entspricht. Mit Woodward (A. 66) nennen wir den ganzen nördlichen Theil „germanische Region" und unterscheiden in dem südlichen Theile übereinstimmend mit der Pflanzengeographie zwischen der „atlantischen Inselregion", der „Mittelmeerregion" und der „centralasiatischen Region". Nur die letztgenannte weicht in ihrer Ausdehnung und Lagerung etwas von dem „asiatischen Steppengebiete" Grisebach's ab, und zwar wiederum in theilweiser Uebereinstimmung mit der Verbreitung der *Rubus*-Arten. Wir rechnen, in Uebereinstimmung mit der Mehrzahl der Botaniker, ganz Vorderasien, also Kaukasien, Armenien, die Levante, Kurdistan, Persien und Syrien, noch zur Mittelmeerregion, wo überall auch noch die atlantisch-europäischen *Rubus*-Arten vorkommen (A. 40). Unter erwähnter „centralasiatischer Region" aber wollen wir Turkestan, Tibet, das Altaigebiet, Baykalien und Daurien verstanden wissen, so dass dieselbe also halbkreisförmig noch in das „östliche Waldgebiet" von Grisebach einschneidet.

Das Amurland ist gleich dem nördlichen Japan etwas schwer in diesem System von Regionen unterzubringen; es zeigt Anklänge an Baykalien und an China und erinnert auch an eine Zone, welche sich zwischen dem Altai-Baykalischen Bezirk und dem sibirischen Theile der arktischen Provinz überall nordwärts von ersterem von Nordrussland bis nach Ostsibirien hinzieht, nämlich an den „nordrussisch-sibirischen Bezirk" (s. weiter unten).

Eine, wenn auch nur ungefähre Grenze zwischen dem nördlichen und südlichen Theile der paläarktischen Provinz ist nicht leicht zu beschreiben, und es geschieht nur aus Bequemlichkeit, den Hochgebirgsgürtel der Pyrenäen, Alpen, des Balkan und Kaukasus als solche anzugeben; für die Landschnecken z. B. dürfte sie noch eher zutreffen, als für die Wassermollusken, welche erst mehr in den südlichen Theilen der drei südeuropäischen Halbinseln, in Nordafrika und Vorderasien den Charakter der Mittelmeerregion ganz annehmen und besonders in dem Auftreten der Gattung *Melanopsis* und mehrerer *Neritina*-

Arten zum Ausdruck bringen. Was die Hochgebirge selbst anbelangt, so
gehören die Pyrenäen und Alpen ganz und gar zu dem nördlichen Theile;
die nördlichen Gebirge der Balkanhalbinsel und der Kaukasus aber tragen
schon mehr einen südlichen Charakter, besonders in den *Helix*- und *Buliminus*-
Arten an sich.

Was die paläarktische Provinz besonders als ein malakologisch zusammen-
gehöriges Ganze charakterisirt, ist die Süsswasserfauna, zumal die der Schnecken,
welche wir mit geringen Abänderungen in Grossbritannien und dem Amurlande,
in Centralasien und auf den südeuropäischen Halbinseln wiederfinden. In den
südlichsten Ländern treten eben noch die Gattung *Melanopsis* und einige *Neritina*-
Arten hinzu, und es ist das Ueberwiegen von *Cyrena* vor *Cyclas* zu erwähnen.
Auf das atlantische Europa beschränkt ist das Vorkommen der *Amphipeplea
glutinosa* Müll., welche sehr weit in den Continent hinein nur in Ostbayern
(nach Clessin) und im Schlesischen gegangen ist, wo ich sie i. J. 1877 im
Kreise Oppeln sammelte. Ein Theil der Wasserschnecken kommt aber auch
in Amerika vor, so z. B. die meisten der paläarktischen Limnäen, und die
kleinen Landschnecken, von denen man sagen kann, dass sie der ganzen
paläarktischen Provinz gleichmässig angehören, fehlen dort ebenfalls nicht; es
sind die schon erwähnten *Vitrina pellucida* Müll., *Hyalina fulva* Drap., *Hyalina pura* Alder, *Punctum pygmaeum* Drap., *Helix pulchella* Müll., *Cionella
lubrica* Müll., *Pupa muscorum* (L.) Müll. und *Succinea putris* L. Das ist auch
der Hauptgrund, warum ich die soeben (pag. 109) aufgezählten „Regionen", in
malakologischer Beziehung wenigstens, nicht alle in e i n e Provinz zusammenfassen möchte, welche der „nearktischen Provinz" als gleichwerthig gegenüber zu
stellen ist. Vielmehr würde die paläarktische Provinz besser in drei Provinzen ge-
theilt, so dass die „germanische Region", die „centralasiatische Region" und die
„Mittelmeerregion mit atlantischen Inseln" gesondert als „Provinzen" aufgefasst
werden könnten. Doch hat alle Systematik, wenn auch zur Klärung naturwissen-
schaftlicher Forschungsergebnisse absolut nothwendig, ihre schwachen Punkte,
und ich denke, dass man sich über den soeben angeführten leicht wird trösten
können. Ausserdem ist das Gepräge der gesammten paläarktischen Molluskenfauna ein ziemlich einheitliches.

Der südliche Theil dieser grossen paläarktischen Provinz unterscheidet
sich von dem nördlichen besonders durch reiche Entwickelung der Helixgruppen

Macularia, Iberus, Pomatia, Xerophila und *Leptaxis* (*Hemicycla*), sowie der Gattung *Buliminus* besonders in den Gruppen *Zebrina* und *Chondrula.* In dem nördlichen Theile überwiegen die Fruticicolen, und zwar hauptsächlich in der Untergruppe *Trichia;* die Hochgebirge charakterisiren besonders Clausilien, die Helixgruppe *Campylaea* und die Pupagruppe *Torquilla,* von denen letztere wiederum vorwiegend westliche Verbreitung hat, während zahlreiche Arten von *Clausilia* und *Buliminus* vorwiegend dem Osten eigenthümlich sind und Campyläen fast in allen Gebirgen gleichmässig gefunden werden.

1. Die germanische Region.

In der germanischen, fast ganz zu Europa gehörenden Region kann man, wenn auch in sehr unbestimmter Abgrenzung, einen westlichen und einen östlichen Theil unterscheiden, eine Eintheilung, welche auf dem nach Osten zu allmählich geringer werdenden Einfluss des atlantischen Oceans begründet ist, und welcher man als Theilungslinie etwa die Isotalantose (Linie der jährlichen Wärmeschwankung) von 20° C. zu Grunde legen könnte. Als drittes, ebenso selbständiges Element hätte man die Hochgebirge hinzuzufügen, Pyrenäen, Alpen und Karpathen. Dieselben haben genugsam eigenartige Formen entwickelt, um diese ihnen hier beigelegte biogeographische Selbständigkeit innerhalb paläarktischer Formenreiche zu rechtfertigen; auch kann man sie wohl ganz gut als Verbreitungscentren mancher Arten und Gruppen ansehen.

Botanisch wäre die „germanische Region" vielleicht das Reich der Schirm- und Kreuzblüthler und der europäischen Eiche und Buche zu nennen; genauer gesagt fängt sie im Norden mit dem Getreidebau an und hört im Süden bei dem Anfang des Olivenbaus und an der Nordgrenze der immergrünen Laubhölzer auf — letzteres mit einigen geringen Ausnahmen. Eine Theilung in eine nördliche und südliche Hälfte ist nur botanisch in gewisser Beziehung begründet, vielleicht durch die Polargrenze des Weinstocks bezeichnet und mit der Isothere von 20° C. zusammenfallend.

Dichte Waldbestände socialer Baumarten mit geringem Wuchs anderer Sträucher als Unterholz unterscheiden sofort die Länder der germanischen Region von den waldlosen arktischen. In letzteren weidet das Renthier, in jenen bevölkern Tetraoniden, Auer-, Birk- und Haselhühner die Waldgründe. Augenscheinlich aber hängt die Verbreitung des Renthieres in der Jetztzeit in

geringem Grade von dem Klima ab. Nicht als ob wir dies aus dem Umstande folgern wollten, dass prähistorische Funde Renthiergeweihe in den
Höhlen des mittleren und südlichen Frankreich und Schwabens constatirten;
denn man könnte uns entgegenhalten, dass in jenen fernen Zeiten vielleicht
ein ganz anderer Himmel über Europa herrschte und ein ganz anderes Klima
in unseren Breiten die lebende Schöpfung beeinflusste. Aber das Caribu,
das amerikanische Renthier, trafen in neueren historischen Zeiten die ersten
europäischen Ansiedler an den östlichen Küsten Nordamerikas noch unter dem
43. Breitegrade, unter dem Parallel von Toulon, und nur die Cultur war es,
die dasselbe allmählich nach Norden verscheuchte. Bei uns war es wohl auch
noch in historischen Zeiten zu finden. Was soll man sich sonst unter dem
„Rheno" des Cäsar (A. 67) denken? Charles Gard (A. 68) spricht es
ganz zuversichtlich aus, dass das Renthier bis zur Regierung des Augustus
sein Dasein auf Rheininseln gefristet habe. Und wäre die menschliche Cultur
nicht, noch heute würden zur Freude der Jäger Auerochsen unsere Forsten
beleben, und Bären wären nicht eine solche Seltenheit, dass man, um sie zu
jagen, nach den Karpathen reisen müsste, mit einem kaiserlich-königlichen
Jagdschein ausgerüstet. Wölfe, Luchse und wilde Katzen würden häufig in
unserer Heimath sein, wie die Elephanten, jetzt aus Nordafrika und aus dem
Caplande verschwunden, einst an beiden Enden dieses Erdtheiles vorkamen.
Kurz, die menschliche Cultur ist ein wichtiges Moment in der Biogeographie,
welches man nicht vernachlässigen darf.

Zum Unterschiede von arktischen Ländern finden wir in der germanischen Region, in dem „mitteleuropäischen Reich" von Schmarda, auch
Fledermäuse der Gattungen *Rhinolophus* und *Vespertilio; das* Wildschwein
erscheint von 55° n. Br. ab, und Singvögel erfreuen in den dichten Laubholz-
beständen das Ohr des Menschen. Der beliebteste unserer Singvögel ist bekanntlich die Nachtigall; es ist nun nicht uninteressant, dass zwei verschiedene
Arten derselben für den westlichen und östlichen Theil unserer germanischen
Region besonders charakteristisch sind. *Lusciola luscinia* nämlich gehört ersterem, *L. philomela* dem anderen an.

Es ist niemals angenehm, neue Namen auszusuchen oder gar erfinden
zu müssen. So hätte ich gern die Bezeichnung „mitteleuropäische" Region
beibehalten, wenn nicht das hier ominöse „Europa" in derselben eine Rolle

spielte. Man wird dabei zu leicht versucht, als Hauptmoment „Europa" im Auge zu behalten, wie sogar neueste und sehr bedeutende Thiergeographen diese Region „im Osten durch das Kaspische Meer und den Ural in etwas fraglicher Weise" abgrenzen lassen. Man darf wohl aber kaum zweifeln, dass eine Abgrenzung gegen Osten hin mindestens erst an der entsprechenden östlichen Wasserscheide des Ob geschehen darf, ungefähr vielleicht mit der östlichen Verbreitungsgrenze unseres Hamsters (*Cricetus frumentarius*). Den Ausdruck „nördliche Region" aber haben Andere so gebraucht, dass auch die arktischen Länder darin einbegriffen wurden. Schmetterlinge und Arachniden sind noch wenig charakteristisch in der germanischen Region, Reptilien und Amphibien wenig zahlreich.

In dem westlichen Theile, der allerdings derartig durchsucht ist, dass Auffindung neuer Formen fast als Phänomen zu betrachten ist, haben wir es im Ganzen genommen mit einer reichhaltigeren Landmolluskenfauna zu thun, als im Osten, wo, abgesehen von der Gattung *Clausilia*, die Entwickelung eine ärmere genannt werden kann. Die Clausilien aber, deren Verbreitungscentrum auf der Balkanhalbinsel zu suchen ist, und welche in einer grossen Menge von Formen in den Donauländern und dem Bezirk der Südkarpathen vertreten sind, gehören alle zu einem Typus, wobei berücksichtigt werden muss, dass die aufgestellten Arten nicht allein selten ein grösseres Verbreitungsgebiet aufweisen können, sondern sogar oft nur local vorkommen.

Für den westlichen Theil der germanischen Region wären vielleicht als allgemein charakteristische Formen zu nennen: *Balea perversa* L., *Helix nemoralis* L. und *H. hortensis* Müll., von welchen letzteren die erste mehr südlich, die andere mehr nördlich verbreitet ist, *H. (Fruticicola) villosa* Drap., mit einer vicarirenden Art *H. Pietruskyana* Parr. in den nordöstlichen Karpathenländern, *H. (Gonostoma) obvoluta* Müll., einige Xerophilen: *Helix rugosiuscula* Mich., *intersecta* Mich., *caperata* Mtg. und *H. ericetorum* Müll., ferner *Arion empiricorum* Fér., der im westlichen Europa wenigstens allgemeiner verbreitet und häufiger ist, als im östlichen, *Limax variegatus* Drap., der freilich auch nach allen möglichen Weltgegenden verschleppt worden ist (Küsten von Südrussland, Kleinasien und Cypern, Nord- und Südamerika und Australien), *Limax laevis* Müll. und die zwei sich nahestehenden Arten *Vitrina Draparnaldi* L. Pfr. aus Deutschland und *V. major* Fér. aus dem mittleren und südlichen Frankreich.

Im Osten wären zu erwähnen die Clausilien, *Helix (Tachea) Austriaca*
Mühlf., die streckenweise mit *H. hortensis* Müll. (Böhmen, Oberschlesien, Galizien, Ungarn, Polen) und in einigen wenigen Gegenden (Kärnten, Krain,
Oesterreich, Provinz Posen) auch mit *H. nemoralis* L. gemischt vorkommt,
H. Pietruskyana Parr., der im Westen *H. villosa* Drap. gegenübersteht, *H.
candicans* Ziegler als Analogon der westlichen *H. ericetorum* Müll., *Zonites verticillus* Fér. mit Verwandten, wobei man im Allgemeinen sagen kann, dass unter dem
mildernden Einfluss des atlantischen Oceans die westlichen Formen weiter nach
Norden hinaufgehen, als die östlichen; vielleicht trägt hier auch die vor-
herrschende ungünstige Beschaffenheit des Bodens im Nordosten von Europa,
in dem grossen Diluvialgebiete von Nordostdeutschland und Nordrussland zur
Verarmung der nordöstlichen Fauna bei.

Abgesehen von diesen mehr allgemein verbreiteten Molluskenformen
kommen eine Menge anderer in Betracht, welche auf gewisse, kleinere Gebiete
beschränkt sind, und auf Grund deren man mehrere malakologische Bezirke
in der germanischen Region zu unterscheiden berechtigt scheint.

a) Nord-Ostsee-Bezirk.

Die nordwestlichsten, um die deutschen Meere herum gruppirten Länder,
welche wir unter der Bezeichnung „Nord-Ostsee-Bezirk" zusammenfassen, mit
kühlem, doch ziemlich gleichmässigem Klima, haben keine reiche Landschneckenfauna und dennoch mehrere ihnen allein zukommende Formen.   Nord-Irland,
Schottland mit den umliegenden Inseln, Südskandinavien, Südfinland, die russischen Ostseeprovinzen, die nordost- und nordwestdeutsche Tiefebene, Schleswig-
Holstein und Jütland mit Inseln gehören hierher, und auch die Südküste von
Island dürfte nicht mit Unrecht dazu zu rechnen sein.   Auf der Südküste
von Island (pag. 90) lebt und gedeiht *Helix hortensis* Müll., und ausser
ihr begegnen wir Formen der germanischen Region, welche sich sonst nicht
bis in die arktische Provinz hinein zu verbreiten pflegen (A. 69), z. B. *Arion
empiricorum* Fér., *hortensis* Fér., *Limax arborum* Bouch., *Pisidium amnicum* Müll. und ausserdem einer kleinen Schnecke, welche mit zwei anderen
dem Nord-Ostsee-Bezirk eigenthümlich ist: *Hyalina alliaria* Mill. Andererseits hat Island auch weniger arktische Pflanzenarten aufzuweisen, während
eine Menge solcher mit der germanischen Region, bezw. dem östlichen Wald-

gebiete identisch sind. Baumwuchs fehlt weniger des kalten Klimas, als vielmehr der vielen, heftigen Stürme wegen, von denen die Insel unausgesetzt heimgesucht ist. Von den specifisch das circumpolare, arktische Gebiet charakterisirenden *Rubus*-Arten wächst keine auf Island, dafür der sonst mehr gemässigten Breiten eigenthümliche *Rubus saxatilis* L. Sonst findet floristische Uebereinstimmung innerhalb dieses Nord-Ostsee-Bezirkes besonders auffallend zwischen Schottland und den norwegischen Fjelden statt, und Island und die Färöergruppe besitzen keine Art, die nicht auch skandinavisch wäre.

Ausser der schon erwähnten *Hyalina alliaria* Müll.[1]), die ausserhalb des Nord-Ostsee-Bezirkes nur einmal in Grönland gefunden sein soll und auf St. Helena neuerdings eingeführt worden ist, die nur in Finland und den russischen Ostseeprovinzen fehlt, sind für den Nord-Ostsee-Bezirk charakteristisch: *Hyalina excavata* Bean, bisher nur in Nordengland, Südschottland und bei Flensburg in Holstein gesammelt, und *Helix (Acanthinula) lamellata* Jeffr., welche Island einerseits und den östlichsten Ostseeländern andererseits fremd ist.

Es ist bemerkenswerth für den abnehmenden Einfluss des atlantischen Oceans, dass alle drei Arten in Finland und den russischen Ostseeprovinzen, sowie der nordöstlichsten deutschen Tiefebene fehlen und ein Beweis dafür, dass diese kleinen Schnecken thatsächlich eines ausgesprochenen Seeklimas bedürfen. Ein Vergleich der hierher gehörenden Länder und Inseln untereinander hinsichtlich des Reichthumes an Landschnecken fällt zu Gunsten Jütlands, Holsteins, der nordwestdeutschen Tiefebene und der Insel Rügen aus, und zu Ungunsten besonders Islands und der Färöer-Inseln. Letztere beiden entbehren des Baumwuchses mehr weniger vollständig, während die Schönheit der Buchenwälder an erstgenannten Orten bekannt ist. In Jütland und auf der dazu gehörenden Insel Seeland begegnen wir sogar einer Schnecke, deren Heimath die Mittelmeerregion ist und mit dieser durch den Westen von Europa in Verbindung steht: *Cyclostoma elegans* Müll.

In dem Nord-Ostsee-Bezirk erreicht ihre Südgrenze *Helix harpa* Say (Nordfinland).

Ihre Nordgrenze erreichen hier eine grosse Menge von Schnecken, und zwar kommen von diesen noch ziemlich allgemein im Nord-Ostsee-Bezirk vor:

----

[1]) *H. alliaria* wurde früher fälschlicherweise aus Frankreich angegeben.

38*

Carychium minimum Müll. } fehlen nur Island und Färöer.
Succinea oblonga Drap.   }

Sämmtliche nördliche Clausilien, von denen hier am häufigsten *Cl. ventricosa* Drap., *plicatula* Drap., *sejuncta* A. Schm., der südlich von 50° n. Br. vorkommenden *Cl. pumila* Ziegler gegenüberstehend, *Cl. bidentata* (Ström) Bttg. (*nigricans* Pult.), *dubia* Drap., *laminata* Mtg., überall ausser auf Island und Färöer auftreten. Ausserdem soll *Cl. cana* Held in Mecklenburg, Ostpreussen und auf Rügen in der Stubbnitz vorkommen; an letzterem Orte fand ich sie während eines achttägigen Aufenthaltes und täglichen Sammelns nicht.

Pupa Venetzi Charp. (= *angustior* Jeffr.) und *pusilla* Müll.

P. substriata Jeffr.

P. pygmaea Drap., *antivertigo* Drap., *minutissima* Hartm.

Buliminus obscurus Müll., in Westskandinavien bis 67° n. Br.

Helix hortensis Müll., nirgends fehlend als nur auf der Insel Bornholm — bis 67° n. Br. in Westskandinavien (A. 70).

H. hispida L., *lapicida* L., *pulchella* Müll. und *costata* Müll., letztere ebenfalls bis 67° n. Br., *H. rotundata* und *H. aculeata* Müll., nur innerhalb der Buchengrenze (cf. pag. 47).

Arion empiricorum Fér. (A. 70) und *hortensis* Fér.

Limax cinereo-niger Wolff und *tenellus* Nilss. (= *cinctus* Heynem.).

Zonitoides nitidus Müll., bis 67° n. Br.

Hyalina cellaria Müll., *nitidula* Drap. und zwei Formen der Gruppe *Crystallus* Lowe: *H. subterranea* (Bourg.) Reinh. und *H. crystallina* Müll. (Reinh.)

Nur vereinzelt kommen vor:

Clausilia Rolphi Leach, in Nordwestdeutschland,

C. cruciata Stud., Südskandinavien und russische Ostseeprovinzen,

C. parvula Stud., Jütland und Insel Rügen,

C. biplicata Mtg., fehlend in Island, Schottland, Jütland, Finland.

C. orthostoma Mke., nur in Nordostdeutschland.

Pupa doliolum Brug., nur aus den mitteldeutschen Bergen stellenweise in die norddeutsche Tiefebene hinabreichend,

P. avena Drap., als einzige Torquille in Jütland und Südskandinavien.

Buliminus montanus Drap., nur im südlichsten Skandinavien und in den russischen Ostseeprovinzen.

Helix pomatia L., nur innerhalb von Deutschland und Jütland,

H. nemoralis L., Südskandinavien, deutsche Ostseeländer, Nord-Irland, auf den Inseln Gottland und Bornholm (auf letzterer ohne *H. hortensis*),

H. striata Müll., nur in Südskandinavien, und

H. candidula Stud., nur auf der Halbinsel Jütland (Holstein),

H. ericetorum Müll., von Jütland bis Schottland,

H. incarnata Müll., als continentale Art nur von Rügen über Jütland nach Südskandinavien (in England fossil),

H. fruticum Müll., ebenda und an der Ostsee bis in die russischen Ostsee-provinzen, von da weiter über Nordrussland nach Sibirien verbreitet — zusammen mit *H. strigella* Drap.,

H. rufescens Penn., nur in Südskandinavien;

H. obvoluta Müll., nur in die nordwestliche deutsche Tiefebene und

H. personata Lam., nur in die nordöstliche deutsche Tiefebene hinabsteigend;

H. rupestris Drap., nur in Holstein.

Hyalina glabra Stud., nur in der nordwestlichen deutschen Tiefebene,

H. Draparnaldi Beck., stellenweise in der deutschen Tiefebene, z. B. Potsdam — ob mit Zierpflanzen eingeschleppt?

Von Osten her geht bis nach Finland:

Helix Schrenki Middendorf.

Es fehlen vollständig:

die Buliminusgruppen *Chondrula* Beck. und *Zebrina* Held,

die eigentlichen Campyläen,

die Vitrinen ausser *Vitrina pellucida* Müll.

b) Nordrussisch-sibirischer Bezirk.

Im östlichen Theile der germanischen Region schliesst sich an den Nord-Ostsee-Bezirk ein Ländergebiet an, der „nordrussisch-sibirische Bezirk", welches man als ein verarmtes Glied dieser nordgermanischen Fauna bezeichnen muss. Unstreitig gehören hierher Nordrussland, ungefähr nördlich der Städte Smolensk, Moskau, Kasan (nämlich das nordrussische Diluvialgebiet, soweit es nicht als arktisch angesprochen werden muss) (A. 71) und Westsibirien, und vielleicht auch ein durch ganz Ostsibirien bis zum Amurlande durchgehender Landstrich (A. 45); „vielleicht", da man hier noch nicht genügend

Bescheid weiss. Jedenfalls aber scheint mir am Nordrande der Gebirge des inneren Sibiriens ein lang sich hinstreckendes Territorium zu liegen, wo dieselben Formen wie in Nordrussland fast allein vorkommen, unvermischt mit den dem Altai-Baykalischen Bezirke eigenthümlichen, also ohne *Helix bicallosa* Friv., *subpersonata* Midd., *Buliminus miser* E. v. Mart., dagegen wie Nordrussland mit *Limax agrestis* L., *Vitrina pellucida* Müll., *Hyalina radiatula* Alder (bezw. *petronella* Charp.), *Zonitoides nitidus* Müll., *Pupa edentula* Drap., *inermis* Westerlund, *Succinea turgida* Westerlund, *S. Pfeifferi* Rossm., *S. oblonga* Drap. und *Helix Schrenki* Midd., welche im Altai und am Baykalsee fehlen, ein Gebiet, das dagegen durch das Gros der europäischen Wassermollusken dem deren mehr entbehrenden Altai-Baykalischen Bezirke gegenüber als eine Ebenenfauna ausgezeichnet ist.

Indessen reichen in Ostsibirien die Gebirge sehr weit nach Norden und man kann darum auch andererseits vermuthen, dass die nordrussisch-sibirische Molluskenfauna nur bis nach dem westlichen Flussgebiete der Lena sich erstrecke, dass dann aber eine Fauna auftrete, welche, anfänglich an die centralen Gebirge sich anschliessend, zuletzt mehr als „ostasiatisch" zu bezeichnen wäre. In diesem Sinne scheint man auch in anderer Beziehung zwischen gewissen Districten unterscheiden zu müssen. So erzählt Motchoulsky (A. 72), dass die Strecke von Barnaul bis Tomsk und von dort bis zum Baykal (also die um den Altai herumführende grosse Strasse) in Terrainverhältnissen und Erzeugnissen sehr an die Umgegend von Petersburg erinnere, während auf der südlichen Seite des Baykal eine von der Ebene ganz verschiedene Region beginne, die den Alpen und dem Kaukasus genugsam ähnlich sei. Und so sehen wir, wie die Verschiedenheit der Insectenformen eine ähnliche Eintheilung zulässt, indem der westliche Theil von Sibirien, d. h. die ganze Ebene zwischen dem Ural und dem Baykalsee, noch eine ansehnliche Menge europäischer Formen beherbergt, während der Altai in seinen Formen sich mehr den transbaykalischen Bergländern und Gebirgen anschliesst. Der Osten aber bis Kamschatka hin hat bereits einen ganz anderen Typus in vielen Arten aufzuweisen, eben einen ostasiatischen, welcher in manchen Species schon an Amerika erinnert (z. B. in einigen *Carabus*-Arten wie *C. Vladimirskii* und *C. smaragdinus*, und Arten von *Chlaenius*). Sei dem nun, wie ihm wolle, der grosse Procentsatz, den europäische Arten noch im Amurlande

von der Molluskenfauna ausmachen, wird jedenfalls die Auffassung rechtfertigen, dass eine enge Verbindung zwischen dem Westen Sibiriens und durch
dieses mit Nordrussland um die centralasiatischen Gebirge herum besteht,
wenn man auch einen „nordrussisch-sibirischen Bezirk" nur in einer Ausdehnung bis nach dem Lenaflussgebiete, vielleicht gar nur bis zum Jenissei,
gelten lassen will. Gewiss aber wird man die inneren Gebirge, mit einigen
ihnen eigenthümlichen Formen und mit dem eine so fremdartige Fauna be-
herbergenden Baykalsee in ihrer Mitte immer von der nördlich und besonders
nordwestlich davon sich ausdehnenden Ebene unterscheiden müssen, diese
Gebirge, welche zumeist von Nadelwald bedeckt sind, während man in den
Bezirken an ihrem nördlichen Fusse die Birke als hauptsächlichen Waldbaum
bezeichnen kann. Uebrigens ist die Kenntniss, welche wir von diesem ganzen
in Rede stehenden Lande haben, noch so lückenhaft, dass man sich eben nur
in mehr oder weniger wahrscheinlichen Vermuthungen ergehen kann.

In dem „nordrussisch-sibirischen Bezirke" hätte man, wenn vorläufig
Ostsibirien, sei es auch vorläufig nur grösserer Bequemlichkeit wegen, in
demselben einbegriffen wird, drei allerdings wenig, aber doch immerhin verschiedene Landstücke von einander zu unterscheiden, um einmal von dem
Amurlande gänzlich abzusehen. Da wäre erstens das diluviale Russland
innerhalb der Eichengrenze (*Quercus pedunculata* Sm.), d. h. insoweit es nicht
als arktisch in Anspruch zu nehmen ist, zu erwähnen. Hier finden sich
ausser oben angegebenen, allgemein vorkommenden Arten noch einige von
speciell europäischem Typus, die den Ural aber, bis zu welchem sich nach
Dove der Einfluss des atlantischen Oceans bemerkbar macht, nicht überschreiten, z. B. *Arion fuscus* Müll., *Helix strigella* Drap., *Buliminus obscurus*
Müll., *Clausilia laminata* Mtg., *bidentata* (Ström) Bttg., *plicatula* Drap. und
Pupa minutissima Hartm., und von Wasserschnecken *Viviparus* (*Paludina*)
fasciatus Müll. (-- *Okuënsis* Cless., A. 73) und *Neritina fluviatilis* L.

Schon nicht mehr finden sich z. B. *Helix arbustorum* L., *nemoralis* L.,
lapicida L., *aculeata* Müll., *Hyalina nitidula* Drap., welche in den russischen
Ostseeprovinzen und Finland ihre Ostgrenze erreichten.

Hieran schlösse sich Westsibirien, nördlich von der Kirghisensteppe
um den Altai herumziehend und das mittlere Flussgebiet des Ob noch einschliessend, mit einigen Formen von nordeuropäischer, die hier ihre Ostgrenze

finden, und einigen von ostasiatischer Abstammung, welche hier ihren westlichen Endpunkt erreichen.

Zu ersteren wären zu rechnen: *Arion hortensis* Fér., *Helix hispida* L.,
in sehr fraglicher Weise *Helix incarnata* Müll. und *strigella* Drap., *Pupa
Theeli* Westerl. (sehr mit *Pupa pygmaea* Drap. verwandt) und von Wassermollusken *Planorbis septemgyratus* Ziegl., *laevis* Alder, *Viviparus verus* Frauenf.
(*Paludina vivipara*), *Bythinia tentaculata* L., *Pisidium amnicum* Müll., *Unio
crassus* Retz. und *Unio tumidus* Retz.

Von Ostsibirien her kommen als von dem allgemeinen Typus wenig
abweichende Arten bis hierher vor: *Ancylus Sibiricus* Gerstf., der auch im
Baykalsee gefunden worden ist, und *Valvata Sibirica* Midd. (sehr verwandt
mit *V. cristata* Müll.).

Drittens tritt in Ostsibirien an Landschnecken kaum etwas Neues
auf ausser *Vitrina rugulosa* C. Koch, *Pupa inermis* Westerl. und der augenscheinlich dem ganzen gemässigten Asien angehörenden *Succinea Altaica* E. v. Mart.

Von Europa reichen bis hierher, hier ihre östliche Verbreitungsgrenze
erreichend, *Zonitoides nitidus* Müll. (der in Amerika nur in der atlantischen
Region vorkommt und kaum circumpolar genannt werden kann), *Succinea
oblonga* Drap., unter den Wasserschnecken *Planorbis marginatus* Drap., *Planorbis
vortex* L., *spirorbis* L. (Dazuri Mörch), *rotundatus* Poiret, *fontanus* Lightf.,
Valvata piscinalis Müll., *Bythinia ventricosa* Leach und *Anodonta variabilis*
Drap. Als neu und eigenthümlich treten in der Süsswasserfauna *Physa Sibirica*
Westerl. und *aenigma* Westerl., *Cyclas* (*Sphaerium*) *Levinodis* Westerl. und
nitida Cless. und ausserdem noch zwei andere hinzu, welche Ostsibirien mit
dem Amurlande und mit Kamschatka gemein hat: *Planorbis borealis* Loven
und *Valvata aliena* Westerl.

Ferner verändert sich von Westen nach Osten hin der Charakter
einiger *Helix*-Arten, welche auch in diesem armen Landstrich noch gefunden
werden: der Typus der europäischen und westsibirischen *Helix* (*Patula*) *ruderata* Stud. tritt in Ostsibirien, Kamschatka und dem Amurlande als *Helix
pauper* Gould auf und Westerlund fand sibirische, den europäischen Formen
Helix (*Fruticicola*) *rubiginosa* (Ziegl.) A. Schm. und *rufescens* Penn. nahestehende Exemplare immerhin abweichend genug, um eigene Arten, *Helix
Stuxbergi* Westerl. (*rubiginosa*) und *H. Nordenskiöldi* Westerl. (*rufescens*) daraus

zu machen, welche beide wie in Europa so auch in dem ganzen nördlicheren Asien bis in das Amurland hin verbreitet sind. Kommen nun auch in Ostsibirien eine ganze Menge neuer Formen hinzu, so fragt es sich sehr, ob dieselben auch so recht abweichend von europäischen Typen sind, um ihrer Heimath die Berechtigung eines selbständigen Verbreitungsbezirkes zu verschaffen.

Das Amurland endlich, wo nach Schrenck (A. 74) von 25 Molluskenarten 17 europäisch sind, beherbergt ein Gemisch aus allen umliegenden Ländern, hat aber mit der centralasiatischen Region in hier angenommener Fassung nichts gemein (soweit man sich bisher ein Urtheil bilden kann) als Formen, die auch anderwärts nicht fehlen. Als südliche Einwanderer von China her hat es aufgenommen: *Philomycus bilineatus* Bens., *Helix (Acusta) ravida* Bens. und *Selskii* Gerstf., *Helix (Fruticicola) Maacki* Gerstf., *Arcasiana* Cr. et Deb. und *Weyrichi* Schrenck, und von Wassermollusken *Margaritana Dahurica* Midd. Mit Kamschatka, Ostsibirien und der Insel Yezo (A. 75) hat es *Helix pauper* Gould gemein, und gleich dem ganzen nordrussisch-sibirischen Bezirk beherbergt es *Helix Schrenki* Midd., *Limax agrestis* L., *Hyalina radiatula* Ald. und *H. fulva* Drap., die Vallonien, *Pupa edentula* Drap. und *P. Shuttleworthiana* Charp., *Succinea Pfeifferi* Rossm. und das Gros der europäischen Wasserschnecken. Es fehlen dem Amurlande in gleicher Weise wie den sibirischen Theilen des genannten Bezirkes die dem Altai-Baykalischen Bezirke so charakteristischen Formen der *Helix subpersonata* Midd., *bicallosa* Friv. und des *Buliminus miser* E. v. Mart.

Im Anschluss an oben genannte, nur in Ostasien vorkommende Formen kann man nicht umhin, an eine besondere ostasiatische Fauna zu denken. Darum aber eine eigene Provinz oder Region daraus zu machen, würde wohl nicht geeignet sein. Finden sich hin und her, im Norden unter den paläarktischen und arktischen, im Süden unter den asiatischtropischen Arten besondere Typen, so bleiben dieselben zu sehr im Rückstande den anderen gegenüber, um ein solches Verfahren zu rechtfertigen. Es bleibt auch noch Manches zu erforschen, und man wird hier vorläufig am besten von einem ostasiatischen Uebergangsgebiet von der paläarktischen zu der asiatischtropischen Provinz zu sprechen haben.

c) **Keltischer Bezirk.**

An geographischer Lage, Klima und Entwickelung der Molluskenfauna
bildet zu der eben beschriebenen Ländergruppe eine andere den diametralen
Gegensatz, welche wir als „keltischen Bezirk" bezeichnen möchten, und
welcher einen Theil der westlichen Region von Fischer einschliesst (A. 76).
Diese „westliche Region" soll sich längs der atlantischen Küsten von Irland
bis Portugal ausdehnen, und wenn es auch nicht zu leugnen ist, dass Anklänge an die südliche Fauna besonders an der Südküste von Westfrankreich
nicht fehlen, so bestehen diese jedoch meist nicht in Formen, welche nur hier
und an den portugiesischen, englischen und südirischen Küsten vorkommen,
sondern die entweder weiter landeinwärts gehen, oder noch weiter nach Norden
hin gefunden werden, oder aber auch an Mittelmeerküsten weiter verbreitet
sind, z. B. *Helix variabilis* Drap., *pisana* Müll., *acuta* Müll. etc.

Wir rechnen hierher Frankreich mit Ausnahme der französischen Mittel-
meerküste und des mit dieser in Verbindung stehenden unteren Rhônethales,
wo man die Formen der Mittelmeerregion prävaliren sieht, und ebenso abgesehen von dem östlichen Frankreich mit den Vogesen, welches Gebiet sich
mehr an die Fauna des deutschen Mittelgebirges anschliesst — also Südwest-
Frankreich, das mittlere und nördliche Frankreich, ferner Süd- und West-
Irland, England, Belgien und Holland.

Sehr eigenthümlich ist die Gattung *Geomalacus* Allm., welche in sechs
oder sieben[1]) Arten ausser in Irland und Frankreich (?) bisher nur in Portugal
und Asturien gefunden wurde, und dieses Vorkommen ist in Bezug auf die
Aehnlichkeit der Länder von Fischer's „westlicher Region" zusammen mit
der gleichen Verbreitung der *Pupa* (*Charadrobia*) *Anglica* Fér. auffallend genug. Dennoch aber, und obgleich auch die Pflanzenwelt des westirischen
Berglandes nach Forbes sehr an die der westlichen Pyrenäen erinnert, bleibt
der Zusammenhang des oben vorgeschlagenen „keltischen Bezirkes" immerhin
ein engerer und mehr natürlicher. Da sind erstens Clansilien von nördlichem Typus, welche hier überall gefunden werden:

---

[1]) Ist wohl blos eine Art, die Frankreich vielleicht ganz fehlt, nämlich *Geomalacus
maculosus* Allm.!

Clausilia Rolphi Leach, *bidentata* (Ström) Bttg., *dubia* Drap., *parvula* Stud., *biplicata* Mtg., *laminata* Mtg.,

und ferner ebenso allgemein verbreitet:

Pupa edentula Drap.,

Buliminus montanus Drap.,

Helix hortensis Müll., *rufescens* Penn.,

Arion fuscus Müll., *hortensis* Fér.,

Limax laevis Müll. (*brunneus* Drap.), *arborum* Bouch.,

Vitrina pellucida Müll., und die miteinander nahe verwandten

V. Draparnaldi L. Pfr. und *V. major* Fér.,

welche nirgendwo südlich der Pyrenäen gesehen werden und mit ihrem hier überall häufigen Vorkommen den nördlichen Charakter der keltischen Schneckenfauna bedingen.

Von Süden her haben sich an der atlantischen Küste theils mehr, theils weniger nordwärts in den keltischen Bezirk hinein verbreitet die Küstenlandschnecken

Pupa umbilicata Drap. (= *cylindracea* Da Costa), sonst auch an allen europäischen Küsten, die arktischen ausgenommen, vorkommend;

Helix (*Xerophila*) *caperata* Mtg., allein in Westeuropa von den portugiesischen Küsten bis nach Irland einerseits und nach Holland und den Nordseeinseln andererseits verbreitet;

H. variabilis Drap., bis nach dem nordwestlichen Frankreich und südlichen England, sonst auch häufig an allen Mittelmeerküsten und daselbst in Thälern, welche dem Seewinde offen stehen, z. B. im Rhônethal;

H. pisana Müll., bis nach Südfrankreich, England und Südost-Irland, sonst überall am Mittelmeer und in der atlantischen Inselregion;

H. acuta Müll., wie vorige;

ferner auch die allgemeiner verbreiteten

Helix (*Pomatia*) *aspersa* Müll., welche in ganz Frankreich, sogar bis 1000 Meter Höhe, in England, Belgien und Holland und sogar noch in dem westlichen Deutschland gefunden wird;

H. (*Fruticicola*) *carthusiana* Müll. (= *carthusianella* Drap.), die bis nach Frankreich und dem südlichen England geht, in Holland und Irland aber fehlt, und

39*

H. cantiana Mtg. (= *carthusiana* Drap.?), welche, in Irland fehlend, an
der atlantischen Küste bis nach Norddeutschland hin (Jadebusen A. 77)
gefunden wird — beide in der Mittelmeerregion weit verbreitet; endlich
ist noch auf das allgemeine Vorkommen des auch in West- und Süddeutschland nicht fehlenden

Cyclostoma elegans Müll. hinzuweisen.

Nur nach Südfrankreich haben sich längs der Pyrenäen von der
Provence her verbreitet:

Helix (Campylaea) cornea Drap.,

H. (Fruticicola) cinctella Drap. und

H. (Xerophila) neglecta Drap.,

und ebendahin von Südwesten her

Parmacella Valenciennii W. et B. und *P. Gervaisii* M.-T.,

Testacella bisulcata Risso, *T. Maugei* Fér., und *T. haliotidea* Drap.,

welche letztere auch bis nach England und dem nordwestlichen Frankreich
vorgedrungen ist.

Ausserdem aber kommen England und Holland, ganz besonders aber
Frankreich mehrere eigenthümliche Arten zu; so nur England eine kleine
Fruticicola, *Helix fusca* Mtg., aus der Untergruppe *Zenobia* Gray, so nur
Holland eine besondere Form aus einer Reihe von Xerophilen, welche sich
jedermann nach Belieben in einzelne Arten zu zerlegen pflegt: *Helix striata*
Müll. — *profuga* A. Schm. — *candidula* Stud. — *rugosinscula* Mich. — *inter-
secta* Mich. (= *fasciolata* Poiret) — *caperata* Mtg., und zwar die vorletzte
der genannten.

In Südfrankreich allein kommt eine Hydrobiagruppe vor, welche
Bourguignat als eigene Gattung *Moitessieria* abtrennte[1]) (*H. Simoniana* Charp.,
H. Gervaisiana Bourg., *H. Rolandiana* und *Massoti* Bourg.), in ganz Frankreich
eine Fruticicole, *Helix limbata* Drap., in der Bretagne und ausserdem nur in
Asturien eine Campylaea, *Helix Quimperiana* Fér., sowie einige andere Formen, welche aus den Pyrenäen und Alpen stammen und bei diesen Hochgebirgen besprochen werden sollen.

---

[1]) und welche andere Autoren gar zu der Gattung *Acme* (oder *Pupula*) gestellt
wissen wollen!

Von continentalen Arten gehen, Holland und England gleichzeitig fehlend, in den keltischen Bezirk von Osten her hinein:

Clausilia plicatula Drap., *pumila* Ziegl., *plicata* Drap.,

Buliminus (Zebrina) detritus Müll.,

Helix (Xerophila) candidula Stud.,

H. (Triodopsis) personata Lam.,

während England Einwanderung aus dem Nord-Ostsee-Bezirk erhalten hat an:

Helix (Acanthinula) lamellata Jeffr.,

Limax tenellus Nilss. (= *cinctus* Heynem.) und

Hyalina alliaria Müll.

In dem ganzen keltischen Bezirk fehlt die Gattung *Daudebardia*, vertreten, so scheint es fast, von den Testacellen. Von Wasserschnecken ist nur *Physa acuta* Drap. als eigenthümlich zu nennen, sonst in Madeira, Spanien und dem südwestlichsten Deutschland verbreitet. Die Süsswasserhydrobien fehlen in England vollständig und die Gattungen *Cyclas* und *Unio* sind daselbst schwächer vertreten, als auf dem Festlande.

Ganz besonders bemerkenswerth ist der Umstand, dass drei continentale Arten: *Helix (Fruticicola) fruticum* Müll., *incarnata* Müll. und *H. (Patula) ruderata* Stud. in England zwar nicht mehr lebend, wohl aber fossil gefunden werden. Wie sehr wird man dadurch an die Theorie einer ehemals bestehenden Landverbindung zwischen England und dem Continent erinnert! Die Arten starben nach Versinken dieser Verbindung in dem gänzlich oceanisch gewordenen Lande aus!

Grossbritannien hängt mit dem Festlande durch eine um weniger als 200 Meter untergetauchte Bank zusammen, welche sich von Dänemark bis zum Meerbusen von Biskaya erstreckt (A. 4). Auf derselben liegen auch noch die Shetlandsinseln. Als Beweise einer ganz neuerdings stattgehabten Senkung des Landes oder Steigen des Oceans hat man ausserhalb der Grenzlinie des seichtesten Küstenmeeres Reste von untergetauchten Wäldern entdeckt, so bei Falmouth in Cornwall und Torquay in Devonshire (A. 78). Auch hat man untermeerische Flussläufe, welche mit heutigen in Verbindung stehen, in einer Tiefe von 260 Fuss gefunden (A. 79), ein Niveauunterschied, dessen Erhebung England jetzt mit dem Festlande verbinden würde. Andererseits beweisen Funde tertiärer Fossilien auf den Gebirgen von Wales und

Irland in einer Höhe von ungefähr 1300 Fuss über dem heutigen Meeresniveau, dass jener Verbindung mit dem Festlande ein gänzliches Unter-
getauchtsein der heutigen britannischen Inseln vorausgegangen sein muss. Da
man, so meint der geniale Wallace, Britannien und Irland sehr arm an
Thierformen sind, so kann man wohl den Schluss ziehen, dass die Landverbindungen mit dem Festlande der Einwanderung solcher nur kurze Zeit
hindurch offen gestanden haben. So hat Deutschland 90 Arten Säugethiere,
Skandinavien 60, Britannien 40 und Irland nur 22. Belgien ferner hat 22
Arten Reptilien und Amphibien, Britannien 13 und Irland nur 4. Irland besitzt nur 110 Arten von Vögeln und Britannien 130; letzteres beherbergt
1425 Arten von Phanerogamen und Gefässkryptogamen und Irland deren
blos 970. Die Tiefe der irischen See ist grösser als die der deutschen
Meere; die Landverbindungen nach Irland hinüber haben darum wohl noch
kürzere Zeit bestanden und waren vielleicht von geringerer Ausdehnung, als
die, welche zwischen Grossbritannien und dem Festlande einst über das
Meeresniveau emporgehoben worden waren. Unter den Säugethieren, Reptilien,
Amphibien haben die britischen Inseln wie unter den Mollusken[1]) nichts Besonderes aufzuweisen. Unter den Vögeln, so meint Wallace, wäre *Lagopus
Scoticus* von Schottland, Wales und Irland zu nennen, welcher von continentalen Arten sehr abweicht, jedoch sehr an den skandinavischen *Lagopus albus*
erinnert. Das wäre eine auffallende Thatsache und könnte fast ornithologische
Beziehungen innerhalb unseres malakologischen Nord-Ostsee-Bezirkes andeuten.
Aber beide Arten haben früher auf dem Continente gelebt, was ich im Interesse
meines Nord-Ostsee-Bezirkes nur bedauern kann. Milne Edwards nämlich
nennt in den Reliquiae Aquitanicae auf Seite 245 unter den von ihm bestimmten Vögelknochen aus der berühmten Höhle Cro-Magnon im Thale der
Vézère unter Anderen auch Reste von *Lagopus albus* und *L. Scoticus*. Jetzt
also ist der letztgenannte Vogel für Grossbritannien eigenthümlich, aber nicht

---

[1]) Wallace nennt von eigenthümlichen, britischen Mollusken: *Cyclas pisidioides*, *Assi-
minia Grayana*, *Geomalacus maculosus* und *Limnaea involuta*. Die erste ist kaum „gute" Varietät,
die zweite eine Brackwasserform. Der *Geomalacus* kommt auch auf der pyrenäischen Halbinsel
vor, und *L. involuta* ist ein unbedeutendes, wenig unterschiedenes Ding, kommt dazu nur local
in einem kleinen Bergsee bei Killarney vor.

als eine dort entstandene, sondern als eine Form, die sich aus irgendwelchen Ursachen dorthin zurückgezogen hat.

Dagegen herrscht nach Günther unter den Süsswasserfischen, zumal unter den *Salmo*- und *Coregonus*-Arten (12 Salmo, 3 Coregonus) im Vergleich mit den Festlandsformen eine grosse Verschiedenheit. Die meisten derselben sind ebenfalls locale Arten und die Salmoniden bekanntlich sehr zur Bildung schwankender Formen geneigt: es dürften sich somit hier mindestens verschiedene Ansichten aufstellen lassen. Wallace aber zählt nicht weniger als 69 endemisch-britische Arten und Varietäten von Schmetterlingen auf, und mögen nun auch in dieser Beziehung die Meinungen der Autoren verschiedene sein, so werden immerhin genug Formen übrig bleiben, welche einige Elemente in der britischen Fauna anzeigen, die vom Festlande in gewissem Grade abweichen.

Und so könnte man auch einen Schluss ziehen auf die grössere oder geringere Neigung zur Veränderung, welche gewissen Thiertypen innewohnt. Sogenannte „gute" Pflanzenarten, welche man den britischen Inseln als eigenthümlich zuerkennen könnte, giebt es nicht.

d) Hochgebirge.

Gegen die pyrenäische Halbinsel hin findet der keltische Bezirk durch ein hohes Gebirge einen gewissen, äusserlichen Abschluss, durch die Pyrenäen, welche, wie in höherem Grade die Alpen und in geringerem die Karpathen, mehrere eigenthümliche Molluskenformen aufweisen können, die sich nur innerhalb des eigentlichen Gebirgslandes, seltener in den Vorbergen und gar nicht mehr in den anstossenden Ebenen vorfinden. Dass die Molluskenfauna der Gebirge im Ganzen genommen eine reichhaltigere ist, als die der Flachländer, unterliegt wohl für Niemand einem Zweifel. Durch das Vorhandensein von Oertlichkeiten, die zur Erzeugung reicher Molluskenfaunen besonders geeignet sind, wozu als anderes wesentliches Moment die gleichmässiger vertheilte Sommerfeuchtigkeit tritt, die in öfterem Regenfall oder wenigstens in stärkerer Nebelbildung sich äussert, wird dieser Umstand sehr erklärlich.

Die grösseren Gebirgstöcke sind neuerdings von französischen Autoren als Ausstrahlungscentren für die Mehrzahl der Formen angesprochen worden. So entwickelt Bourguignat (A. 80) in einem prächtigen Werke: „Malacologie

de l'Algérie" eine ganz eigene Theorie von gewissen „Schöpfungszonen (Zones
de création)", oder in Europa von einer Schöpfungszone mit verschiedenen
Schöpfungscentren. Zwischen 35 und 46° n. Br. habe sich eine Schöpfungszone vom atlantischen Ocean bis zum Kaspischen Meere hin erstreckt, die
also mit den grossen europäischen Bergketten zusammenfiel. In dieser unterscheidet Bourguignat drei Centren, von denen eines in Spanien lag, das
andere von den französischen Alpen mit den Bergketten nach Osten zu bis
zum Schwarzen Meere und bis zu den südlichen Enden der italienischen und
griechischen Halbinsel sich ausdehnte, und von denen das dritte die Taurische
Kette und umliegende Länder bis zum Kaspischen Meere und nach Persien
hin einerseits und bis zum Kaukasus und Südrande der Krym andererseits
umfasste. Das spanische Centrum umschloss auch Algier, Tunis und Marokko,
südlich davon aber, in den weiten Regionen der Sahara, von Tripolis, Aegypten,
Arabia petraea, Mesopotamien und Persien existirte keine Fauna. Diese weiten
Strecken liegen wie eine Grenzlinie zwischen den europäisch-vorderasiatischen
Centren und den asiatischen und afrikanischen. Im Norden von dieser Zone liegt
eine Reihe von grossen, ebenen und bergigen Bezirken, wo nur Molluskenarten
vorkommen sollen, welche von den hohen Ketten der Schöpfungszone herstammen:
und zwar hat das alpine Centrum alle europäische Arten geliefert, während
das pyrenäische nur bis zur Garonne seinen Einfluss ausübte und das taurische
an einer Ausstrahlung nach Norden von jeher und zu allen Zeiten durch das
Schwarze Meer behindert war. Bei Betrachtung der nord- und mitteleuropäischen Formen ist es unmöglich, fügt Bourguignat hinzu, hier Etwas zu
entdecken, was keine Form der alpinen Schöpfung wäre, man wolle bemerken,
keine „Art". Im Laufe der Zeiten haben sich die aus den Bergen stammenden Formen in den Ebenen verändert. Ganz Europa von den Pyrenäen
bis zum Ural besitzt daher nach Bourguignat keine besondere Fauna, sondern nur eine zufällige, die aus den grossen Bergketten herstammt. Im Süden
der Schöpfungszone besitzt jedes Land eine eigenthümliche Fauna, woraus
hervorgeht, dass kein Wesen in verschiedenen Regionen (Centren) unverändert
bleiben kann.

Ein Forscher wie Bourguignat wird selten etwas sagen, was ohne
jede Berechtigung wäre. Aber andererseits wird man vor allen Dingen versucht zu fragen, warum sollte das pyrenäische Centrum nicht nach Norden

hin ausgestrahlt haben? Erstlich hat es das doch gethan, denn die Torquillen z. B., diese so ganz besonders charakteristische Pupagruppe, ist entschieden pyrenäischen Ursprungs und ist doch recht weit verbreitet, auch nach Norden hin. Zweitens aber steht das Ganze sehr auf dem Standpunkte der Hypothese, wenn auch einer sehr geistreichen und treffenden, und drittens möchte man dann wohl noch mehrere solche Centren anzunehmen haben, z. B. die Gebirge am Nordrande der griechischen Halbinsel und den Kaukasus. Letzterer ist nicht viel weniger verschieden von den taurischen Ländern, als diese von der Balkanhalbinsel, wie er z. B. eine ganz eigene Helixgruppe besitzt, die Kobelt *Fruticn-Campylaea* benannt hat.

Ausserdem ferner giebt es Formen, welche die Gebirge ganz augenscheinlich vermeiden und nur innerhalb von Flussthälern etwas tiefer in dieselben eindringen (z. B. *Helix bidens* Chemn., *Zonitoides nitidus* Müll., *Helix rubiginosa* (Ziegl.) A. Schmidt etc.).

Wir unterscheiden vorläufig zwischen

1. Formen, welche nur einzelnen Hochgebirgen eigenthümlich sind,
2. Formen, welche in mehreren Gebirgen zugleich auftreten,
3. Formen, welche sich aus gewissen Gebirgen heraus mehr oder weniger weit um dieselben herum verbreitet haben.

Im Allgemeinen sind besonders als Bergbewohner anzusprechen die Gattungen und Gruppen *Clausilia*, *Balea*, *Torquilla* und *Orcula* (*Pupa*), *Campylaea*, *Gonostoma* und *Triodopsis* (*Helix*), und ausserdem einzelne Arten aus anderen Formenkreisen.

Die Pyrenäen zeigen vor allen anderen Gebirgen einen auffallenden Reichthum an Formen der Pupagruppe *Torquilla*, von welcher denselben keine fehlt, während ihnen mehrere Arten allein eigenthümlich sind und zwar mehr der montanen, als den alpinen Regionen zukommen, z. B. *Pupa clausilioïdes* Boubée, *P. Partioti* M.-T., *P. Pyrenaearia* Mich., *P. Farinesi* Desm. und *P. affinis* Rossm., hier und auch noch in den Vorländern finden sich *P. variabilis* Drap. und *P. polyodon* Drap., und weit verbreitet im südwestlichen Europa sind *P. secale* Drap. aus Spanien, Italien, Frankreich, England, Süd- und Mitteldeutschland, *P. frumentum* Drap., ebendaselbst und auch in Schlesien und stellenweise in Norddeutschland vorkommend (z. B. Oderberg in der Mark

Brandenburg), ferner *P. megacheilos* Jan. aus den Pyrenäen, Westalpen, Süd-
Frankreich, Nordspanien, Ober-Italien und Südtirol.

Pupa avena Drap. zeigt eine mehr östliche und nördliche Verbreitung:
sie kommt als einzige nordische Torquille in Skandinavien und Jütland vor
und ebenso in Holland, Belgien (nicht England), Deutschland (nicht Schlesien),
sämmtlichen Karpathenländern, in Kaukasien, auf der Balkan- und auf der
italienischen Halbinsel.

Ebenso weit nach Osten hin, aber nur innerhalb der Mittelmeerregion,
geht die auch den Pyrenäen nicht fehlende *Pupa granum* Drap., welche den
Mittelmeerländern bis nach Kaukasien (A. 81) und Syrien hin heimisch ist.

Ganz anders verhält es sich mit der Gattung *Clausilia:* von den unendlich vielen paläarktischen Arten kommen im Ganzen nur neun weit verbreitete bis in die Pyrenäen hinein vor, von denen man höchstens zweien eine
mehr westliche Verbreitung zuschreiben darf, *Clausilia Rolphi* Leach und *Cl.
rugosa* Drap. (A. 82). Die anderen pyrenäischen Clausilien beschränken sich
auf die weithin als gewöhnlich vorkommenden *Cl. plicatula* Drap., *pumila*
Ziegl., *dubia* Drap., *parvula* Stud., *plicata* Drap., *itala* v. Mart., *laminata* Mtg.

Als eigenthümliche Pyrenäenart wird nur *Clausilia (Laminifera* Bttg.)
Pauli Mab. erwähnt, und diese ganz allein. Von den zwei westeuropäischen
Clausilien ist *Cl. rugosa* Drap., welche der *Cl. dubia* Drap. übrigens sehr nahe
steht. über Frankreich verbreitet, und *Cl. Rolphi* Leach kommt in fast ganz
Westeuropa vor, von Südskandinavien über Jütland, Nordwest- und Westdeutschland, Belgien, Frankreich und England bis zu den Pyrenäen, doch
nicht mehr südlich derselben.

Die Clausilien gehören hauptsächlich dem Osten von Südeuropa an.

Aus der Helixgruppe *Campylaea* kommen den Pyrenäen in ihren alpinen
und subalpinen Regionen ganz allein zu *Helix nubigena* de Sauley, *H. carasca-
lensis* Fér. und *H. Pyrenaica* Drap., als Pyrenäenformen einer Gruppe, welche
ihre Hauptentwickelung in den Ostalpen und in Dalmatien zu finden scheint.

In Südostfrankreich finden sich an der Grande Chartreuse zwei bisher
nur dort gefundene Campyläen: *H. alpina* F.-B. und *H. Fontenillii* Mich.; aus
den eigentlichen Westalpen kennt man keine eigenthümliche Form, sondern
nur die der gesammten Alpenkette angehörenden

Helix glacialis Thomas, nur oberhalb der Baumgrenze.

H. zonata Studer, ein wenig tiefer gehend, und

H. foetens C. Pfr., schon von 500 Meter Meereshöhe an bis hoch hinauf vorkommend.

H. cingulata Stud., nur auf italienischer Seite innerhalb der montanen Region.

In den Ostalpen dagegen tritt eine ganze Reihe neuer Campyläen auf, und zwar

nur in den alpinen und subalpinen Regionen:
Helix Ziegleri A. Schm., *Schmidti* Ziegl., *phalerata* Ziegl.:
nur in der montanen Region:
Helix planospira Lam., *Feburiana* Fér., *Sadleriana* Ziegl., *hirta* Mke.:
von der montanen bis zur alpinen Region:
Helix intermedia Fér. und *H. Preslii* A. Schm.

Die meisten der genannten Alpencampyläen gehören mehr den südlicheren Bergzügen an; auf deutsches Reichsgebiet z. B. greifen nur *Helix foetens* C. Pfr. (*ichthyomma* Held) und *H. Preslii* A. Schm. über.

Den gesammten Karpathen und den südlichen Sudeten bis an die Glatzer Neisse gehört gemeinschaftlich die Campyläenform *Helix faustina* Ziegl. an, welche in den südlichen Karpathen ihre eigentliche Heimath zu haben scheint und dort in mehreren Gehäusevarietäten auftritt: in den Nordkarpathen sowie den südlichen Sudeten bildet sie je eine, mehr local vorkommende Form, und man kennt sie von dort als *Helix Rossmaessleri* Pfr. und von hier als *H. Charpentieri* Scholtz. Zu *H. faustina* Ziegl. tritt in den Centralkarpathen *H. cingulella* Ziegl., in Siebenbürgen und dem Banat *H. Banatica* Partsch hinzu, während dem Banat und Serbien *H. Kollari* Zelebor und *H. trizona* Ziegl. gemeinschaftlich angehören.

Eine recht mannigfaltige Entwickelung haben die Campyläen auf der Balkanhalbinsel und, so scheint es, besonders in Dalmatien erlangt, während in dem Kaukasusgebiet der reine Campyläentypus fehlt; es treten dort vielmehr Formen auf, welche sich in ihrer Gehäusegestalt dem Typus der Gruppe *Fruticicola* bedeutend nähern und welche Kobelt (A. 61) unter dem Namen *Frutico-Campylaea* zusammenfasst. (*Helix nymphaea* Dub., *Narzanensis* Kryn., *Eichwaldi* Pfr., *Rarergi* Fér., *delabris* Mouss., *pratensis* Pfr.)

40*

Aus Centralasien und zwar aus Osttibet (A. 83) kennt man bisher nur eine Campyläe, *Helix inopinata* Desh. Abgesehen von der von den echten Campyläen als eigene Gruppe *Chilotrema* abgetrennten *H. lapicida* L. hat keine derselben eine weite Verbreitung; nur *H. faustina* Ziegl. und *H. cingulata* Stud. gehören mehr als einem Gebirgssystem an, erstere den Sudeten und den Karpathen und letztere den Südalpen und dem Olymp. *H. foetens* C. Pfr., früher auch auf den Thüringischen Bergen, ist dort ausgestorben und kommt daselbst nur noch subfossil als var. *Duffti* Kob. vor.

Die Gruppe *Gonostoma* Held (*Trigonostoma* Fitz.) hat als besondere Pyrenäenformen *Helix Rangiana* Fér., *H. constricta* Boubée, *H. Boscae* Hid. entwickelt, von denen die letztgenannte in die spanischen, die beiden erstgenannten in die französischen Vorlande hineingehen. *Gonostoma* ist sehr weit verbreitet und man findet in allen Gebirgen Formen derselben; doch von den einzelnen paläarktischen Arten kommt nur den Alpenformen *H. obvoluta* Müll. und *H. holoserica* Stud. eine grössere und zwar besonders nördliche Verbreitung zu, wobei *H. obvoluta* Müll. etwas weiter nach Süden geht, als die andere. Diese geht vielmehr über den Südabhang der Alpen nicht hinaus, dafür aber innerhalb derselben bis in die höchsten Regionen. *H. obvoluta* Müll. geht nach Westen hin bis nach England, in die Pyrenäen und nach Nordspanien, nach Osten hin nicht in den Bezirk der Karpathen hinein, *H. holoserica* Stud. bis dorthin, aber nicht so weit nach Westen.

Den Südkarpathen kommen als besondere Formen *Helix triaria* Friv. und *H. diodonta* Mühlf. zu, während in dem Kaukasus eigentliche Gonostomen bisher fehlen. Aus Osttibet endlich kennt man bis jetzt *H. Alphonsi* Desh.

Balea perversa L. giebt oceanischem Klima entschieden den Vorzug und kommt auch im Flachlande an geeigneten Localitäten vor. Sie geht nach Osten hin nicht über die Ostalpen hinaus und fehlt den Karpathen bereits vollkommen.

Während von Pupagruppen der Gruppe *Torquilla* augenscheinlich der Pyrenäenzug als Heimath zugesprochen werden muss, scheinen andere Gruppen derselben Gattung dort schwach entwickelt und nur in einzelnen, weit verbreiteten Arten vorhanden zu sein, z. B.

P. (Vertigo) pygmaea Drap., *antivertigo* Drap.

P. (Pupilla) muscorum (L.) Müll., *umbilicata* Drap.

Nur eine Art der Gruppe *Orcula* Held ist in den Pyrenäen und deren Vorlanden heimisch: *P. cylindrica* Mich. Die bekannteste Art dieser Gruppe ist *P. doliolum* Brug.; sie gehört dem mittleren und südlichen Europa an innerhalb einer Linie, die man sich folgendermassen gezogen denken kann: Abbeville (Kanal), Brüssel, Düsseldorf, Harz, Görlitz, Sudeten, Karpathen bis Siebenbürgen, Dobrudscha, Kaukasus (A. 84). In Spanien und Algier fehlt sie, kommt aber durch ganz Italien bis Sicilien, Dalmatien, Bosnien und Serbien vor. Im südöstlichen Europa tritt eine Art aus Griechenland und vom Archipel hinzu: *Pupa scyphus* Friv., und in Vorderasien und im Kaukasus *P. Raymondi* Bourg. (= *P. trifilaris* Mouss.). Aus Abessinien reiht sich hier als seltenes Beispiel derartiger Verwandtschaft *P. imbricata* Jick. und aus Syrien eine sehr vereinzelte Form *P. Moussoni* Reinh. an. Nur im Orient finden sich *P. orientalis* Parr. und *P. Mesopotamica* Mouss. Den Alpen besonders gehört die Gruppe der *P. dolium* Mich. an, die in Frankreich bis Lyon, in Deutschland bis Württemberg und nach Osten bis Krain, Kärnten und Steiermark hin vorkommt. Auch fossil gehört sie schon derselben Region an. Ihr nahe steht *P. Schmidti* Küst. aus den Ländern von Montenegro bis Siebenbürgen. Ebenfalls nur in den Ostalpen kommt *P. conica* Rossm. vor, und in den Ostalpen und Centralkarpathen *P. gularis* Rossm., an letzterem Orte nur als var. *spoliata* Rossm. Merkwürdig in den Pyrenäen sind zwei Formen höherer Thierklassen. So ist *Capra Pyrenaica* nur auf dieselben und *Mygale Pyrenaica* gar nur auf deren Nordseite beschränkt!

Die Alpen stimmen nur in ihren höchsten, für Mollusken überhaupt noch zugänglichen Regionen ihrer ganzen Ausdehnung nach mit einander überein; dieselben Wassermollusken, wie z. B. *Pisidium pusillum* Gmel., *Limnaea ovata* Drap., *Planorbis albus* Müll., *Succinea Pfeifferi* Rossm. gehen in den Ost- und Westalpen, sowie auch in den Pyrenäen am höchsten hinauf, und es sind, Clausilia- und Campylaea-Arten abgerechnet, fast dieselben Landschnecken, welche die alpine Region der Ost- und zugleich der Westalpen bewohnen, z. B. *Clausilia carinthiaca* A. Schm., *cruciata* Stud., *dubia* Drap., *parvula* Stud., *biplicata* Mtg., *fimbriata* Mühlf. (= *saturata* Ziegl.), *Pupa pygmaea* Drap., *Shuttleworthiana* Charp., *edentula* Drap., *muscorum* (L.) Müll., *Semproni* Charp. (= *dilucida* Ziegl.), *doliolum* Brug., *dolium* Mich., *Cionella lubrica* Müll., *Buliminus montanus* Drap., *Helix arbustorum* L. var. *alpestris*,

H. foetens C. Pfr., *zonata* Stud., *incarnata* Müll., *hispida* L., *villosa* Drap.,
edentula Drap., *Cobresiana* v. Alten, *holoserica* Stud., (*Patula*) *rupestris* Drap.,
ruderata Stud., *Arion fuscus* Müll. var. *alpicola* Fér., *Hyalina fulva* Drap., *pura*
Ald., *radiatula* Ald., *Vitrina pellucida* Müll., *elongata* Drap., und nur einige
Formen kommen den höchsten Zonen der West- oder Ostalpen allein zu, wie
z. B. den Ostalpen *Clausilia mucida* Rossm., *interrupta* Ziegl., *varians* Ziegl.,
Bergeri Meyer, *Rossmässleri* P., *Pupa arctica* Wallenberg (= *Tirolensis* Gredl.),
leontina Gredl., *Helix* (*Campylaea*) *Ziegleri* A. Schm., *intermedia* Fér., *Preslii*
A. Schm., *phalerata* Ziegl., *Schmidti* Ziegl., *H.* (*Fruticicola*) *leucozona* Ziegl.,
und den Westalpen z. B. *Clausilia diodon* Stud. mit drei ihr verwandten
Arten, *Helix* (*Tachea*) *sylvatica* Drap., *Pupa Halleriana* Charp., *alpicola* Charp.,
Limax Heydeni Heynem.

Alle genannte Arten gehen mehr oder weniger auch bis unter die
Baumgrenze hinab, oder gar bis in die unteren Bergregionen und in die anstossenden Vorländer: absolut nur oberhalb der äussersten Baumgrenze leben,
den Feldern des ewigen Eises und Schnees zunächst und auch nur auf dem
Gebirgszuge der Alpen: *Helix glacialis* Thomas, *Vitrina annularis* Studer
(letztere auch in den Südkarpathen), *V. glacialis* Forbes, *V. Charpentieri* Stab.
(= *nivalis* Charp.), und wohl auch *Hyalina clara* Held (= *Pilatica* und *Ri-
giaca* Bourg.).

Wir begegnen hier vielen Arten wieder, welche wir in borealen Gebieten auftreten sahen: ich will mich nicht über diese seit A. v. Humboldt
schon so oft berührte und geschilderte Verwandtschaft zwischen arktischen
und subarktischen Gegenden einerseits und alpinen und subalpinen Gebirgsregionen andererseits weiter auslassen, sondern nur anführen, dass diese Verwandtschaft malakologisch auf dem Vorkommen von *Vertigo*-, *Papilla*- und
einigen Arten aus den Helixgruppen *Arionta*, *Fruticicola*, *Punctum*, sowie
einigen Hyalinen und *Vitrina pellucida* Müll. beruht. Die höheren Gebirgsregionen aber sind durch das Vorkommen von Clausilien und Campyläen vor
den arktischen Gegenden ausgezeichnet, welchen letzteren bei ihrer Armuth
an Formen im Allgemeinen nur *Acanthinula harpa* Say als eigenthümlich und
besonders *Pupa arctica* Wallenb. als ausserdem charakteristisch zukommen
(cf. pag. 84).

In den Alpen allein und nicht in den anstossenden Vorländern kommen wiederum die am höchsten hinauf reichenden Clausilien vor (ausser *Clausilia dubia* Drap., *parvula* Stud., *biplicata* Mtg.) und die Campyläen, sowie *Vitrina Charpentieri* Stab. und *V. glacialis* Forbes.

Nur bis in die nächsten Vorländer hinein gehen z. B. *Helix zonata* Stud., *villosa* Drap., *sylvatica* Drap.

Von oben genannten Arten sind als in der paläarktischen Provinz oder wenigstens auf dem europäischen Continent allgemein verbreitete Arten zu nennen:

Pupa pygmaea Drap., *edentula* Drap., *muscorum* (L.) Müll., *Cionella lubrica* Müll., *Buliminus montanus* Drap., *Helix incarnata* Müll., *hispida* L., *Arion fuscus* Müll., die genannten Hyalinen ausser *Hyalina clara* Held und endlich *Vitrina pellucida* Müll.

Mit anderen Hochgebirgen gemeinsam sind besonders *Clausilia dubia* Drap., *cruciata* Stud., *Pupa Shuttleworthiana* Charp., *Helix Cobresiana* v. Alt., *rupestris* Drap., *ruderata* Stud., *Vitrina elongata* Drap.

In der montanen Region der Alpen fehlen die weiter oben gefundenen *Helix glacialis* Thomas, *Vitrina glacialis* Forbes, *Charpentieri* Stab., *annularis* Stud., *Clausilia Bergeri* Meyer, *Pupa arctica* Wallenb., *Shuttleworthiana* Charp., *leontina* Gredl., *Helix Ziegleri* A. Schm., *H. phalerata* Ziegl., *H. Schmidti* Ziegl., *zonata* Stud., *Limax Heydeni* Heynem., *Hyalina clara* Held.

Dafür treten als neu und charakteristisch hinzu z. B. erst *Helix fruticum* Müll. und *hortensis* Müll., dann *Helix nemoralis* L. und das Gros der *Fruticicola*-Arten, *Helix pomatia* L. und *Clausilia ventricosa* Drap., *pumila* Ziegl., *orthostoma* Mke. (nur in den Ostalpen), *laminata* Mtg., die Torquillen, *Buliminus obscurus* Müll., die *Chondrula*-Arten, die Xerophilen, die grossen *Arion*- und *Limax*-Arten — d. h. also hauptsächlich die „Laubschnecken" mit dem Auftreten des Laubwaldes und solche Schnecken, welche als Liebhaber trockener und warmer Wohnplätze das kalt-feuchte Hochgebirgsklima nicht vertragen können.

Wenn man nun einerseits die Pyrenäen und Alpen als südliche Grenzlinie einer nördlichen gegen eine südliche Fauna angesehen, andererseits diese Ansicht als falsch bezeichnet hat, so dürften beide Anschauungsweisen auf einer gewissen Einseitigkeit beruhen. Wie in der grossen paläarktischen

Provinz besondere Molluskenfaunen Frankreich und England einerseits und
Deutschland mit Böhmen und Oesterreich andererseits bewohnen; wie in Spanien und Italien, besonders in den südlicheren Theilen, ganz andere Formen
als nordwärts von den hohen Gebirgen neben allgemein paläarktischen oder
wenigstens europäischen Zügen auftreten: so haben wir es innerhalb der
Hochgebirgsbezirke wiederum mit dem accessorischen Vorkommen eigener
Bergfaunen zu thun, welche diesen den Stempel eigenthümlicher Faunenbezirke
aufdrücken, die als gleichwerthig zu betrachten sind mit denen nördlich und
südlich derselben. Eine Grenzlinie sind diese Hochgebirge, etwa in ihrer
Region des ewigen Eises und Schnees, gewiss nicht, aber eine Grenze bilden
sie doch als zwischen den Norden und Süden eingelagerte, heterogene Verbreitungsbezirke, mit starker Einwanderung von Norden und Süden her und
mit vielen Arten, welche sich aus ihnen heraus nach Norden und Süden hin
mehr oder weniger weit verbreitet haben. Und sind sie nicht auch in anderer
Beziehung genugsam eigenthümlich? Man denke nur an die Gemse!

Die Karpathen zeigen noch weniger eine einheitliche Molluskenfauna,
als die Alpen. In den letzteren veränderte sich wenigstens der allgemeine
Typus von Westen nach Osten hin nur in geringem Maasse: innerhalb der
Karpathen aber treten im südlichen Theile derselben eine solche Menge neuer
Arten der Gattungen *Clausilia*, *Buliminus* und *Helix* hinzu, und zwar in
theilweisem Anschluss an die Balkanhalbinsel und besonders an die Länder
der unteren Donau, dass, wenn auch in den Südkarpathen, also z. B. in
Siebenbürgen, die ganze Fauna noch den Eindruck einer nördlichen macht,
man dennoch eine scharfe Scheidung machen muss zwischen Nord- und Centralkarpathen einerseits und Südkarpathen andererseits. In botanischer Hinsicht
muss nach Grisebach ein gleiches Verfahren befolgt werden, denn nach ihm
haben in floristischer Beziehung die nördlichen Karpathen. d. h. die hohe
Tátra und die Beskiden, viel mehr Aehnlichkeit mit den Sudeten, z. B. in
einer charakteristischen Hochgebirgsweide *Salix Silesiaca* Willd., als mit den
südlichen Karpathen.

Betrachten wir zuerst, was von charakteristischen Zügen der ganzen
Karpathenkette gemeinsam zukommt, so finden wir eigentlich nur das allge-
meine Auftreten der *Helix* (*Campylaea*) *faustina* Ziegler, der *H.* (*Fruticicola*)
Carpathica Friv., der *Clausilia pagana* Ziegl. und ausserdem dasjenige einiger

mehr nebensächlicher Clausilienformen wie *Cl. latestriata* Blz., *elata* Ziegl., *turgida* Rossm. und *fallax* Rossm. als solche heraus.

Dafür treten nur im Bezirke der Südkarpathen auf: mehr als zwanzig *Clausilia*-Arten der Gruppen *Alopia* Ad., *Pseudalinda* Bttg., *Uncinaria* v. Vest (A. 82), und zwar theilweise im Anschluss an das Balkangebiet und an die unteren Donauländer, ferner zwei nur hier vorkommende *Buliminus*-Arten, *B.* (*Chondrula*) *reversalis* Blz., *B.* (*Napaeus*) *assimilis* Ziegl., dann besondere *Helix*-Arten, *H.* (*Campylaea*) *Banatica* Partsch, *H.* (*Gonostoma*) *triaria* Friv., und endlich *Limax transsylvanicus* Heynem. (A. 54).

Den Nordkarpathen, d. h. dem Gebirge im Engeren, ist nur *Helix* (*Campylaea*) *cingulella* Ziegl. eigenthümlich; im Uebrigen stimmen dieselben vollkommen mit den südlichen Sudeten überein, wie auch die oben erwähnten *Helix faustina* Ziegl. und *H. Carpathica* Friv. den Sudeten nicht fehlen, so dass man diesen Schnecken mehr die Bezeichnung von solchen der „östlichen Gebirge", als von „Karpathenschnecken" beizulegen hat. Andere solcher östlicher Gebirgsschnecken, welche die Karpathen entweder mit den Sudeten oder mit den Ostalpen, oder mit beiden zugleich gemeinsam haben, sind z. B.:

in den gesammten Karpathen, Ostalpen und Sudeten finden sich
Clausilia orthostoma Mke., *filograna* Ziegl., *tumida* Ziegl.,
Helix umbrosa Partsch (auch im Erzgebirge und Böhmerwald):

in den Centralkarpathen, Ostalpen und südlichen Sudeten kommt vor
Clausilia cana Held, *Helix solaria* Mke. (auch in den Südkarpathen):

in den gesammten Karpathen und Ostalpen werden gefunden
Pupa gularis Rossm., *P. obtusa* Drap.:

in den Centralkarpathen und Ostalpen ist heimisch
Pupa biplicata Mich.

Weit verbreitet sind in den Alpen, den Sudeten, den Nord- und Central-karpathen, fehlen aber den Südkarpathen:

Clausilia parvula Stud., *Pupa minutissima* Hartm.,
Helix lapicida L., *Cobresiana* v. Alt., *holoserica* Stud.,
Arion fuscus Müll., wenn der aus Siebenbürgen (A. 54) angegebene *A. olivaceus* A. Schm. nicht als *A. fuscus* aufzufassen ist.

Doch deuten den nördlichen Charakter der Südkarpathenfauna noch an: *Clausilia ventricosa* Drap., *plicatula* Drap., *cruciata* Stud., *biplicata* Mtg., *Pupa avena* Drap., *Buliminus montanus* Drap., *Helix (Fruticicola) incarnata* Müll., *Limax arborum* Bouch. (*marginatus* Müll.), *Hyalina nitidula* Drap., *glabra* Stud., *subrimata* Reinh., *diaphana* Stud. (= *vitrea* Blz.) etc.

Eine eigenthümliche Analogie findet zwischen Pflanzen und Landschnecken in den höheren Gebirgsregionen bezüglich einer Veränderung ihrer Lebensweise und Lebensdauer statt. Wir erwähnten bereits (cf. pag. 44), dass Pflanzen unter Umständen beim Aufsteigen in die kaltfeuchten Hochgebirgsregionen aus indifferenten zu kalkliebenden Arten werden können. Schnecken, welche im Flachlande nur auf feuchten Wiesen, an Quellen oder sonstigen feuchten Orten zu leben pflegen, fand Clessin (A. 85) in den Alpen, in der Nähe des Eibsees bei Partenkirchen auf einer „wenig geneigten, trockenen und kurzrasigen Halde", wo sie bei dem feuchten Alpenklima gut gedeihen konnten (*Cionella lubrica* Müll., *Limax agrestis* L., *Hyalina radiatula* Alder). Wie ferner andererseits im Gebirge einjährige Pflanzen nach oben hin immer seltener werden wegen des ihnen hier fehlenden, wirkungsvollen Sommers, so sehen wir andererseits bei den Vitrinen, einjährigen Schnecken, welche im Flachlande an eine ganz bestimmte Entwickelungs- und Lebenszeit gebunden sind, nämlich ungefähr von einem bis zum anderen zeitigen Frühjahr, dass sich hier oft Exemplare von verschiedenen Altersstufen an einem Orte finden, und dass ausgewachsene Stücke, wie sie in der Ebene erst im Herbst zu kriechen anfangen, in alpinen Regionen auch während des Sommers an der Oberfläche zu finden sind. Ich selbst fand *Vitrina diaphana* Stud. vollkommen ausgewachsen Ende des Monat August auf Knieholzwiesen im schlesischen Riesengebirge.

e) Karpathisch-kaukasischer Bezirk.

Im Anschluss an die verschiedenen Theile des Karpathengebirges haben wir, wenigstens in annähernd ähnlicher Weise, auch in den umliegenden Ländern zwischen entsprechenden Landdistricten zu unterscheiden, wenn auch vielfache Abweichungen hierbei zu constatiren sind:

so erstens um die Nord- und Centralkarpathen herum die Bukowina, Galizien, Oberschlesien, Mähren und Oberungarn;

an die Südkarpathen sich anschliessend zweitens die niederungarische Ebene, Serbien, die Länder an der unteren Donau und Podolien,

und im ferneren Anschluss als dritte Abtheilung die südrussische Ebene bis zum Kaukasus hin.

Nach den Hauptgebirgen nennen wir die Gesammtheit der eben aufgeführten Gebiete den „karpathisch-kaukasischen Bezirk" — ein stellenweise verhältnissmässig noch wenig durchforschtes Gebiet.

Allgemein charakteristische und zugleich eigenthümliche Arten sind kaum zu nennen, es seien denn vielleicht *Helix (Tachea) Austriaca* Mühlf. und *H. (Xerophila) candicans* Ziegl. als solche anzunehmen. Erstere aber greift auch über Böhmen bis nach Sachsen hinüber, und *H. candicans* geht stellenweise noch weiter nach Westen. Auch der negative Charakterzug des Fehlens von *H. nemoralis* L. und *H. hortensis* Müll. kann nicht einmal als allgemein geltend oder charakteristisch betrachtet werden, denn beide fehlen auch dem grössten Theile Böhmens und *H. hortensis* Müll. kommt andererseits in Oberschlesien, Mähren und Galizien vor. Es ist vielmehr eine äusserst langsam und allmählich sich vollziehende Veränderung der Fauna von den Nordkarpathen bis nach dem Kaukasus hin zu constatiren, und es dürfte die Region am besten sich vielleicht charakterisiren lassen, indem man sagt, dass neben allgemein europäischen oder Arten der germanischen Region auf grössere oder kleinere Strecken hin besondere Formen auftreten, welche ausserhalb des genannten Bezirkes noch nicht gefunden worden sind, und dass einige Schnecken dem ganzen Bezirke als charakteristische, aber nicht endemische Arten angehören, die nicht streng an seine Grenzen gebunden sind. Dazu kommt, dass man über einige hierher zu zählende Länder noch in unerquicklicher Unkenntniss sich befindet, wie z. B. über Mähren, Oberungarn und die Länder an der unteren Donau.

Schlesien und Böhmen, wenn auch in mancher Beziehung an die nordkarpathischen Länder sich anschliessend, stehen doch den übrigen mittel- und süddeutschen Ländern am nächsten, und nur Oberschlesien ist aus folgenden Gründen zu den Karpathenländern zu zählen:

41*

Es fehlt in Oberschlesien *Helix (Tachea) nemoralis* L., welche durch *Helix Austriaca* Mühlf. ersetzt wird; an geeigneten Plätzen in der Ebene, d. h. in grösseren Laubholz-, z. B. Eichenbeständen, findet sich *Clausilia cana* Held (A. 86), und die Gebirge beweisen, wie erwähnt, durch das Vorkommen von *Helix faustina* Ziegl., *H. Carpathica* Friv. einen engen Anschluss an die Karpathen (A. 12). Eine ungefähre Grenze des karpathisch-kaukasischen Bezirkes würde nach Norden hin von Mähren aus mit der Wasserscheide zwischen dem Donau- und Elbgebiete verlaufen; das südöstliche Böhmen schliesst sie noch mit ein, wo ebenfalls *Helix Carpathica* Friv., *faustina* Zgl., *Clausilia cana* Held und ausserdem *Zonites verticillus* Fér. heimisch sind, und umfasst dann das obere Gebiet der Oder vielleicht bis zur Glatzer Neisse und von deren Mündung an bis zu den Städten Brieg, Kreuzburg, Rosenberg in Schlesien und Czenstochowa in Polen hin. In Russland gehören alsdann hierher die Flussgebiete des Dnjestr, Dnjepr und Don bis zur Wolga und Kaukasien, im Osten durch die Kirghisensteppe begrenzt und nach Norden allmählich in ihrer Fauna mit dem Ende des Gebietes der „schwarzen Erde" (Tschernazem) zu der des diluvialen Nordrussland verarmend.

Charakteristische Mollusken für diesen nordwestlichen Theil des karpathisch-kaukasischen Bezirkes sind bisher fast nur aus Galizien bekannt geworden, nebenbei das einzige Land davon, welches sich durch Jachno einer genauen Durchforschung zu erfreuen hatte (A. 55). Es sind dies *Limax Schwabi* Frfld. aus Galizien und Mähren und *Helix (Fruticicola) Pietruskyana* Parr., bisher nur aus Galizien bekannt, von denen die letztere eine vicarirende, kleinere Art der westlichen *H. villosa* Drap. bildet.

Für Siebenbürgen mit anliegenden Districten sind als eigenthümlich, ausser den oben erwähnten südkarpathischen Gebirgsschnecken, zu verzeichnen:

Helix (Arionta) aethiops Blz. (von *H. arbustorum* kaum zu trennen),

H. (Fruticicola) transsylvanica Blz.,

Daudebardia transsylvanica Blz.

In Galizien und Siebenbürgen kommen als besondere Arten gleichzeitig vor:

Helix (Fruticicola) Bielzi A. Schm.,

H. (Pomatia) lutescens Ziegl., diese auch in Podolien, und

H. (Xerophila) instabilis Ziegl. in der Dobrudscha und in Galizien — zwei Fundorte, für welche die Zwischenglieder noch zu suchen sind.

Für die Länder au der unteren Donau wären als eigenartig zu erwähnen:
die *Clausilia*-Gruppe *Medora* v. Vest, von Dalmatien aus nach Kroatien
hinüberreichend,
die *Clausilia*-Gruppe *Herilla* Bttg. aus Serbien und Bosnien,
Clausilia (*Alopia*) *elegans* Blz. aus der Wallachei und
C. regalis Blz. von hier und aus Siebenbürgen.

Es dürfte geeignet erscheinen, über die Verbreitung der Gattung *Clausilia* hier einige Worte einzuschalten.

Von der Balkanhalbinsel und deren Nachbarländern, deren Berge von
einer verwirrenden Menge von Formen bevölkert werden, gehen viele Arten
nach Italien und Sicilien, weniger nach Norden und Westen hin, dennoch aber
in einigen auch sonst weit verbreiteten Arten bis Nordrussland, Skandinavien,
England, Spanien und zu der atlantischen Inselregion (nach Madeira) reichend.
In Nordafrika sind nur je zwei oder drei Arten aus Algerien und Abessinien
bekannt geworden. Nach Osten hin aber vermindert sich die Anzahl der
Arten in bedeutend geringerem Maasse: Kaukasien, Kleinasien, Syrien sind
sehr reich an Clausilien, nur ärmer als die Balkanhalbinsel, und erst in Persien und Afghanistan ist die Zahl der bisher bekannt gewordenen Arten geringer. Von dort setzt sich die Gattung in neuen Formtypen über den
Himalaya (mit wenigen Ausläufern nach dem englischen Ostindien) nach der
indo-malayischen Halbinsel fort, wo nicht viele, aber die schönsten Arten
des Genus gefunden werden. Ebenso besitzen China und Japan Clausilien,
und die letzten Arten treten zerstreut lebend auf den Philippinen, Molukken
und Sundainseln auf.

Andererseits erscheint das Genus wieder auf den westindischen Inseln
und in den Anden von Südamerika in der auch schon als Gattung abgetrennten
Gruppe *Nenia* H. et A. Adams. In Asien, soweit es germanische und centralasiatische Region ist [1]), fehlen die Clausilien bisher, ebenso in Nordamerika,
Australien, auf den pacifischen Inseln, in Afrika südlich von der Sahara und
in Südamerika östlich von den Anden.

---

[1]) Allerdings führt E. v. Martens (A. 87) an, er habe bei einem aus Sibirien
zurückkehrenden „Reisenden" eine Clausilie gesehen, angeblich aus Baykalien stammend
(*C. foecicollis* Parr.).

Fälschlicherweise ist *Clausilia (Euxina) acuminata* Mouss. aus Aljaska angegeben worden (A. 68).

Von den 32 von Böttger aufgestellten Gruppen (A. 82) kommen folgenden einigen Ländern als charakteristische Formtypen zu:

Reinia Kob., Japan (bisher nur eine Art),

Phaedusa Ad., asiatischtropische Provinz, Himalaya und Japan,

Serrulina Mouss., Kaukasusländer,

Mentissa Bttg., Krym und Taurien,

Cristataria v. Vest, Syrien und Palästina,

Uncinaria v. Vest, Karpathenländer,

Fusulus v. Vest, Ostalpen, Nordkarpathen und Südsudeten,

Euxina Bttg., Syrien bis Nordkaukasien,

Siciliaria v. Vest, Sicilien,

Macroptychia Bttg., Abessinien,

Boettgeria Heynem., atlantische Inselregion (nur Madeira),

Pirostoma v. Mlldff., ca. 30 Arten, fast nur in der germanischen Region von Europa, nur zwei Arten in Portugal und eine im Kaukasus.

Weit verbreitet im europäischen Faunengebiete sind Arten der Gruppen *Clausiliastra* (Pfr.) v. Mlldff., *Alinda* Bttg., und nur im Verbreitungscentrum finden sich die Gruppen

Alopia Ad., *Triloba* v. Vest, *Herilla* Bttg., *Medora* v. Vest, *Agathylla* v. Vest, aus den unteren Donauländern, Dalmatien und Griechenland,

Albinaria v. Vest, besonders vom griechischen Archipel. —

In den kroatischen Bergen begegnen wir ferner einer besonderen *Campylaea*, *Helix stenomphala* Mke., ausserdem

Zonites Croaticus Partsch, und

Z. acies Partsch, den Kroatien mit Dalmatien gemeinschaftlich hat: im Banat der *Helix (Gonostoma) diodonta* Mlldf., in der Dobrudscha einer *Hyalina* von der südlichen Gruppe *Mesomphix* Raf., nämlich *H. Malinowskii* Zel., dann *Daudebardia Langi* Pfr. im Banat und *D. transsylvanica* Blz. in Siebenbürgen.

Dem ganzen unteren Donaubecken von Niederungarn ab kommt *Cyclostoma costulatum* Ziegl. als ein südlicher Zug in der sonst mehr nördlichen Fauna gemeinschaftlich zu.

Südrussland endlich entbehrt eigener Landschneckenformen fast vollständig; wenn wir in demselben auch Arten begegnen, die es von dem übrigen
karpathisch-kaukasischen Bezirke als etwas verschieden erscheinen lassen, so
sind dies nur solche, welche aus dem Kaukasus her eingewandert zu sein
scheinen, wie z. B. *Helix (Pomatia) obtusalis* Ziegl., *Buliminus quinquedentatus*
Mühlf., *albolimbatus* Parr., *microstomus* Andrj. und *Tournefortianus* Fér., oder
Limax melanocephalus Kal. und *minutus* Kal., die gleichzeitig auch aus Nordkaukasien angegeben sind, welches letztere wir weiter unten einer besonderen
Besprechung unterziehen wollen.

Wir haben es in dem karpathisch-kaukasischen Bezirke also zu thun
mit Arten:

I. der Gebirge, und zwar mit Arten:
  1. der Karpathen, Sudeten und Ostalpen,
  2. der Karpathen und Ostalpen,
  3. der Karpathen und Sudeten,
  4. der Karpathen allein,
  5. der kroatischen Gebirge,
  6. der kroatischen und dalmatiner Berge,
  7. der serbischen und balkanischen Gebirgszüge,
    (z. B. *Helix (Xerophila) Zelebori* Pfr.);
II. der Ebenen und Vorberge, und zwar mit Arten:
  1. der Nordkarpathenländer,
  2. der Südkarpathenländer,
  3. beider vorgenannten zugleich,
  4. der unteren Donauländer,
  5. Nordkaukasiens;
III. mit allgemein europäischen oder mittel- und nordeuropäischen Arten
  der Gebirge sowohl als der Ebenen;
IV. mit osteuropäischen Arten. —

In den grossen Ebenen von Niederungarn und Südrussland finden wir
keine eigenthümliche Landschnecken. Die Landfauna von Niederungarn, soweit sie bisher bekannt geworden ist, setzt sich zusammen aus Arten, welche
einerseits auch in den Ostalpen, andererseits auch in den Karpathenländern
vorkommen. Die südrussischen Landschnecken schliessen sich je nach der

Lage an Nordkaukasien oder an die Karpathenländer an. In beiden sehen
wir den Steppencharakter ausgeprägt, und es kann diese Armuth darum kaum
überraschen; die Landschneckenfauna wird sich hauptsächlich aus hygrophilen
Schnecken (Erdschnecken) zusammensetzen, welche an den Flussufern ihren
Wohnsitz aufgeschlagen haben, und nur wenige Localitäten werden geeignet
sein, xerophilen Schnecken oder indifferenten Arten (Laubschnecken) günstige
Lebensbedingungen zu verschaffen. So fehlen beispielsweise in der Ukraine
(A. 88) die *Xerophila*-, *Gonostoma*-, *Campylaea*-, *Torquilla*-, *Chondrula*- und
Zebrina-Arten vollständig, und von den Clausilien finden sich nur die Hoch-
waldbewohner *Clausilia laminata* Mtg., *cana* Held, *orthostoma* Mke., *filograna*
Ziegl. vor, während unter den *Pupa*-Arten die Gruppe *Vertigo* vorherrscht
und die Hyalinen und Succineen häufig sind.

Nur im Westen von Südrussland findet man:

Helix (Campylaea) faustina Ziegl., *cingulella* Ziegl.,

H. (Pomatia) lutescens Ziegl., alle drei Karpathenarten,

Pupa frumentum Drap., hier ihre Ostgrenze findend,

Buliminus tridens Müll., sonst südeuropäisch und kleinasiatisch,

B. albolimbatus Parr., von Nordkaukasien bis hierher verbreitet (A. 89).

Nur im Südosten kommt *Buliminus Tournefortianus* Fér., sonst auch
in Kaukasien und bei Constantinopel vor.

Dagegen bringen die Niederungen des Don, Dnjepr, Dnjestr und der
Donau mit ihren Nebenflüssen mehrere ganz neue Süsswasserformen, die theils
als Arten sonst südlicherer Gattungen, oder selbst nur bis hierher verbreitete
südlichere Arten, theils aber als die Arten einer für Europa hier ganz besonderen Gattung zu betrachten sind.

Südlichere Arten sind z. B.

Neritina Prevostiana Partsch, in den unteren Donauländern, sonst in Italien
und Nordafrika;

Melania Holandri Fér., mit den Begleitformen

M. afra Ziegl. und *parvula* A. Schm., in Unterkrain und den unteren
Donauländern, sonst im österreichischen Litorale verbreitet.

Eigenthümliche Arten sonst südlicherer Gattungen sind:

Neritina Danubialis Ziegl., von Niederungarn bis Regensburg, wohl nur
Begleitform der nächsten:

Neritina transversalis Ziegl., vom Kaspischen Meer bis Regensburg i. Bayern; *Melanopsis acicularis* Fér. und *M. Esperi* Fér., im Dnjepr und Dnjestr bis Podolien und Galizien, im Donaugebiete bis Oesterreich und Unterkrain; *M. thermalis* Brot und *M. Parreyssi* Mühlf., in Niederungarn, locale Arten.

Als eine aus dem Flussgebiete des Schwarzen Meeres stammende Gattung aber ist die Gattung *Lithoglyphus* Mühlf. anzusehen mit folgenden, fast nur innerhalb des karpathisch-kaukasischen Bezirkes beobachteten Arten.

L. naticoïdes Fér., den Dnjepr und Dnjestr aufwärts bis nach Podolien und Galizien gewandert und auch schon aus Russisch-Lithauen angegeben [1] — mit der Donau und Nebenflüssen derselben bis Siebenbürgen, Mähren, Oesterreich, Bayern (Regensburg), Krain, Kroatien verbreitet und auch schon nach dem österreichischen Litorale einerseits und bis Constantinopel andererseits verbreitet —

mit der auch schon als Art beschriebenen Varietät *L. fluminensis* Lang aus Krain, Ungarn, Albanien.

L. fuscus Ziegl., auf der einen Seite der Karpathen mit der Donau durch die unteren Donauländer bis Ungarn, Krain und Niederösterreich und auf der anderen bis Podolien vorkommend.

L. prasinus Kokeil, eine Art aus Krain, und

L. pygmaeus Frfld., aus Kroatien — ob aber „gute" Arten?

Was uns bei den Landschnecken fast fehlte, ein allgemein bezeichnender und dabei auch beinahe eigenthümlicher Charakterzug für den ganzen karpathisch-kaukasischen Bezirk, wir haben ihn bei den Wasserschnecken gefunden.

Die Küstenstriche am Schwarzen Meer von der Donaumündung bis nach Odessa und der Krym hin und an der Wolgamündung zeigen einige Arten von südlichem Charakter, z. B.

Helix aspersa Müll. bei Odessa und Cherson,

H. obtusalis Ziegl. bei Odessa,

H. Taurica Kryn. in der Krym etc.

Es bliebe noch zu betrachten, was die Veranlassung geworden ist, die südlichen Länder des karpathisch-kaukasischen Bezirkes für die germanische Region in Anspruch zu nehmen. Es ist dies erstens das Fehlen der

---

[1] Kreglinger, syst. Verz. etc. (A. 77).

charakteristischen Menge der *Xerophila*-Arten und zweitens das allgemeine Vorkommen von specifisch mittel- und nordeuropäischen Schnecken, wie

Clausilia filograna Ziegl., *ventricosa* Drap., *plicatula* Drap., *pumila* Ziegl., *dubia* Drap.,

Pupa Venetzi Charp., *pusilla* Müll.,

Helix (Tachea) Austriaca Mühlf.,

H. (Pomatia) pomatia L.,

H. (Xerophila) striata Müll., *candicans* Ziegl.,

H. (Fruticicola) incarnata Müll. und andere Fruticicolen, die hier immer noch überwiegen,

H. (Patula) ruderata Stud.,

H. (Petasia) bidens Chemn.,

Arion hortensis Fér.,

Hyalina nitidula Drap., *subnimata* Reinh. etc.

Nordkaukasien bringt schon eine Menge neuer, meistentheils specifisch kaukasischer, theils vorderasiatischer Formen.

Kaukasusformen sind davon:

Hyalina (Crystallus) contortula Kryn.,

Helix (Cartusiana) globula Kryn.,

H. (Frutico-Campylaea) Ravergi Fér.,

H. (Tachea) atrolabiata Kryn.,

H. (Pomatia) obtusalis Ziegl.,

H. (Xerophila) crenimargo Kryn.

Vorderasiatischen Ursprungs ist nur

H. (Xerophila) Derbentina Andrj.

Nordkaukasien sind ausser einer Wasserschnecke, *Bythinia Eichwaldi* Kryn., nur zwei wenig bekannte *Limax*-Arten, *L. melanocephalus* Kalen. und *L. mimulus* Kalen. eigenthümlich.

Dafür fehlen nicht *Helix (Tachea) Austriaca* Mühlf. und die bezeichnendsten der vorerwähnten nördlichen Arten, wohl aber die charakteristische Mehrzahl der südlichen *Xerophila*-, *Iberus*-, *Macularia*-, *Leucochroa*-Arten.

Dennoch glaube ich, dass es am vortheilhaftesten, zum mindesten am übersichtlichsten sein dürfte, den Kaukasus mit nördlichen und südlichen Vorländern und dem Südrande der Krym als etwas in sich Abgeschlossenes zu

betrachten, was doppelt leicht geschehen kann, da dieselben nach Norden hin
auch äusserlich durch die Steppen einen Abschluss finden. Wir haben es bei
Nordkaukasien eben wieder mit einem biogeographisch schwer definirbaren
Stück Land zu thun.

Die Südküste des Kaspischen Meeres gehört nach Radde bezüglich
der Wirbelthierfauna schon vollkommen Asien an; die Landschneckenfauna ist
die kaukasische, und von Wassermollusken trifft man daselbst die tropischen
Melania tuberculata Müll. und *Cyrena fluminalis* Müll. an, nach E. v. Martens
vielleicht durch Reisbau eingeschleppt. Die Kaukasusfauna ist theils eigenthümlich, theils vorderasiatisch, auch in den eigenthümlichen Formen an
Vorderasien anschliessend, aber sehr wenige nördliche Formen enthaltend.
Letztere wären z. B. *Buliminus obscurus* Müll., *Hyalina radiatula* Alder, *Pupa
muscorum* (L.) Müll., *Helix aculeata* Müll., *Austriaca* Mühlf., die dann ausser
Pupa muscorum (L.) Müll. südlich des Kaukasus sämmtlich fehlen, wo schon
der erste, wenn auch vollkommen isolirte, an Indien erinnernde Zug in
Cyclotus Sieversi Pfr. auftritt, und wo auch die Wasserschneckenfauna neben
gewöhnlichen paläarktischen Arten eine grosse Menge von *Neritina-*, *Mela-
nopsis-*, *Melania-* und *Cyrena-*Arten entwickelt hat.

f) Bezirk des deutschen Mittelgebirges und der Vogesen.

Bei der Betrachtung der verschiedenen Bezirke sind wir um ein Land
herumgegangen, welches Mancher vielleicht ganz besonders ausführlich und
genau zu behandeln geneigt sein würde, nämlich um die deutschen Berglands-
districte herum. Aber erstens hat Deutschland schon vielfach deutsche Be-
arbeiter gefunden, unter denen hinsichtlich Verbreitung der Arten besonders auf Karl Kreglinger (A. 77), in Beschreibung von Formen aber vor
Allem auf S. Clessin (A. 51) hinzuweisen ist, und zweitens bietet es malakologisch wenig Besonderes, so dass man fast versucht werden könnte, nach
der jetzt so beliebt gewordenen Eisperiode (oder wohl besser: den Eisperioden!)
zu greifen und zu behaupten, dass dieselbe Deutschland ganz verödet habe,
und dass erst nachher verschiedene Arten von allen Seiten her in dasselbe
hinein eingewandert seien.

In der That finden wir in dem „Bezirke des deutschen Mittelgebirges
und der Vogesen" nördliche, westliche, südliche, östliche, alpine und karpa-

thische Arten, nur allein fast keine eigenthümliche, wenn wir von einigen
zweifelhaften oder ganz nebensächlichen Formen absehen wollen. Clessin
(A. 51), dieser vorzügliche Kenner deutscher Mollusken, führt allerdings aus
dem deutschen Reiche 18 eigenthümliche Arten auf, nämlich:

Limax unicolor Heynem.,
Helix (Fruticicola) coelata Stud.,
Cionella (Zua) columna Cless.,
Pupa (Pupilla) Sterri v. Voith,
Clausilia (Alinda) Bohemica Cless.,
Paludinella Dunkeri Frfld., *compressa* Frfld., *Scholtzi* A. Schm.,
Unio pseudolitoralis Cless.,
Cyclas (Sphaerium) fragilis Cless., *Dickinii* Cless.,
Pisidium (Fossarina) rivulare Cless., *ovatum* Cless.,

und fünf Formen von der Gattung *Vitrella* Cless.

Darunter aber ist *Limax unicolor* in der Reihe, welche man früher
und noch jetzt manchmal unter der Bezeichnung *L. maximus* L. auffasste, die
Form von geringster Bedeutung und auch schon anderwärts gefunden; *Helix
coelata* Stud. ist eine wenig bedeutende Mittelform zwischen *H. hispida* L.
und *H. rufescens* Penn., deren Heimath wohl in dem Schweizer Bergland zu
suchen ist, während *Cionella columna* Cless. wohl nur als Varietät von *C.
lubrica* Müll. aufgefasst werden kann und übrigens auch seitdem aus den
Kaukasusländern constatirt worden ist (A. 81). In ähnlicher Weise kann
man den Arten *Clausilia Bohemica* Cless., *Unio pseudolitoralis* Cless., *Sphaerium fragile* Cless., *Dickinii* Cless. und den zwei Pisidien keine sehr grosse
Bedeutung beimessen, und von den Paludinellen ist es bekannt, dass sie sich
überall in besonderen Formen äussern.

Es bliebe nur *Pupa Sterri* v. Voith und das Genus *Vitrella* übrig.
Pupa Sterri erinnert an *P. muscorum* (L.) Müll., kommt übrigens nur in dem
Bereiche des deutschen Jurazuges vor. Die Gattung *Vitrella* ist lediglich
aus Höhlenformen zusammengesetzt, und es haben dieselben, als abstammend
von den Paludinellen, deren Neigung zu localen Sonderformen beibehalten.

Dennoch aber kann man mit vollem Rechte von einem deutschen
Faunenbilde sprechen; von allen Seiten herstammende Arten kommen noch in
Deutschland, aber nicht west-, ost-, nord- und südwärts darüber hinaus vor

und erzeugen so eine eigenartige Zusammenstellung weiter verbreiteter Formen, wenn eigenthümliche auch fast gänzlich fehlen.

Zu dem „Bezirke des deutschen Mittelgebirges und der Vogesen" rechnen wir die ober- und mittelrheinischen Länder von der Wasserscheide zwischen Rhein und Rhône an, die Vogesen mit dem daranstossenden östlichen Frankreich, die Alpenvorländer der Schweiz, Süd- und Mitteldeutschland, Böhmen, Nieder- und Mittelschlesien und die österreichischen Alpenvorländer.

Aus dem keltischen Bezirk gehen nach Ostfrankreich und nach Westdeutschland hinein:

Clausilia Rolphi Leach,

Helix (Xerophila) rugosiuscula Mich.,

Hyalina Villae Mortillet,

Physa acuta Drap., und ausserdem die noch nicht erwähnte

Cionella (Azeca) Menkeana Pfr. (= *Goodalli* Fér.)

Die Gruppe *Azeca* Leach ist in der Mittelmeerregion westlich von der Westküste der griechischen Halbinsel an in mehreren Arten bis Algier und Sicilien verbreitet, nicht mehr auf der Pyrenäenhalbinsel; in der germanischen Region kommt nur die erwähnte Art vor und zwar in Nordwest- und Westdeutschland (Harz, Thüringen, Hessen), in Belgien, Nordfrankreich, dem südlichen England und in den Pyrenäen, an letzterem Orte nur in der Varietät var. *Nouletiana* Dup. — in dieser Art der Verbreitung einzig dastehend.

Keine der dem Nord-Ostsee-Bezirk eigenthümlichen Formen reicht in das deutsche Bergland hinein; von borealen Formen sind auf höheren Gebirgen *Pupa arctica* Wallenb. der Sudeten und *P. Shuttleworthiana* Charp. der Sudeten, des Harzes u. s. w. zu erwähnen.

Aus dem karpathisch-kaukasischen Bezirke dringen nach Westen hin vor: *Clausilia tumida* Ziegl., *cana* Held und *varians* Ziegl. bis nach Schlesien, Böhmen und den Vorländern der Ostalpen,

Helix (Tachea) Austriaca Mühlf. bis nach Oesterreich, Böhmen und Sachsen,

H. (Xerophila) candicans Ziegl., über Schlesien, Böhmen bis auf den Jurazug und nach Nordbayern.

Von hochalpinen Arten sehen wir auf dem schwäbischen Jura *Helix (Fruticicola) edentula* Drap., sonst mehrere Arten, besonders Campyläen und Clausilien, in den österreichischen Alpenvorländern.

Als südliche Form kommt *Clausilia ornata* Ziegl. ganz vereinzelt in den Bergen der Grafschaft Glatz vor, und aus dem schlesischen Eulengebirge ist *Helix (Fruticicola) carthusiana* Müll. wohl irrthümlich von Scholtz (A. 90) angegeben worden (ob wohl besondere Form von *H. granulata* Ald.? Siehe Anmerkungen zur Tabelle).

Ziemlich verbreitet aber durch den ganzen Bezirk sind folgende Arten, welche, von ihrer Heimath aus gerechnet, nach der entgegengesetzten Richtung hin nicht über die Grenzen desselben hinausgehen:

1. Westliche Arten:

Amphipeplea glutinosa Müll.,

Balea perversa L., von den Voralpen aus nur noch bis nach Westungarn reichend,

Pupa substriata Jeffr. und *laevigata* Kokeil,

P. secale Drap.,

Helix (Tachea) nemoralis L.,

H. (Xerophila) ericetorum Müll.,

H. (Chilotrema) lapicida L., auch im Norden verbreitet, im Osten nur noch in Galizien und Mähren,

H. (Gonostoma) obvoluta Müll.,

H. (Fruticicola) rufescens Penn., nur noch in Galizien,

Arion empiricorum Fér., im Osten sehr selten,

Limax laevis Müll., auch im Nordwesten von Europa.

2. Oestliche Arten:

Clausilia filograna Ziegl., *orthostoma* Mke.,

Pupa dolium Mich., nur in Süddeutschland,

Helix (Fruticicola) umbrosa Partsch, im westlichsten Deutschland bereits fehlend,

H. rubiginosa (Ziegl.) A. Schm., nicht in den Bergketten selbst,

H. (Petasia) bidens L., nach Westen hin nicht über den Rhein hinaus vorkommend,

H. (Patula) ruderata Stud., auf allen höheren Gebirgen, welche der Urgebirgsformation angehören,

Hyalina (Euhyalina) glabra Stud., in Bergzügen,

H. (Crystallus) subrimata Reinh.

3. Südliche Arten, im Westen und im Osten um die Alpen herum weit nach Deutschland hineinreichend:

Cyclostoma elegans Müll.,

Pomatias septemspirale Razoum.,

Acme lineata Drap.,

Buliminus (Chondrula) quadridens Müll. und *tridens* Müll.,

B. (Zebrina) detritus Müll.

Helix (Fruticicola) carthusiana Müll., nur in Oesterreich einerseits und dem
Vogesenlande andererseits,

H. (Pomatia) aspersa Müll., wohl nur stellenweise eingeschleppt.

H. (Xerophila) caperata Mtg., neuerdings bei Sonderburg an der Ostsee
gefunden.

Die *Daudebardia*-Arten dürften wohl auch hierher zu rechnen sein.
Dieselben gehören fast allein den Ländern der Appenninenhalbinsel mit Sicilien,
dem westlichen Theile des karpathisch-kaukasischen Bezirkes und dem Bezirke des deutschen Mittelgebirges an; zwei Arten sind aus Syrien bekannt
geworden. In Deutschland kennt man vier Arten, *Daudebardia rufa* Fér., die
am weitesten nördlich vorkommende (Sachsen, Harz), meistens zusammen mit
D. brevipes Drap., von denen letztere allein auch bis nach Sicilien hin verbreitet ist und auch bisher allein aus Galizien bekannt wurde. Ausserdem
hat man in Deutschland noch zwei Formen gefunden, nämlich (?) *D. nivalis*
Benoit im südlichen Bayern, sonst nur in Sicilien [1], und endlich ganz neuerdings eine abweichende Form in Hessen, *D. Hassiaca* Cless. Von den anderen
Arten kommt der Insel Sicilien noch eine als eigenthümlich zu (*D. Sicula*
Benoit), eine Art Siebenbürgen *D. transsylvanica* Blz. und eine Art dem Banat
D. Langi Pfr. Die syrischen Arten sind *D. Sauleyi* Bourg. und *D. Gaillardoti* Bourg.

4. Anscheinend von den Alpen aus haben sich über das gesammte
deutsche Bergland verbreitet:

Clausilia parvula Stud.,

Helix (Gonostoma) holoserica Stud., mehr nordöstlich,

H. (Fruticicola) Cobresiana v. Alten,

Vitrina elongata Drap., nach den deutschen Bergländern, nach den West-
karpathen und nach Ober-Italien, vereinzelt nach den östlichen Pyrenäen
und Ostspanien hin.

[1] *D. Heldi* Cless. hat Clessin später selbst mit *D. nivalis* Benoit identificirt; andere
Autoren, z. B. Kobelt, sagen: mit Unrecht!

Westalpine Arten, welche in das westliche Deutschland hineinragen, sind:

Helix (Tachea) sylvatica Drap., in localem Vorkommen auch aus Holland
bekannt (A. 91),

H. villosa Drap. (cf. pag. 135).

Ostalpine, bis in die österreichischen Vorländer hineingehend: einige Clausilien
und Campyläen.

Als besonders charakteristisch für den gesammten Bezirk ist das Zu-
sammenleben der grossen *Helix*-Arten zu erwähnen:

Helix (Pomatia) pomatia L.,

H. (Tachea) nemoralis L. und *hortensis* Müll.,

H. (Arionta) arbustorum L.,

H. (Fruticicola) fruticum L. (*strigella* Drap.), *incarnata* Müll. u. s. w.,

und endlich möchte ich noch erwähnen, dass bisher nur innerhalb unseres
Bezirkes gefunden worden sind:

Limax (Amalia) gracilis Leydig, in Südwestdeutschland, und

Vitrina Heynemanni C. Koch,

eine der *V. diaphana* Drap. sehr nahestehende Art, welche letztere auch wenig
über die Grenzen desselben hinausgeht, nämlich nach Mähren und Galizien
und bis in die subalpine Region der Alpen.

In einer Beziehung nur ist Böhmen von dem ganzen übrigen Bezirke
des deutschen Mittelgebirges verschieden: es fehlen demselben *Helix nemoralis*
L. und *H. hortensis* Müll.[1]), während *H. Austriaca* Mühlf. allenthalben daselbst
vorkommt. Ich kann mir diesen Umstand nur aus der Richtung erklären,
welche die ersten beiden Arten bei ihrer Verbreitung genommen haben,
nämlich aus der Richtung Südwest-Nordost: beide Arten wurden durch die
Gebirge des Böhmerwaldes und des Fichtelgebirges abgehalten, direct nach
Böhmen sich zu verbreiten; sie kommen aber, um dasselbe nördlich herum-
gehend, in allen Ländern bis Mittelschlesien und *H. hortensis* Müll. auch bis
Oberschlesien hin vor. Gegen Norden ist Böhmen durch das Erzgebirge,
Elbsandstein- und Lausitzergebirge und gegen Osten hin durch die Sudeten
abgeschlossen, so dass also auch auf diesem indirecten Wege keine Einwanderung stattfinden konnte, während der südöstlichen *H. Austriaca* keine
derartige Hindernisse im Wege standen.

---

[1]) d. h. *Helix hortensis* Müll. kommt in der NW.-Ecke Böhmens bei Franzensbad vor.

2. Die Mittelmeer-Region.

Nur des Zusammenhangs wegen besprechen wir hier kurz die Region der Mittelmeerländer oder kurz „Mittelmeerregion", „Reich der Heteromeren" von Schmarda. Sie ist etwas ganz Anderes, als der nördliche Theil der paläarktischen Provinz, als die „germanische Region", und zwar besonders in Bezug auf die Pflanzenwelt. Palmen und Affen (*Innus ecaudatus* von Gibraltar) sind, wenn auch nichts weniger als häufig, so doch im Naturzustande vorhanden, und das Gebrüll des algerischen Löwen erinnert an alles mögliche Andere, nur nicht an paläarktische Natur, wie wir sie jetzt gewöhnt sind. Indessen wird man den letzteren nicht als so ganz abhängig vom Klima ansehen können. In der Quaternärzeit lebten in unseren Breiten Renthiere und eine riesige Katzenart, der „Höhlenlöwe" oder „Höhlentiger" (*Felis spelaea*), zusammen, und wenn auch das Renthier, wie früher schon erwähnt wurde, nicht immer wie jetzt ein streng arktisches Thier war, so muss man doch zugeben, dass grosse Katzenarten nicht durchaus an tropisches Klima gebunden sind. Wenn man auch unter gegenwärtigen Verhältnissen sagen muss, dass Löwe, Tiger, Leopard und Jaguar tropischen und subtropischen Ländern allein angehören, so ist sehr die Frage, ob das Klima ganz allein die Ursache davon ist, und ob nicht auch der vom Menschen ausgeübte Einfluss etwas dabei mitgewirkt hat.

Auffallend ist nach Süden hin die Zunahme der Reptilien und das Auftreten gewisser Arachnidenformen, wie *Scorpio*, *Buthus*, *Galeodes* und *Mygale*. Von Insecten sind besonders die heteromeren Käfer charakteristisch, und Landmollusken mehren sich im Vergleich zur germanischen Region ganz bedeutend. Dieser Reichthum beruht auf einer grossen Anzahl von Arten der Gattung *Helix* in den Gruppen *Gonostoma*, *Xerophila*, *Pomatia*, *Iberus*, *Macularia*, der Gattungen *Buliminus* und *Clausilia*.

Allgemein charakteristische und zugleich eigenthümliche Züge beruhen auf den *Helix*-Gruppen *Euparypha* Hartm. } *Xerophila* Held,
                      Turricula Beck }
der Gattung *Stenogyra* Shuttlew. und einer besonderen Untergruppe *Carthusiana* der grossen, sonst nördlichen *Helix*-Gruppe *Fruticicola* Held. Es lassen sich innerhalb der Mittelmeer-Region folgende Bezirke unterscheiden:

a) Der türkische Bezirk,

charakterisirt durch einen ungeheuren Reichthum an Arten von *Clausilia* (Gruppen *Triloba* v. Vest, *Agathylla* v. Vest, *Albinaria* v. Vest, *Euxina* Bttg., *Oligoptychia* Bttg. etc.), von *Buliminus* der Gruppen *Zebrina* Held (nur *B. detritus* Müll. ist weiter verbreitet) und *Chondrula* Beck (nur 5 Arten von 40 Arten auch in der germanischen Region, welche auch in Italien und Spanien theilweise nicht fehlen); von *Helix*-Arten gehören hauptsächlich diejenigen der Gruppe *Pomatia* Leach hierher.

Kaukasien und der Südrand der Halbinsel Krym einerseits und Vorderasien mit Cypern andererseits sind als besondere Theile, als „kaukasische" und als „taurische" Länder in diesem Bezirk von der Balkanhalbinsel mit dem griechischen Archipel zu sondern.

Kaukasien besitzt einen eigenen Formenkreis der Helixgruppe *Campylaea* (*Frutico-Campylaea* Kob.), sowie die ihm eigenthümliche Clausiliagruppe *Serrulina* Mouss., mit der Krym gemeinschaftlich die Clausiliagruppe *Mentissa* Bttg., mehrere Arten der Gruppe *Oligoptychia* Bttg. und einige Buliminus-Arten.

Vorderasien zeichnet sich aus durch die Helixgruppen
Nummulina Kob. (*H. nummus* Ehrbg. und drei Verwandte),
Levantina Kob. (*H. spiriplana* Oliv., *guttata* Oliv. und Verwandte),
und die bis Arabia petraea und Aegypten verbreitete Wüstenschnecke
H. desertorum Forskål mit Varietäten,
fast sämmtliche Formen (ausser einer in der Krym) der Buliminusgruppe
Petraeus Albers, die bis Indien hin vorkommt,
und durch die Clausiliagruppe
Cristataria v. Vest (19 Arten aus Syrien und Palästina).

Die Helixgruppen *Macularia* Alb. und *Iberus* Montf. fehlen vollkommen bis auf *H. vermiculata* Müll.

Auf der Balkanhalbinsel machen sich besonders geltend die Clausiliagruppen
Triloba v. Vest, *Herilla* Bttg., *Medora* v. Vest, *Agathylla* v. Vest, *Idyla* v. Vest,
auf Morea und hauptsächlich auf dem griechischen Archipel
Albinaria v. Vest.

Helix-Arten von der Gruppe *Pomatia* Leach sind noch in mehreren Formen, die Gruppe *Eaparypha* Hartm. nur in *H. pisana* Müll., die anderen Xerophilen sonst genügend vertreten. Besonders zahlreich sind die Arten der Buliminusgruppe *Napaeus* Albers, während *Petraeus*-Arten gar nicht vorhanden sind. Torquillen (*Papa*) fangen an, zahlreicher zu werden, während *Macularia* Alb. und *Iberus* Montf. immer noch bis auf *H. vermiculata* Müll. und die in Griechenland neu hinzutretende *H. Codringtonii* Gray fehlen.

Einzig in der paläarktischen Provinz tritt von *Tornatellina* Beck bei Jerusalem eine Art mit zwei Verwandten auf: *Cionella Hierosolymarum* Roth, und in Südkaukasien finden wir in einer früher schon erwähnten Deckelschnecke *Cyclotus Sieversi* Pfr. den einzigen Anklang an indische Fauna.

b) Der italienische Bezirk

hat wenig Eigenthümliches ausser auf Sicilien aufzuweisen, und zwar steht derselbe nicht nur durch mittelländische Formen mit den anderen Ländern der Mittelmeer-Region, sondern auch bezüglich Ober-Italiens durch viele nördliche mit der germanischen Region in ziemlich enger Verbindung. Von Norden reichen bis hierher z. B. *Clausilia parvula* Stud., *laminata* Mtg., *Papa edentula* Drap., *doliolum* Brug., *Helix pomatia* L., *incarnata* Müll., *holoserica* Stud., *Limax arborum* Bouch., *Hyalina glabra* Stud., *diaphana* Stud., *Vitrina pellucida* Müll.

In Ober-Italien ist als Eigenthümlichkeit *Helix* (*Drepanostoma*) *nautiliformis* Porro im Bezirke der italienischen Seen zu erwähnen.

Die appenninischen Clausilien gehören meist der Gruppe *Delima* Bttg. an (z. B. *Clausilia gibbula* Rossm., *Paestana* Phil., *piceata* Rossm., *ornata* (Ziegl.) Rossm., *Itala* v. Mart. etc.), deren Hauptmenge aber in Dalmatien zu suchen ist. Sicilien kommt die ihm eigenthümliche Gruppe *Siciliaria* v. Vest zu, und in dem ganzen italienischen Bezirk sind die Helices der Gruppe *Iberus* Montf. am häufigsten, mit besonderen Arten auf Sicilien, Malta, Corsica und in der Provence, welche letztere sich eng an Italien anschliesst.

Die Gruppe *Macularia* sendet von Westen her einige Vertreter nach Sicilien; dem eigentlichen Italien kommt davon nur die schon oben im türkischen Bezirke erwähnte *H. vermiculata* Müll. zu.

c) Der spanisch-algierische Bezirk

ist von den Ländern am Mittelmeer den Tropen insofern am nächsten verwandt, als mehrere Deckelschnecken hier vorkommen, welche alsdann innerhalb der paläarktischen Provinz in der atlantischen Inselregion die grösste
Artenzahl erreichen, und als von Helices die Fruticicolen am meisten zurück-
treten, und zwar besonders gegen *Macularia*- und *Xerophila*-Arten.

Von Deckelschnecken begegnen wir hier:

Cyclostoma elegans Müll., nur im nördlichen Spanien;

C. sulcatum Drap., an den Mittelmeerküsten von Afrika, Spanien, der Provence, Corsica, Sardinien und Sicilien;

Pomatias septemspirale Razoum., mit

P. patulum Drap., auch in Italien;

Leonia mamillaris Fér. in Spanien und Algerien und

L. scrobiculata in Marokko;

Tudora ferruginea Lam., auf den Balearen und Gibraltar.

Das am meisten Charakteristische aber, was auch Spanien und Nord-
Afrika gemeinsam haben, ist der Reichthum an *Macularia*, von welcher
Gruppe ausser *Helix vermiculata* Müll. und *H. Codringtonii* Gray alle Arten
bis auf vier sicilianische dem spanisch-algierischen Bezirke allein angehören.

Clausilien und *Buliminus*-Arten, im Osten der Mittelmeer-Region so
ausserordentlich zahlreich, fehlen beinahe ganz, ebenso *Campylaea* und *Pomatia*.
Xerophilen finden sich hier wie überall in der Mittelmeer-Region in genügender
Anzahl; einige besondere *Gonostoma*-Arten fehlen auch nirgends, während
unter den *Pupa*-Arten die Torquillen im Westen überwiegen.

Marokko beherbergt einige besondere Formen der Gattung *Leucochroa*
Beck, die hauptsächlich den wärmsten und trockensten Mittelmeerländern an-
gehört, und von der nur *L. candidissima* Drap. eine allgemeine Verbreitung
an den Mittelmeerküsten hat. Ausser dieser finden wir nur zwei Arten in
Spanien — die anderen gehören alle Kleinasien, Syrien, Tripolis, Tunis,
Algier und Marokko und ausserdem in drei Arten den Canarischen Inseln an.

3. Atlantische Inselregion.

Die Canarischen Inseln sind eine von vier südwestlich von Europa
und westlich von Nordafrika gelegenen Inselgruppen, nämlich den Azoren,

Madeira und Portosanto, den Canaren und den Capverden. Dieselben haben durchweg ein Klima, dessen kältester Monat ungefähr dem Mai von Berlin gleicht, während nicht mehr als 12 Längengrade westlich davon das polare Treibeis bis zu gleicher Breite mit den Azoren südwärts zu gehen pflegt. Die Inseln verdanken ihre Entstehung sämmtlich vulcanischen Erhebungen, welche jedoch für jede Gruppe gesondert stattfanden, und sie bestehen darum in der Hauptsache durchweg aus vulcanischen Gesteinen, denen aber überall tertiäre Kalkgebilde eingelagert sind.

Diese atlantischen Inseln sind in mancher Beziehung von Europa, an welche sie sich noch immer am ehesten anschliessen, sehr stark differenzirt und auch untereinander auffallend verschieden. Erstlich einmal treten die drei nördlichen Gruppen in einen Gegensatz zu der südlichen, zu der Gruppe der Capverden; zwar giebt eine atlantische Flora und Molluskenfauna für alle vier Gruppen gemeinschaftlich einige charakteristische Züge ab; die eingewanderten Pflanzen aber sind für die nördlichen drei Gruppen europäischen Ursprungs, stammen bei den Capverden hingegen aus Sudân, und die Einwanderung von europäischen Mollusken nach den nördlichen drei Gruppen ist ganz unendlich grösser, als nach den Capverden. Letztere zeigen übrigens eine sehr ärmliche Flora und Molluskenfauna.

Wir erwähnten schon zu wiederholten Malen, dass die Verbreitung der *Rubus*-Arten auffallende Analogieen mit der der Landschnecken zeige, und es dürfte nicht uninteressant sein, zu erwähnen, dass hier ebenfalls zwei besondere Rubusformen vorkommen, *Rubus grandifolius* Lowe für Madeira und *Rubus Hochstetterorum* für die Azorengruppe (A. 40).

In malakologischer Beziehung hat man die enge Zusammengehörigkeit der atlantischen Inseln schon in etwas lebhaften Farben geschildert, und es war besonders das gleichmässige Vorkommen der Helixgruppe *Leptaxis* Lowe auf allen vier erwähnten Inselgruppen, worauf man diesen engen Anschluss derselben an- und untereinander begründete. Indessen fehlt *Leptaxis* auf den Canaren ganz, wo diese Gruppe durch eine andere, wenn auch verwandte, nämlich *Hemicycla* Sow. ersetzt wird. Es finden sich 7 *Leptaxis* auf den Azoren, von denen nur eine mit Madeira gemeinschaftlich ist (*Helix erubescens* Lowe), 4 auf Madeira und 9 auf den Capverden, ca. 35 *Hemicycla*-Arten auf den Canaren (A. 39). Von allen diesen Arten haben nicht nur die verschie-

denen Inselgruppen ausser dem einen erwähnten Falle nichts Gemeinschaft-
liches, sondern es differenziren sich auch die einzelnen Inseln innerhalb der
Gruppen noch stark genug. Ebenso verhält es sich mit den Formen anderer
Gattungen, und man würde sich vollständig davon überzeugen, dass die Theorie
von einem versunkenen Festlande, welches in seinen höchsten Erhebungen nach
seinem Versinken diese Inseln übrig gelassen haben soll, eine falsche ist, wenn
dieser Umstand auch nicht genugsam aus hundert anderen Gründen erhellte.

Fragen wir aber danach, was uns nun eigentlich doch dazu bestimmt,
diese Inseln alle als „eine atlantische Inselregion" zusammenzufassen, so muss
die Antwort etwas dürftig ausfallen, jedenfalls sehr dürftig in Bezug auf allgemeine und zugleich endemische Arten. Von solchen haben wir, ausser den
eingewanderten europäischen Arten, in der That nur eine, nämlich *Helix*
(*Acanthinula*) *pusilla* Lowe, ein kleines, unbedeutendes Schneckchen, und dieses
lebt auch auf St. Helena. Dagegen finden sich andere, in verschiedener Weise
über zwei oder drei der Gruppen verbreitete, so dass ein lockerer Zusammenhang in ähnlicher Weise hergestellt wird, als wir ihn bezüglich der karpathisch-
kaukasischen Landschnecken zu constatiren Gelegenheit hatten. Allerdings,
sehen wir von den Capverden ab, so ergeben sich noch manche andere, gemeinschaftliche Züge für die Azoren, Madeira und Canaren. Am wichtigsten
unter diesen ist das Vorkommen der atlantischen Deckelschneckengattung
Craspedopoma, welche in vier Arten auf Madeira und in je einer auf den
Azoren und Canaren vertreten ist. *Helix* (*Spirorbula* Lowe) *paupercula* Lowe
ist gleichfalls auf allen drei Gruppen gefunden worden, und die der europäischen
Pupa edentula Drap. mehr als nahestehende *P. microspora* Lowe fehlt keiner
derselben. Ueber Madeira hinweg findet zwischen den Azoren und Canaren
eine Verwandtschaft statt in der eigenthümlichen *Hydrocaena gutta* Shuttlew.,
einer an feuchtesten Orten und an Wasserfällen in Lorbeerwäldern zusammen
mit *Physa acuta* Drap., *Ancylus striatus* Q. et G. und *Pupa castanea* Shuttlew.
vorkommenden Helicinide.

Sehen wir uns die übrige Molluskenfauna der atlantischen Inseln an,
so kommen, um uns ganz kurz zu fassen, die meisten Arten auf den auch
räumlich ausgedehntesten Canaren vor, nämlich ca. 189 Arten (Wollaston) [1]:

---

[1] Mousson (Rév. de la Faune Mal. des Isles Canaries 1872) zählt sogar 197 Arten auf.

nächstdem ist das kleine Madeira am reichsten bevölkert, mit ca. 176, die Azoren mit 71 und die Capverden mit nur 41 Arten. Wenn auch in der Beschaffenheit der Vegetations- und anderen Verhältnisse Gründe genug vorhanden sind, diese numerische Vertheilung erklärlich finden zu lassen, so kann man doch wohl annehmen, dass die Zahl der Canarischen, Azorischen und Capverdischen Arten durch spätere Forschungen noch Zuwachs erhalten wird; Madeira dagegen ist bereits recht gut erforscht. Es ist hier nicht der Ort, näher auf diese Verhältnisse einzugehen; erwähnt sei nur, dass der Wald von Madeira am üppigsten und fast ohne Coniferenwuchs entwickelt, dass der Baumwuchs der Azoren dagegen zwar als frisch grünend, aber als klein bleibend zu bezeichnen ist; dass auf den Canaren an den sehr zahlreichen dürren Ablängen auch der Nadelwald stark zur Entwickelung gelangte, während den Capverden jede Ueppigkeit der Vegetation fehlt. Ausserdem sehen wir die Zahl der endemischen Pflanzenarten von den Azoren nach den Canaren hin ständig zunehmen, und nicht viel anders verhält es sich mit den Molluskenarten. Es haben nämlich:

	Pflanzen			Mollusken		
	endemische	atlantische	europäische	endemische	atlantische	europäische
die Azoren	40 = 9%	36	ca. 420	50%	10%	40%
Madeira	106 = 15%	58	ca. 500	76%	6%	18%
Canaren	300 = 20%	ca. 70	ca. 1000	84%	5%	11%

Entsprechend der Vegetation und dem Charakter der Landschaft haben die Azoren an Mollusken- und Pflanzenarten die meisten, oder vielmehr allein Formen von mehr nördlichem Typus, wie z. B. *Arion fuscus* Müll., *Hyalina fulva* Drap., *Helix (Acanthinula) aculeata* Müll. etc. und der „Endemismus in den Pflanzenarten der Azoren erinnert an mehr nördliche Breiten, als die sind, in denen sie selbst liegen" (Grisebach). Was die amerikanische Verwandtschaft der azorischen Formen anbelangt, so ist eine solche wohl zu constatiren an Pflanzen, z. B. zwei Orchideen (*Habenaria*), einer Umbellifere (*Sanicula*) und mehreren Vaccinien, kaum aber an Mollusken, unter denen man hier besonders die *Hyalina*-Arten anführte. Indessen sind von den sechs auf den Azoren bisher gefundenen Hyalinen drei europäisch (*H. cellaria* Müll.,

crystallina Müll. und *fulva* Drap.), und wenn man die sonst starke Entwickelung des Genus auf den atlantischen Inseln in Betracht zieht (sechs ausser-
europäische neben zwei europäischen Hyalinen auf den Canaren), so „kann
die Anwesenheit der drei eigenthümlichen Azoren-Hyalinen kaum ein Gegen-
stand sein, eine ernsthafte Discussion über „„amerikanische Verwandtschaft““
zu veranlassen" (Wollaston).

Dem Waldcharakter entsprechend sind *Vitrina*- und *Pupa*-Arten auf
Madeira zahlreich vertreten, während *Buliminus*-Arten fehlen. Dagegen finden
wir an den trockenen Abhängen der Canaren sehr viele der letzteren und
ebenda im engen Anschluss an trockene Striche der Mittelmeerländer drei
Leucochroa-Arten. Das interessante Genus *Clausilia* findet sich nur in drei
Arten (Gruppe *Boettgeria* Heyn.) auf Madeira, und von Schnecken, welche
die atlantischen Inseln eng an Süd- und Südwesteuropa anschliessen, seien
schliesslich erwähnt:

Limax (*Amalia*) *gagates* Drap.: Azoren und Madeira; *Testacella
Maugei* Fér.: Azoren, Madeira, Canaren; *T. haliotidea* Drap.: Madeira und
Canaren; *Helix* (*Euparypha*) *pisana* Müll.: Azoren, Madeira und Canaren:
H. (*Xerophila*) *lineata* Oliv.: Madeira; *H.* (*Carocollina*) *lenticula* Fér.: Azoren,
Madeira, Canaren und Capverden; und in gleicher Verbreitung: *Helix* (*Xero-
phila*) *ventricosa* Drap. und *Stenogyra decollata* L., *Physa acuta* Drap.,
Madeira und Canaren, und eine Reihe von *Pupa*-Arten, welche der oben
erwähnten *Pupa Anglica* Fér. aus dem keltischen Bezirk nahe stehen.

4. Centralasiatische Region.

Haben wir es innerhalb der atlantischen Inselregion mit kleinsten
Landdistricten inmitten eines grossen Oceans und mit einer reichen Fülle von
verschiedenartigen, wechselnden Formen zu thun, so finden wir die entgegengesetzten Verhältnisse bei einem grossen, continentalen Länderbezirk inmitten
des grössten Festlandes, inmitten von Asien. Wie das Innere grosser Continente gewöhnlich, so ist auch Centralasien waldarm, oder entbehrt des Baumwuchses vollkommen; nur nach Sibirien hin zeigen sich auf den Höhen des
Altai und um den Baykalsee herum Nadelwaldungen von grösserem Umfange.
Grisebach nennt darum diese innerasiatischen Länder das „asiatische Steppen-

gebiet", welches mit einer malakologischen „centralasiatischen Region" nicht
ganz, aber doch in der Hauptsache übereinstimmt. Erstens rechnet Grisebach auch den grösseren Theil von Vorderasien hierher, welches wir malakologisch zu der Mittelmeerregion ziehen mussten, ein Verfahren, das in Uebereinstimmung mit der Verbreitung der europäischen *Rubus*-Arten steht; zweitens
gehört das Gebiet am Altai und am Baykalsee, welches wir zu der centralasiatischen Region rechnen wollen, botanisch noch zu dem „östlichen Waldgebiete". Wir müssen darum das „asiatische Steppengebiet" von Grisebach
etwas von Südwest nach Nordost verschieben, um auf unsere „centralasiatische
Region" zu kommen, in der wir folgende Länder zusammenfassen:

a) die Gebirgsländer vom Altaigebirge, ungefähr von den Städten
Tomsk, Barnaul und Semipalatinsk an nördlich von der Wüste Gobi über
den Baykalsee hinaus bis nach Transbaykalien und Ostsibirien hin als einen
„altaisch-baykalischen Bezirk";

b) die turkestanischen und turanischen Länder nördlich vom Hindukusch, westlich vom Belur Dagh und dem Thianschan bis zum Issikul- und
Balchaschsee hin als einen „turkestanischen Bezirk";

c) die Hochgebirgs- und Hochländer zwischen dem Himalaya und
dem Thianschan, soweit dieses Gebiet nicht zur Wüste Gobi gehört, als
einen „tibetanischen Bezirk".

Schmarda nimmt ebenfalls als besonderes thiergeographisches Reich
das „centrale Hochasien" an und nennt dasselbe das „Reich der Equiden" —
das Vaterland des Pferdes, des Dschiggetai und des Kulan oder wilden Esels.
Man möchte nur den Ausdruck „Vaterland" hier vermeiden, da der Equiden-
typus in Amerika und Europa auch bis in recht alte Formationen hinaufreicht,
sonst aber wird man diese Bezeichnung beibehalten und nur vielleicht hinzu-
fügen können: das Reich des wilden Kameels. Hirsche fehlen in dem meist
waldlosen Lande, sind dafür durch zwei Antilopen (*A. gutturosa* und *A. Hodgsonii*)
vertreten. Ein interessanter Zug ist der vom Himalaya bis nach Sibirien
hinaufreichende Schneeleopard (*Felis irbis*). Das höchstlebende Säugethier, der
Yak, Munyak oder Grunzochse (*Bos gruniens*), der Lieferant der türkischen
Rossschweife, gehört dieser Region wohl an, aber nicht als Charakterthier.
Unserem oben angegebenen Grundsatze getreu betrachten wir die Faunenbezirke hoher und mächtig in horizontaler Ausdehnung entwickelter Gebirge

als etwas Besonderes, und der *Bos graniens* dürfte als Charakterthier einer himalayanischen Fauna anzusprechen sein. Die Vogelfauna ist ganz paläarktisch. Rebhühner, Hasel-, Steppen- und Sandhühner gehören neben den Trappen zu den gewöhnlichsten ornithologischen Typen.

Man kann nicht viel einwenden, wenn in dem inneren Asien mehrere Regionen unterschieden werden, wie Sclater von

einer sibirischen (Nordasien),

einer manschurischen (Nordchina und Mongolei) und

einer tartarischen Subregion

spricht. Aber ganz Nord- und Centralasien in einer Region oder Subregion umfassen zu wollen — man brauchte dann gar keine Unterabtheilungen innerhalb der paläarktischen Provinz erst zu machen.

Die Kenntniss von diesen Ländern ist eine äusserst mangelhafte und beschränkt sich malakologisch auf wenige Arten, auf noch bedentend weniger, als man auch bei dem allgemeinen, landschaftlichen Charakter Innerasiens mit seiner armen Molluskenfauna erwarten kann. Am besten ist noch Turkestan bekannt (A. 92).

Fragen wir zuerst, welche Mollusken die atlantische Inselregion mit der centralasiatischen Region gemeinsam hat, welche Formen also vom äussersten Südwesten der paläarktischen Provinz durch dieselbe hindurch bis zum Osten hin vorkommen, so ist die Antwort eine sehr kurze:

Helix pulchella Müll., bezw. *costata* Müll.,

Cionella lubrica Müll. und

Limnaea truncatula Müll.

Dieselben gehören aber auch dem ganzen Nordamerika an, sind also nicht gerade geeignet, eine Zusammengehörigkeit der paläarktischen Provinz in hier angenommener Fassung zu beweisen. Der Zusammenhang mit den mittleren Theilen derselben ergiebt sich vielmehr im Westen einerseits und im Osten andererseits aus anderen Arten gleicher Gruppen, wie sie für die atlantische Inselregion bereits mehrfach erwähnt wurden. Für die gesammte centralasiatische Region, sowie für das Amurland sind es von Landschnecken mehr nördlich-continentale Arten, welche wie in Europa nirgends zu fehlen scheinen, z. B. *Zonitoides nitidus* Müll. (?), *Hyalina fulva* Drap., *Pupa muscorum* (L.) Müll., *P. anticertigo* Drap., *Succinea putris* L., *S. Pfeifferi* Rossm.

und von Wasserschnecken die üblichen Limnäen und kleinen *Planorbis*-Arten, von denen *Pl. laevis* Alder auch auf Madeira vorkommt (A. 93).

Sonst kommen auf den atlantischen Inseln sehr wenige Süsswassermollusken vor, gar keine auf den Azoren und auf St. Helena (s. Tabelle!), und ebenso fehlen auf beiden die Wasserkäfer, obgleich Wasserbehälter in genügender Menge vorhanden sind. Auch fehlen die Wasserkäfer z. B. auf den Sandwichinseln (A. 94), und es ist keine Frage, dass entweder geographische Lage oder — etwas Anderes der Grund davon ist. Jedenfalls aber hängt dieses „Andere" mit der Natur solcher Inseln zusammen, denn solche Beispiele sind zu häufig, als dass man an sogenannte „Zufälligkeiten" glauben könnte. Dann aber steht man vor einem vorläufig ungelösten biogeographischen Räthsel, wie es deren leider noch mehr giebt, als man gerade für wünschenswerth halten möchte.

Aus jedem der erwähnten drei centralasiatischen Bezirke sind nun erstens für jeden derselben eigenthümliche Formen bekannt geworden, ferner für jeden eingewanderte Arten zu constatiren, welche aus der geographischen Lage bezw. aus der Nachbarschaft anderer Länder entspringen, und endlich sind einige Formen zu erwähnen, welche für die gesammte centralasiatische Region gemeinsam als eigenthümliche Arten gelten können.

Um mit letzteren zu beginnen, so sind *Succinea Altaica* E. v. Mart. und *Buliminus (Napaeus) miser* E. v. Mart. in Centralasien weit verbreitet: dass erstere noch nicht aus Turkestan und letzterer noch nicht aus Tibet bekannt geworden ist, wird wohl mehr an der noch herrschenden Unkenntniss, als an dem wirklichen Fehlen der Formen daselbst liegen; und selbst angenommen, sie kämen in den angegebenen Bezirken nicht vor, so haben wir doch, wenn man deren sonstige Armuth in Betracht zieht, durch *Buliminus miser*, welcher aus Turkestan und aus dem altaisch-baykalischen Bezirke und *Succinea Altaica*, die aus dem letztgenannten und aus dem tibetanischen Bezirke bekannt wurde, genügenden Zusammenhang der Länder untereinander. Ausserdem scheint die von der *Vitrina pellucida* Müll. sich freilich in nur geringem Maasse unterscheidende *V. rugulosa* C. Koch in den in Rede stehenden Ländern eine weite Verbreitung zu finden (A. 95).

Im Uebrigen trägt die Molluskenfauna des altaisch-baykalischen Bezirkes einen mehr nördlichen und die Fauna des turkestanischen und des

44*

tibetanischen Bezirkes einen mehr südlichen Charakter, sowohl in eigenthümlichen, als auch in eingewanderten Formen.

a) Im altaisch-baykalischen Bezirke sind als Eigenthümlichkeiten zu
erwähnen:

Helix (Petasia) bicallosa Friv.

H. (Triodopsis) subpersonata Midd.,

von denen wenigstens die letztere nur in dem gebirgigen Theile von Süd-
sibirien, eben in dem zu besprechenden Bezirke, vorkommt.

Ausserdem aber finden wir hier sowohl, als in dem sibirischen Theile
des nordrussisch-sibirischen Bezirkes zwei europäischen Arten sehr verwandte
Formen, nämlich:

Helix (Fruticicola-Trichia) Stuxbergi Westerl., ähnlich der *H. rubiginosa*
(Ziegl.) A. Schm., und

H. (Frut.-Trichia) Nordenskiöldi Westerl., ähnlich der *H. rufescens* Pennant,
von denen die letztere in den sibirischen Gebirgen jedenfalls allgemein vorkommen dürfte (A. 45).

Von europäischen Formen findet man hier noch:

Helix (Fruticicola-Eulota) fruticum Müll.,

welche von Nordspanien, Norditalien und der Balkanhalbinsel aus über das
ganze mittlere und nördliche Europa hin sich verbreitet hat, nur in Südwest-
Frankreich und in Grossbritannien fehlt[1]) und sich durch ganz Russland bis
nach Kaukasien einerseits und nach Westsibirien, Ostsibirien und nach dem
altaisch-baykalischen Bezirk andererseits, doch nicht mehr bis nach dem
Amurlande in ihrem Vorkommen erstreckt. Ihre Verwandte *H. strigella* Drap.
hat ziemlich denselben Verbreitungsbezirk und geht durch alle genannte Länder
einerseits bis nach Kaukasien und Armenien, fehlt aber im Norden von der
Kirghisensteppe schon in Westsibirien, von da ab nach Osten hin nirgends
mehr gefunden; auch geht letztere weiter südlich, z. B. bis zur Südspitze
Italiens und bis nach dem griechischen Archipel und im Ganzen genommen,
besonders in Russland, etwas weniger weit nach Norden als erstere. Die der
H. fruticum noch näher stehende *H. Schrencki* Midd. dagegen ist eine Form
des nordrussisch-sibirischen Bezirkes, augenscheinlich aus den dem altaisch-

---

[1]) hier aber fossil vorkommt.

baykalischen Gebirge vorlagernden Vorbergen stammend, welche einerseits bis nach Nordrussland hin und auf dieser Strecke mit *H. fruticum* Müll. zusammen vorkommt, andererseits aber bis nach dem Amurlande und auch bis in die arktische Provinz hinein wahrscheinlich nur im Bereiche der Thäler der grossen sibirischen Ströme sich erstreckt. In dem turkestanischen Bezirke tritt an die Stelle von *H. fruticum* Müll. die ihr ähnliche *H. rubens* E. v. Mart., die aber auch schon im Altai (Ala-tau) in der Höhe von 1900 Metern gesammelt worden ist (A. 94), und im Amurlande kommen neben *H. Schrencki* Midd. bereits Eulotaformen chinesischer Abstammung vor: *H. Arcasiana* Cr. et Deb. und *H. Weyrichi* Schrenck.

Sonst ist von europäischen Landformen noch *Hyalina cellaria* Müll. aus dem Altaigebirge angegeben worden(?) und andere, von denen ich nicht erst reden will. *H. cellaria* könnte ganz gut durch den menschlichen Verkehr eingeschleppt worden sein.

Wie überall endlich fehlen auch hier nicht:

Succinea putris L.,
Pupa muscorum (L.) Müll., *edentula* Drap.,
Helix (Vallonia) costata Müll.,
H. (Patula) ruderata Stud.,
H. (Fruticicola-Trichia) hispida L.,
Punctum pygmaeum Drap.,
Hyalina fulva Drap.,
Limax agrestis L.

Von Wasserschnecken kommen hier wie auch überall die gewöhnlichen Limnäen vor, doch wegen des Gebirgscharakters der Gegend nur vereinzelt. Von Europa aus reichen nur bis nach dem Westen des besprochenen Bezirkes *Planorbis corneus* L., *vortex* L., *rotundatus* Poir.: im Baykalsee kommen eine Menge diesem eigenthümlicher Formen vor, wie die Gattung *Choanomphalus* mit drei Arten, ein eigener *Ancylus* (*A. Troscheli* Dyb.) und ein allgemein nordasiatischer (*A. sibiricus* Gerstf.), drei eigene *Valvata*-Arten, die Gattung *Benedictia* in drei Arten und die Gattung *Baykalia* in dreizehn Arten (A. 96).

b) In dem turkestanischen Bezirke scheint die Molluskenfauna etwas formenreicher zu sein: eine ganze Menge eigenthümlicher Formen von nördlichem Typus sind gemengt mit eigenthümlichen Arten von indischem Typus, zu denen sich einige vorderasiatische Schnecken in geringer Anzahl gesellen.

Als eigenthümlich für den turkestanischen Bezirk wären zu nennen: von nordeuropäischem Typus z. B.

Limax Fedtschenkoi E. v. Mart.,

Helix (*Fruticicola*) *rubens* E. v. Mart., an *H. fruticum* Müll. erinnernd,

H. phaeozona E. v. Mart.,

H. Semenowi E. v. Mart.,

H. rufispira E. v. Mart., der *H. rufescens* Penn. nahestehend,

Pupa (*Pupilla*) *cristata* E. v. Mart.;

ferner von südeuropäischem Typus z. B.

Limax (*Amalia?*) *maculatus* (Kalen.) Heynem.,

Helix (*Xerophila*) *Fedtschenkoi* E. v. Mart.,

Buliminus (*Zebrina*) *eremita* Bens., auch in Afghanistan, an welchen sich eine Himalayaform (*B. rufistrigatus* Bens.) anschliesst,

B. albiplicatus E. v. Mart. und *B. Sogdianus* E. v. Mart.,

B. (*Chondrula*) *intumescens* E. v. Mart.;

endlich von indischem, bezw. asiatischtropischem Typus z. B.

Macrochlamys Sogdiana E. v. Mart.,

M. Turanica E. v. Mart.,

Helix (*Plectotropis*) *plectotropis* E. v. Mart.

Mit Afghanistan gemeinsam sind eine *Parmacella*, ein *Buliminus* der Gruppe *Zebrina* und ein *Buliminus* der Gruppe *Napaeus* — *B. segregatus* Bens., welcher in Turkestan und auch noch in Kaschmir vorkommt.

Von Vorderasien her ist *Helix* (*Xerophila*) *Derbentina* Andrz. bis nach Turkestan vorgedrungen, und von allgemein paläarktischen Arten sind bisher aus Turkestan bekannt geworden:

Vitrina pellucida Müll.,	*Cionella lubrica* Müll.,
Zonitoides nitidus Müll.,	*Pupa muscorum* (L.) Müll.,
Hyalina fulva Drap.,	*Succinea putris* L.,
Helix costata Müll.,	*S. Pfeifferi* Rossm.

Die Süsswasserfauna schliesst sich voll und ganz an die übrigen, paläarktischen Länder an in den üblichen *Limnaea*- und in kleinen *Planorbis*-Arten, und es kommen die Wasserformen auch im Bereiche der Kirghisensteppe vor, wie *Limnaea stagnalis* L., *L. ovata* Drap., *Planorbis subangulatus* Phil., *albus* Müll., *nitidus* Müll., *Ancylus lacustris* L. In dem Issikulsee kommt eine stark abweichende Form des Typus der *Limnaea auricularia* L. vor, welche Eduard v. Martens *L. obliquata* genannt hat, und ausserdem zeigt *L. lagotis* Schrank einige bisher nur hier constatirte Gehäuseveränderungen. Die gewöhnliche *Anodonta variabilis* Drap. fehlt nicht, und von asiatischem Typus sind nur *Corbicula fluminalis* Müll. und *C. minima* Cless. zu erwähnen.

Bis hoch in die Gebirge steigen auf:

die *Succinea*-Arten, bis ca. 9000 Fuss,

Pupa muscorum (L.) Müll., bis ca. 5000 F.,

Vitrina rugulosa C. Koch, bis ca. 9000 F.,

Buliminus Sogdianus E. v. Mart., bis 9500 F.,

B. miser E. v. Mart., bis 7500 F., und von Wasserschnecken

Limnaea peregra Müll., bis ca. 5000 F.

c) Tibetanischer Bezirk.

Uebersteigen wir das im Südosten von Turkestan sich erhebende Gebirge des Thianschan, so gelangen wir in das Hochland der hohen Tatarei, welche nach Süden hin durch den Küen-Lün von dem Hochlande des eigentlichen Tibet getrennt ist. Wir kennen aus diesen Hochländern, welche wir hier vorläufig in Ermangelung eines besseren als einen „tibetanischen Bezirk" zusammenfassen wollen, noch sehr wenig. Unsere Kenntnisse über die Mollusken derselben sind auf einige wenige Sammlungen beschränkt (A. 95), aus denen hervorgeht, dass die Fauna des Thianschan und der Länder um Yarkand und Kaschgar sich ziemlich eng an Turkestan anschliesst: jedoch fehlen einige dort noch gefundene europäische Formen, wofür bereits ostasiatische Typen der Helixgruppe *Camena* sich bemerkbar machen. Ueber Ladakh findet alsdann ein allmählicher Uebergang nach Kaschmir hin statt (A. 97), wo dann die Landschneckenfauna überwiegend aus indischen Formen zusammengesetzt ist, während die Wasserschnecken noch immer den paläarktischen Typus nicht verleugnen können, und wo endlich in Osttibet neben einigen eigenthümlichen neuen Formen Züge sich geltend machen, welche an das benachbarte China erinnern.

In den Districten um Yarkand und Kaschgar kommen von turkestanischen Formen vor:

Helix (Fruticicola) phacozona E. v. Mart.,

H. (Plectotropis) plectotropis E. v. Mart.,

Pupa (Pupilla) cristata E. v. Mart.,

und weiterhin östlich ist zwischen dem Thianschan und dem Lopnoor auch *Succinea Altaica* E. v. Mart. und auch wieder *Pupa cristata* gesammelt worden. Es fehlen ausserdem auch nicht:

Vitrina pellucida Müll.,

Helix costata Müll.,

Pupa muscorum (L.) Müll.,

Succinea putris L. und *S. Pfeifferi* Rossm.

Als neu treten hinzu:

Helix (Fruticicola) Mataiancusis Nev.,

H. (Xerophila) Stoliczkana Nev. (ähnlich der *H. cricetorum* Müll.),

neben *H. costata* Müll. noch *H. Ladacensis* Nev., und neben den schon erwähnten Succineen noch *S. Martensiana* Nev.[1])

Die Unterschiede zwischen der Hochlandsfauna des westlichen tibetanischen Bezirkes und der Fauna der turkestanischen Vorberge sind also ziemlich unbedeutend.

Einige Sammlungsergebnisse von Kuldscha, über welche E. v. Martens berichtet (A. 95), also vom Nordabhange des Thianschan-Gebirges, zeigen, dass hier sicher ein Uebergangsgebiet zwischen dem turkestanischen und tibetanischen Bezirk zu setzen ist.

Es finden sich neben Formen von mittelländischem Typus, wie sie durch Turkestan mit Vorderasien in Zusammenhang stehen (*Helix (Xerophila) cavimargo* E. v. Mart., *Buliminus (Chondrula) retrodens* E. v. Mart.) auch *Helix*-Arten, welche sich an die ostasiatische Gruppe *Camena* anschliessen, ähnlich der *H. Maacki* Gerstf. vom Amurland, nämlich *H. duplocincta* E. v. Mart. und *H. paricincta* E. v. Mart., und ausserdem wieder der Typus der centralasiatischen *Succinea Altaica* E. v. Mart. bezw. *S. Martensiana* Nev.

Die Wasserschnecken bringen hier genau dasselbe wie dort, und nur, fast hätte ich gesagt „natürlich", hat man einige neue Limniten vom Formenkreis der *Limnaea auricularia* L. (*L. Defilippii* Iss.) und der *L. truncatula* Müll.

[1]) Die kaum als Art neben *S. Altaica* E. v. Mart. aufrecht zu erhalten ist.

(*L. Anderssoniana* Nev. und *L. Lessonae* Iss.) von hier angegeben. Die kleinen *Planorbis*-Arten sind dieselben wie überall, *Planorbis albus* Müll., *laevis* Ald., *subangulatus* Phil., *nitidus* Müll., *fontanus* Lightf., *nautileus* L., und sonst reicht bis hierher noch *Valvata piscinalis* Müll. in Gesellschaft der der *V. depressa* C. Pfr. ähnlichen *V. Stoliczkana* Nev. Von Bivalven kennt man bisher nur vier Pisidien, *Pisidium obtusale* C. Pfr. und drei von Nevill neu aufgestellte Arten (vergl. Tabelle).

Die Fauna macht also durchaus nicht den Eindruck einer indischen, ja es fehlen sogar die durch Afghanistan bis Turkestan um die Vorberge herum verbreiteten Formen von *Macrochlamys*. In Kaschmir und Pendschab dagegen stellt sich das Verhältniss in der Landmolluskenfauna ganz anders. Hier in den Bergen, denen der Indus entstammt, finden wir von Europäern nur noch *Succinea Pfeifferi* Rossm., *Cionella lubrica* Müll., *Zonitoides nitidus* Müll. und *Helix costata* Müll., während das Gros sich gänzlich an Indien anschliesst; es kommen *Helicarion*-Arten statt der eigentlichen Vitrinen vor, die *Nanina*-Arten sind zahlreich, und zum ersten Mal begegnen wir wieder Clausilien, und zwar von der asiatischtropischen Gruppe *Phaedusa* Ad. Die paläarktischen Süsswasserschnecken dagegen prävaliren noch in Kaschmir mit den gewöhnlichen Limnäen (*L. auricularia* L., *peregra* Müll., *stagnalis* L.) und *Valvata piscinalis* Müll.

Im östlichen Tibet (Mupin A. S3) finden wir zwar nichts von *Nanina* und *Macrochlamys*, dafür aber *Helix*-Arten von der Gruppe *Plectotropis*, *H. Tibetica* Desh. und *H. subsimilis* Desh., von denen letztere im Anschlusse an eine Reihe chinesischer Formen ein linksgewundenes Gehäuse trägt — ferner auch Clausilien von der asiatischtropischen Gruppe *Phaedusa* sowohl als von der kaukasischen Gruppe *Serrulina* Mouss., woraus man für letztere wohl auf bisher noch nicht entdeckte Zwischenglieder schliessen kann.

Von europäischen Arten ist noch keine gefunden worden, doch sind die Gattungen und Gruppen ganz paläarktisch, in einer Zusammenstellung, wie man sie in europäischen Gebirgen zu finden gewohnt ist, z. B.

Helix (Patula) Bianconii Desh., *Mupiniana* Desh., *subechinata* Desh.,

H. (Fruticicola) plicatilis Desh., *Davidi* Desh., *Rupelli* Desh., *arbusticola* Desh., *submissa* Desh.,

H. (Gonostoma) Alphonsi Desh.,

H. (Campylaea) inopinata Desh.,
Buliminus (Napaeus) Davidi Desh., *Bandoni* Desh., *Mupinensis* Desh.,
Stenogyra (oder auch *Napaeus?*) *macroceramiformis* Desh.

Es fehlen also bisher *Pupa*-Arten und Vitrinen; erstere sind wohl noch zu erwarten, da sie in der Gruppe *Papilla* Leach auf dem ganzen Himalaya ebenso wie *Vitrina*-bezw. *Helicarion*-Arten auftreten, und von Wasserschnecken ist nur der kleine *Planorbis (Gyraulus) Tibetanus* Desh. als Wiederholung des Typus von *P. albus* Müll. gefunden worden.

Dass die gesammten Länder der hier aufgestellten centralasiatischen Region paläarktisch in ihrer Molluskenfauna sich verhalten, darüber kann nach dem Gesagten kein Zweifel mehr sein, und dass dieselben in gewisser Beziehung zusammengehören, ist sehr erklärlich aus dem gemeinschaftlichen Charakter von Hochgebirgs- oder wenigstens Gebirgsländern, die inmitten eines riesigen Continentes liegen und entweder waldlos sind, oder hauptsächlich Nadelwald tragen. Es zeigt sich diese Zusammengehörigkeit vorläufig erstens in dem Fehlen der Clausilien, der Helixgruppe *Acanthinula*, der meisten *Hyalina*-Arten und der Pupagruppe *Torquilla*, sowie überhaupt aller Formen, denen ein feuchtes See- oder Waldklima nothwendig ist; zweitens zeigt sie sich in dem Vorhandensein einiger, der ganzen centralasiatischen Region gemeinschaftlicher, bezw. innerhalb derselben weit verbreiteter Arten, wie *Succinea Altaica* E. v. Mart., *Buliminus miser* E. v. Mart. und *Vitrina rugulosa* C. Koch, welche ausserhalb der innerasiatischen Gebirgsländer noch nicht gefunden wurden.

Im altaisch-baykalischen Bezirke besteht durch die Mehrzahl der übrigen Arten eine Verbindung mit dem Norden und Westen, in dem turkestanischen Bezirke eine solche mit allen umliegenden Ländern, hauptsächlich mit dem Norden und Osten: im tibetanischen Bezirke aber finden sich neben eigenthümlichen Arten seines Westens und Ostens, welche nördlichen Typen angehören, einige Arten sowohl des Nordens als des Südens in ziemlich gleicher Anzahl.

Die Länder am Amur und die Inseln Sachalin und Yezo sind, wie erwähnt wurde, gewiss noch als paläarktisch zu bezeichnen. Wir nannten das Amurland bereits im Anhange an den „nordrussisch-sibirischen Bezirk", vorausgesetzt, dass man letzteren in der nach Osten verlängerten Fassung annehmen kann. Aber es ist nicht minder klar, dass dieselben reich an rein ostasiatischen Formen sind; und dass centralasiatische Typen hier nicht fehlen, ist ebenso gewiss. Es fragt sich, welches der erwähnten biogeographischen Elemente am meisten vorwiegt, sei es an Zahl der Arten oder sei es an auffallenden Typen. Die Insel Yezo wird voraussichtlich mehr ostasiatisch, als etwas anderes sein; aber über das Amurland ein bestimmtes Urtheil zu fällen, das, ich gestehe es offen, wage ich hier noch nicht.

Wie sehr übrigens die Beziehungen zu dem tropischen Asien hervortreten, geht aus der Flora hervor, aus welcher Engler (A. 58) noch mehrere Arten von asiatischtropischer Abstammung anführt. Natürlich machen sich auch, wenn zwar nur in geringem Maasse, bereits Anklänge an das nordwestliche Amerika geltend.

D. Asiatischtropische Provinz.

Es sei mir nun zum Schlusse noch gestattet, einige kurze Worte einigen Länderbezirken zu widmen, welche sich an die hier besprochenen in mancher Beziehung anschliessen; jedoch will ich mich nur auf einige malakozoologische Angaben beschränken.

Im Süden von der centralasiatischen Region breitet sich ein Complex von Ländern aus, welchen wir als „asiatischtropische Provinz" bezeichnen wollen, was ziemlich gleichbedeutend ist mit der „orientalischen Region" von Wallace. Gloyne nennt das „paläotropische Provinz", ein Name, der nicht ganz glücklich gewählt ist; denn er zieht nicht etwa auch das tropische Afrika zu dieser seiner Provinz, während er „neotropisch" das tropische Amerika nennt; seine Namen lassen darauf schliessen, dass er die Tropenzone der gesammten „alten Welt" der der „neuen Welt" im Gegensatz zu einander gegenüberstellen wollte, was doch nicht der Fall ist.

Ausserdem ziehen wir zu der asiatischtropischen Provinz, wie schon erwähnt, die südlichen Theile von Japan hinzu und noch mehrere der Inseln des australisch-indischen Archipels, die von Wallace zu seiner „australasischen Provinz" gerechnet werden, nämlich Celebes, Lombok und Timor mit anliegenden kleineren Inseln.

Die asiatisch-tropische Provinz ist malakologisch an Gattungen und Arten die reichste der Erde und zwar durch eine massenhafte Entwickelung

45*

von Deckelschneckenformen aus dem Kreise der Verwandtschaft von *Cyclophorus* und *Cyclotus* und Formen der *Diplommatinacea* und *Pupinacea;* auch finden wir eine reiche Anzahl von *Helicarion-, Nanina-* und *Helix*-Arten, die Clausiliagruppe *Phaedusa,* die schönste von allen Clausilien, und zahlreiche *Buliminus*-Arten.

Es ist unmöglich, hier nur annähernd auf die Fauna einzugehen; es seien nur die hauptsächlichst charakteristischen Züge der einzelnen Regionen erwähnt.

1. In Vorderindien und Ceylon ist besonders die Gattung *Electra* mit 50—60 Arten merkwürdig,

für Indien allein die Helixgruppe *Boysia,*

für Ceylon allein die Helixgruppe *Acavus* (*H. haemostoma* etc.).

In Indien ist die Deckelschneckenfauna sehr reich entwickelt (mit ca. 150 Arten), nicht einmal annähernd so in Ceylon. Anklänge an die Aethiopische Provinz finden wir in einigen Arten der Gattung *Ennea,* das Vorkommen von zwei Pomatias erinnert an Südeuropa und die Buliminusgruppe *Petraeus* an Vorderasien.

Andererseits schickt die indische Fauna Ausläufer nach Nordwesten und Norden: *Cyclotus Sieversi* Pfr., *Clausilia* (*Phaedusa*) in einer der japanischen *C. hyperolia* E. v. Mart. verwandten Art, und *Helicarion*-Arten bis nach Südkaukasien und Armenien, *Macrochlamys*-Arten über Afghanistan nach Turkestan und *Nanina*-Arten nach Tibet.

2. Aus Hinterindien sind noch mehr Deckelschnecken bekannt, als aus Vorderindien: von *Electra* kommen nur noch fünf Arten vor, von Clausilien die schönsten Arten der Gattung, z. B. *C. Swinhoei* P. mit Verwandten (Untergruppe *Formosana* Bttg.).

3. In China, welches nach Nordosten, nach dem Amurlande hin, einen allmählichen Uebergang zu dem östlichsten Theile der paläarktischen Provinz bildet, sind besonders auffallende Typen mehrere linksgewundene unter den vielen *Helix-* (*Plectotropis-*) Arten, von denen eine Form wir auch in Osttibet kennen gelernt haben; die Deckelschnecken sind weniger zahlreich, dafür treten als Anklang an den Norden mehrere Fruticicolen und Hyalinen auf, deren noch

4. mehr in Japan, sowie nordisch aussehende Wasserschnecken (auch *Planorbis albus* Müll.); Yezo ausgenommen sind es hier mehrere tropische

Helix-Arten, Arten der fast ausschliesslich asiatischtropischen Clausiliagruppe *Phaedusa* und besonders mehr als zwanzig Arten der Deckelschneckengattungen *Cyclotus, Alycaeus, Cyclophorus, Pupina, Papinella, Helicina, Realia*, welche Japan, seine nördlichsten Inseln ausgenommen, in malakologischer Beziehung wenigstens, bestimmt einen Platz unter den Tropenländern anweisen.

Eigenthümlich für Japan ist die Clausiliagruppe *Reinia* Kob.

5. Auf den Philippinen ist ein besonders auffallender Typus die Gattung *Cochlostyla* mit mehr als 150 Arten; ihre Landschneckenfauna ist die schönste unter allen bekannten.

Deckelschnecken sind in ungefähr 50 Arten vertreten.

6. Das noch wenig erforschte Borneo birgt anscheinend keine ihm eigenthümliche Gattung oder Gruppe; die Landfauna ist aus vorder- und hinterindischen Formen und solchen zusammengesetzt, welche auf eine Verwandtschaft mit den Philippinen hinweisen. Die Deckelschneckenfauna ist sehr artenreich.

7. Auf der Inselreihe von Sumatra bis Timor sind zahlreiche, grosse und dunkel gefärbte *Nanina*-Arten charakteristisch; man kennt ausserdem von hier mehrere Fruticicolen, an Deckelschnecken weniger Arten, als von Borneo. Die Gattung *Clausilia* liefert noch mehrere Arten.

8. Celebes schliesst sich an Borneo und an die Philippinen an, ohne etwas Besonderes an Formtypen zu produciren. Hier begegnen wir der letzten Art der Helixgruppe *Fruticicola*, welche also durch die ganze asiatischtropische Provinz in einigen wenigen Formen hindurchgeht. Durch Hirsche schliesst sich Celebes an Asien, durch manches Andere aber an die Australfauna an.

Im Vergleich mit den botanischen Verbreitungsprovinzen gleicht diese asiatischtropische Provinz dem chinesisch-japanischen Gebiete und dem allergrössten nordwestlichen Theile des indischen Monsungebietes von Grisebach zusammengenommen; die Fauna des anderen Theiles des letzteren, nämlich die Molukken, Neuguinen und das gesammte Polynesien, wohl auch die Küstenstriche des australischen Festlandes um das Cap York herum, erinnert in mancher Beziehung an Indien, bildet aber doch durch die Mehrzahl der Formen in sich und in etwas fraglicher Weise mit Australien ein geschlossenes Ganze, nämlich

E. Die australische Provinz,

bei welcher die Sandwichinseln als etwas Besonderes angesehen werden
müssen.

Zu der australischen Provinz gehören:

Australien, Tasmanien, Neuguinea, die Molukken, die innere und äussere
Reihe der polynesischen Inseln,

und übereinstimmend mit der abweichenden Flora als besondere Unterprovinzen
die zwei Inselgruppen von

Neuseeland, Neucaledonien (dieses vielleicht wiederum etwas Besonderes),
Auckland-, Kermadec-, Norfolk-Inseln

und die Gruppe der Sandwichinseln.

Man könnte die Aufstellung einer besonderen „polynesischen Provinz"
nicht ganz verwerfen, und es geschieht mehr in Uebereinstimmung mit be-
deutenderen Autoren wie Wallace, wenn ich es nicht thue, als aus eigenem
Antriebe; kaum kann man nämlich einen durchgehend typischen Zug für alle
diese Districte nennen, es sei denn das vollkommene Fehlen von Clausilien
(bis auf eine Clausilie auf den Molukken) und gegenüber der asiatischtropischen Provinz die allgemein geringere Entwickelung der Landoperculaten-
fauna.

Huxley und Sclater bedienen sich übrigens der Bezeichnung „austral-
asische Provinz".

Jedenfalls unterscheiden wir scharf zwischen zwei grossen Abtheilungen:

1) die polynesische Abtheilung, mit der äusseren und inneren polynesischen
Inselreihe, Neuguinea, den Molukken, Neucaledonien und

als Unterabtheilung den Sandwichinseln, und

2) die australische Abtheilung, mit Australien, Tasmanien, Neuseeland,
Norfolk-, Kermadec- und Aucklandinseln.

1) Die polynesische Abtheilung hat als eigenthümliche Gattung
Partula, wenig Arten von *Helix*.

Von der asiatischtropischen Provinz bilden die Pelew-Inseln oder
Palaos den Uebergang zu der

a) Region der äusseren polynesischen Inselreihe, deren Fauna im Ganzen genommen nicht besonders reich zu nennen ist. Man findet noch ziemlich gut entwickelte Deckelschneckenfauna (besonders Diplommatinen) auf den Pelew-Inseln neben drei *Partula*-Arten; deren sechs dagegen neben einer *Succinea* und wenigen Operculaten auf den Ladronen.

Die Carolinen bergen eine reichere Fauna als letztgenannte mit den letzten Anklängen an Indien (*Rhysota, Papina*); polynesisch sind drei Arten von *Partula;* Deckelschneckenarten sind an Zahl gering.

Ohne eigenthümliche Formen sind die fast ausschliesslich aus Korallen-Inseln bestehenden Gruppen der Marschalls-, Gilberts-, Elliee- und Phönix-Inseln.

Die Samoa- und Gesellschafts-Inseln haben die meisten *Partula*-Arten aufzuweisen, erstere ca. 10, letztere nicht weniger als 40 — ausserdem wie die in geringerem Grade von dieser Gattung bevölkerten Cooks- und Marquesa-Inseln einige andere, weniger zahlreich vertretene Gattungen und spärliche Deckelschneckenarten.

b) Neuguinea und die Reihe der inneren polynesischen Inseln bilden mit den Molukken die

Region der inneren polynesischen Inselreihe, zu welcher von Indien her die Molukken, auch mit einer eigenthümlichen Helixgruppe (*Planispira*) den Uebergang bilden, wo auch noch eine Clausilia gefunden worden ist. Bemerkenswerth ist das zahlreiche Auftreten von *Geotrochus* und *Placostylus; Partula* kommt nur sporadisch vor.

a) So kennt man von Neuguinea sowie von den Molukken eine *Partula*-Art, von Neuguinea 19 *Geotrochus*-Arten, keine von den Molukken. *Placostylus* fehlt noch beiden, während auf den Salomon-Inseln dieser Typus durch ca. 12 Formen neben ca. 50 von *Geotrochus* und 11 *Partula*-Arten vertreten ist. Die Neuhebriden zeigen von allen drei Typen einige Formen, am meisten noch von *Partula* und *Geotrochus*, während auf den Viti-(Fidschi-)Inseln *Placostylus* durch viele Formen vor allen anderen Typen ausgezeichnet ist.

Auf allen genannten Inseln finden sich im Anschluss an Indien einige, wenn auch wenige Arten von *Nanina* und *Buliminus,* und von Deckelschnecken noch am meisten auf den Molukken und auf Neuguinen.

β) In gewisser Beziehung muss Neucaledonien als etwas Besonderes hier betrachtet werden.

Einmal besitzt es als endemischen Formenkreis die Arten der Testacellidengattung *Diplomphalus* und dann macht sich in der Entwickelung der übrigen Fauna auch vieles Eigenthümliche geltend.

Im Anschluss an Australien ist die Gattung *Rhytida* durch mehrere Formen vertreten, *Partula* fehlt ganz, die *Helix*-Arten sind sämmtlich sehr klein und besonders in einer grossen Anzahl von *Patula* Formen vorhanden, und im Gegensatz dazu zeichnen sich die *Placostylus*-Arten durch schön entwickelte, grosse Formen in reicher Anzahl aus. Deckelschnecken sind wenige vorhanden.

c) Die Sandwichinseln schliessen sich bei vollständigem Mangel an *Placostylus*-Arten nur durch das Vorkommen von *Partula* an die äussere polynesische Inselreihe an; im Uebrigen stehen sie ganz selbständig als besondere Abtheilung da, nicht nur in Bezug auf Molluskenfauna, sondern auch durch ihre übrige Fauna und ihre Flora.

Nur hier kommen vor:

mehr als 250 Arten von *Achatinella,*
ungefähr 20 Arten *Auriculella,*
ca. 9 Arten *Carelia* und eine besondere Succineenform,
die Gruppe *Catinella,* in allerdings nur zwei Arten; aber die Succineen zeichnen sich nirgends durch Formenreichthum aus.

2) Die australische Abtheilung umfasst als Regionen Australien und Tasmanien einerseits und Neuseeland mit den umliegenden Kermadec-, Norfolk- und Auckland-Inseln andererseits. Ein allgemein durchgehender Zug ist die Gattung *Rhytida,* welche auch schon in Neucaledonien genannt wurde.

Der neuseeländischen Region kommt eine eigene Naninagruppe *Thalassia* zu, während auf Australien, Tasmanien und Neuseeland, aber nicht auf den kleinen Inseln um letzteres herum die Helixgruppe *Charopa* vorkommt.

In Australien findet man in der Fauna der Küstenstriche um das Cap York herum Anklänge an die Fauna Indiens und des Malayenarchipels, noch mehr aber an die der inneren polynesischen Inselreihe in Formen von Helixgruppen wie *Dorcasia*, *Camena*, *Planispira* und *Plectotropis*, *Buliminus-* und *Helicarion*-Arten; dieses Nordost-Australien kann man darum als einen besonderen Theil betrachten, welchen man am besten zu der Region der inneren polynesischen Inselreihe rechnet.

Das übrige Australien ist nicht besonders reich an Mollusken, so dass eigenartige australische Züge ausser den schon erwähnten *Rhytida* und *Charopa* kaum vorhanden sind. Die Helices gehören vorwiegend zu den Gruppen *Galaxias*, *Hadra* (am stärksten vertreten), *Xanthomelon*. Von Deckelschnecken kommen etwa 30 Arten vor (*Pupina*, *Helicina* etc.), worunter auch eine Form des sonst typisch indischen Genus *Georissa* angegeben worden ist.

Tasmanien ist vor Australien durch eine sonderbare *Helix*-Art ausgezeichnet: *H.* (*Anaglypta*) *Launcestonensis* Rv. — im Uebrigen stimmt es mit Australien überein.

Neuseeland ist nicht besonders reich an Arten, deren man bisher erst ungefähr halb so viele kennt, als von Neucaledonien. Die Naninagruppe *Thalassia* wurde schon erwähnt; ausserdem finden sich noch eine Menge anderer Naninen und besonders viele *Charopa*-Arten; die Gattung *Rhytida* tritt zurück, und erwähnenswerth sind nur als Anschluss an die Region der inneren polynesischen Inseln noch zwei Placostylusformen, den neucaledonischen Formen in ihrem Habitus am ähnlichsten.

Durch das Vorkommen von *Thalassia*- (*Nanina*-) Arten schliessen sich an Neuseeland die molluskenarmen Gruppen der Kermadec- und Aucklands-Inseln an, während die ebenso armen Norfolk-Inseln Formen von allen umliegenden Ländern zeigen.

--- --- -- -

Während man von Europa her bis Australien hin ein allmähliches Uebergehen der einen Fauna in die andere verfolgen konnte, bilden die übrigen Provinzen, die

F. Aethiopische oder afrikanischtropische Provinz und

G. Amerikanischtropische oder neotropische Provinz

mehr in sich selbst abgeschlossene Verbreitungsdistricte, auf welche hier noch einzugehen nicht zulässig und darum überflüssig ist, weil der Zusammenhang mit der paläarktischen Provinz ein sehr schwacher genannt werden muss und wenig Zwischenglieder zwischen dieser und jenen vorhanden sind.

Von gleichen Arten kommt nur *Pupa umbilicata* Drap. in Abessinien vor, und in fraglicher Weise ist *Pupa edentula* Drap. aus demselben Lande angegeben worden.

Andererseits dringen in dem Nilthale nur einige wenige Ampullarien und Iridinen aus der äthiopischen in die paläarktische Provinz vor.

IV. Literatur-Anmerkungen.

Auf diese Literatur-Anmerkungen ist im Texte durch eingeklammerte A. 1, A. 2 u. s. w. hingewiesen.

1. Seebohm in: Ibis, 1879; pag. 32 und pag. 40.
2. Grisebach: Vegetation der Erde. Leipzig 1872.
3. Schmarda: Geographische Verbreitung der Thiere. Wien 1853.
4. Wallace, A. R.: Geographical distribution of animals, London; deutsch von A. B. Meyer, Dresden 1876, und
   Wallace, A. R.: Island Life. London 1880.
5. Sclater in Report of the XLV Meeting of the British Association (Bristol 1875). London 1876: Transactions, pag. 85.
6. S. Clessin: Ueber den Einfluss kalkarmen Bodens auf die Gehäuseschnecken. Corresp.-Blatt d. zool.-mineral. Vereins. Regensburg 1872.
7. Weinland, Dr. D. F.: Zur Weichthierfauna der schwäbischen Alb; Württemberg. naturw. Jahreshefte. Jahrgang 1876.
8. Rossmässler, E. A.: Reiseerinnerungen aus Spanien. Leipzig 1857, pag. 193 u. 194.
9. Liebe, Prof. Dr. K. Th.: Bericht über Versuche, verschiedene Species aus der Abtheilung der Pulmonaten in der Umgebung Geras einzubürgern. Jahresber. naturf. Ges. zu Gera, 1869.
10. Heynemann: Veränderlichkeit der Molluskenschalen und Verwandtes. Vortrag in der wissenschaftl. Sitzung der Senckenberg. naturf. Ges. in Frankfurt a. M., Mai 1870.
11. E. von Martens: Reisebemerkungen über einige Binnenschnecken Italiens; in: Malakozool. Blätter, 1857.
12. O. Reinhardt: Ueber die Molluskenfauna der Sudeten, in: Archiv für Naturgesch. Jahrg. XXXX, Bd. 1. Separatabdruck: Berlin 1874 (Nicolai).
13. E. von Martens: Schneckenfauna des Thüringer Waldes. Jahrb. der deutschen malakozool. Ges., IV, 1877.
14. Neumann, Joh. Gottfr.: Naturgesch. schlesisch-lausitzischer Land- und Süsswassermollusken, in: Neues Lausitzisches Magazin, Jahrgang 1832 und 1833.
15. Stein, J. P. E.: Die lebenden Schnecken und Muscheln der Umgegend Berlins. Berlin 1850.

46*

16. Thurmann: Essai de phytostatique etc. Berne 1849.

Ders.: De la marche à suivre dans l'étude de la dispersion des espèces végétales etc., in: Act. de la Soc. Helvétique des sc. nat. Porentruy 1853.

17. Contejean, Ch.: De l'Influence du terrain sur la végétation. Ann. sc. nat. V. Sér. Botanique. Tome XX, 1874; pag. 266—304. Ann. sc. nat. VI. Sér. Botanique. Tome II, 1875; pag. 222—307.

18. A. Blytt: Theorie der wechselnden continentalen und insularen Klimate. Botan. Jahrb., herausg. von A. Engler; 1881. Bd. II, Heft 1 u. 2, pag. 9.

19. A. Blytt: Essay on the immigration of the Norwegian flora during alternating rainy and dry periods. Christiania 1876; pag 34 und 35.

20. J. Lange: Introductory remarks on the third and last supplementary part of the Flora Danica. 1874.

21. Kessler: Ueber den Kaukasus und die wissenschaftliche Erforschung desselben. Verhandl. d. Ges. für Erdkunde zu Berlin. Bd. VIII. Nr. 1. Sitzung vom 8. Januar 1881.

22. E. von Martens: Ueber vorderasiatische Conchylien, nach den Sammlungen des Prof. Hausknecht. Kassel 1874.

23. Nordenskiöld, A. E. und Nylander, A. E.: Finlands Mollusker. Helsingfors 1856.

24. E. von Martens: Ueber die Verbreitung der europäischen Land- und Süsswassergasteropoden. Inaugural-Dissert., Württemb. naturwiss. Jahresh. Jahrg. XI. Tübingen 1855.

25. Jordan, H.: Die Mollusken der preussischen Oberlausitz. Jahrb. der deutschen malakozool. Ges., VI, 1879.

26. Vergl. Nachrichtsbl. d. deutsch. malakozool. Ges. 1871, pag. 69.

27. Semper, K.: Natürliche Existenzbedingungen der Thiere. Internat. wissenschftl. Bibl., Band XL, Kap. 7.

28. S. Clessin: Molluskenfauna der oberbayerischen Seen. Corresp.-Blatt des zool.-mineralog. Vereins zu Regensburg. Jahrg. 1873.

29. Jordan, H.: Einfluss des bewegten Wassers auf die Gestaltung der Muscheln aus der Familie *Najades* Lam., in: Biolog. Centralblatt. Jahrg. I, Nr. 13.

30. Forel, F. A.: Matériaux pour servir à l'étude de la Faune profonde du Lac Leman. Bull. de la Soc. Vaud. d. Sciences nat. 1874, tome XIII.

31. Semper, K., in Verh. d. Phys. Medic. Ges. Würzburg. (Neue Folge Bd. III, 1872, pag. 271—279 und Bd. IV, 1873, pag. 50—81).

32. Möbius: Ueber Austern und Miesmuschelzucht etc. Bericht an den Herrn Minister etc. Berlin 1870; pag. 39.

33. Rossmässler: Ueber Artunterscheidung etc., in: Iconographie der etc. Bd. II, Heft VI (XII).

34. Strebel, H.: Zur Morphologie der Conchylien, in: Verh. d. Ver. für naturwiss. Unterhaltung in Hamburg, 1875.

35. M. Wagner: Die Darwin'sche Theorie und das Migrationsgesetz der Organismen. Leipzig 1868; pag 44.

36. A. R. Wallace: Island Life. London 1880. Chapter VI: Geographical and geological changes; the permanence of Continents.

37. Ch. Lyell: Principles of Geology. 11ᵗʰ Ed., Vol. I, pag. 258.

38. Ch. Darwin: Origin of Species. 6ᵗʰ Ed., pag. 288.

39. Wollaston: Testacea Atlantica. London 1878.

40. Focke, W. O.: Ueber die natürliche Gliederung und die geographische Verbreitung der Gattung *Rubus*. Engler's botanische Jahrbücher. Leipzig 1880.

41. O. Fraas: Aus dem Orient. Geolog. Betrachtungen. Stuttgart 1867; pag. 7—8.

42. Asa Gray: Forest Geography and Archaeology, a Lecture delivered before the Harvard University Natural History Society, April 18, 1878.

43. Geikie: Prehistoric Europe. London 1881.

44. Wallenberg: Luleå-Lapplands Mollusken. Malak. Blätter, 1858; pag. 84.

45. Westerlund: Sibiriens Land- och Söttvatten-Mollusker. Kongl. Svenska Vetenskaps-Akademiens Handlingar. Bd. XIV, 1876, Nr. 12.

46. Mörch, Dr. O. A. L.: Prodromus Faunae Molluscorum Groenlandiae. Kopenhagen 1875.

   Id.: Faunula Molluscorum Islandiae. Aftryk af Vidensk. Medd. fra den naturh. Forening, Kjöbenhaven 1868.

   Id.: Faunula Molluscorum Insularum Faeroerensium. Aftryk af Vidensk. Medd. fra den naturh. Forening, Kjöbenhaven 1867.

   Id.: Synopsis Molluscorum terr. et fluv. Daniae. Aftryk af Vidensk. Medd. fra den naturh. Forening, Kjöbenhaven 1864.

47. Möller: Index Molluscorum Groenlandiae. Hafniae 1842.

48. Gredler, V. M.: Tirols Land- und Süsswasserconchylien, 1856 und 1859.

   Id.: Verzeichniss der Conchylien Tirols. Ber. d. naturw. med. Ver. Innsbruck 1879.

49. Morelet: Kamtchatka. Journal de Conchyliologie Bd. VII, pag. 7—22.

50. Binney, W. G.: The terrestrial air-breathing Mollusca of the United-States and the adjacent territories of North-America. Bull. of the Mus. of Comp.-Zool. Cambridge 1878.

51. Localfaunen von Deutschland siehe in:

   S. Clessin: Deutsche Excursions-Mollusken-Fauna. Nürnberg 1876; pag. 15—18.

52. Alder, J.: A catalogue of the Land- and Freshwatershells etc. Newcastle 1830.

   Jeffreys, J. G.: British Conchology. London 1862.

53. Pfeiffer, in: Zeitschr. f. Malak. IV. 1847; pag. 148.

54. Bielz, E. A.: Fauna der Land- und Süsswassermollusken Siebenbürgens. Hermannstadt 1863. 2. Aufl. 1867.

55. Jacbno, Dr. J.: Fluss- und Landconchylien Galiziens. Verh. d. k. k. zool.-botan. Ges. Wien. Jahrg. 1870.

56. M. Buchner: Reise durch den Stillen Ocean. Breslau 1878; pag. 431.

57. Asa Gray: Plants of United States and Europe, in: Journ. of botany, 1873, pag. 173.

58. A. Engler: Versuch einer Entwickelungsgeschichte der Pflanzenwelt. Th. I. Leipzig 1879; pag. 14 und 15.

59. Grisebach: Vegetation der Erde. Leipzig 1872. Bd. I; pag. 60—70.

60. Keferstein in Bronn, H. G.: Klassen und Ordnungen des Thierreichs. Bd. III. Mollusken.

61. Kobelt, W.: Katalog der im europäischen Faunengebiete lebenden Binnenconchylien. 1871; pag. VIII.

62. Kobelt, W.: Bericht über die Senckenb. naturf. Gesellschaft für 1875 und 1876.

63. Gloyne, C. P.: Remarks on the geographical distribution of the Terrestrial Mollusca. Quarterly Journal of Conchology. 1877. Nr. 13 und 14.

64. Rein, J. J.: Japan nach Reisen und Studien im Auftrage der Königl. Preussischen Regierung dargestellt. Bd. I: Natur und Volk des Mikadoreiches. Leipzig 1881.

65. Engler, wie oben A. 58, pag. 21.

66. Woodward: A manual of the Mollusca. London 1851.

67. Cäsar: De bello gallico. VI. 21 und 26.

68. Charles Gard: Skizzen aus dem Elsass. Ausland 1872; pag. 1216.

69. Mörch: Faunula Molluscorum Islandiae, conf. A. 46.

70. E. von Martens: Ueber Norwegen. Sitzungsber. d. Ges. naturf. Freunde zu Berlin, Februar 1881.

71. E. von Martens: Ueber russische Land- und Süsswasserconchylien, in: Sitzungsber. der Ges. naturf. Freunde zu Berlin, März 1878.

72. Motchoulsky: Mém. des Savants étrangers. V. 1846. Insectes de la Sibérie.

73. S. Clessin: Mollusken des Wolgagebietes. Jahrb. d. deutschen malak. Ges. 1875, pag. 36.

74. L. von Schrenck: Reisen und Forschungen im Amurlande. St. Petersburg 1859 —1867, pag. 259—974 (Zoologie).

75. E. von Martens und O. Reinhardt: Japanische Landschnecken. Sitzungsber. d. Ges. naturf. Freunde zu Berlin, April 1877.

76. Fischer, in: Journ. de Conch. XXIV. 1876.

77. Karl Kreglinger: System. Verz. der in Deutschland lebenden Binnenmollusken. Wiesbaden 1870.

　　　Vergl. auch A. 51, und:

　　E. von Martens: Zur Literatur der Mollusken Deutschlands, in: Nachrichtsbl. d. deutsch. malak. Gesellschaft, 1869 und 1870.

78. Pengelly: Geolog. Mag. 1870, pag. 165.

79. Croll: Transact. of the Edinburgh Geol. Soc. Vol. I, pag. 330.

80. Bourguignat, J. R.: Malacologie de l'Algérie. Paris 1864.

81. Böttger, O.: Preisverzeichniss verkäuflicher Mollusken der Kaukasusländer aus H. Leder's Ausbeute. 1880.

82. Böttger, O.: System. Verz. der lebenden Arten von *Clausilia* Drap. Separat-Abdruck aus dem 17. und 18. Bericht des Offenbacher Vereins für Naturkunde, 1878.

83. Deshayes: Mollusques terrestres et fluviatiles de Moupin. Bull. nouv. arch. du Mus. VIII, 1871; IX, 1873; X, 1874.

84. Reinhardt: Ueber die zum Subgenus *Orcula* etc. Sitzungsber. der Ges. naturf. Freunde zu Berlin, 1880, pag. 12 und pag. 44.

85. S. Clessin: Einfluss des Alpenklimas auf die Gewohnheiten einiger Molluskenarten. Nachrichtsbl. d. deutsch. malak. Ges. V. 1873, pag. 52—55.

86. Nach Sammlungen des Herrn O. Goldfuss in Halle und nach eigenen.

87. E. von Martens, in: Sitzungsber. d. Ges. naturf. Freunde zu Berlin, 19. Mai 1874.

88. Jelski, C.: Note sur la faune malacol. des environs de Kieff. Journ. de Conch. 1863, pag. 129.

89. E. von Martens, in: Sitzungsber. der Ges. naturf. Freunde zu Berlin. Sitzung vom 19. März 1878.

90. Scholtz: Schlesiens Land- und Wassermollusken. Breslau 1843. 2. Aufl. 1853.

91. Herklots: De Dieren van Nederland. Weekdieren. Harlem 1862.

92. E. von Martens: Sitzungsber. d. Gesellsch. naturf. Freunde zu Berlin, 1874: die Schnecken von Fedtschenko aus Turkestan.

93. Watson: Coquilles terrestres communes à Madère, considérées au point de vue de la distribution des espèces. Journ. de Conch. 1876, pag. 217.

94. E. von Martens: wie oben bei A. 92 und: id.: Sitzungsber. d. Ges. naturf. Freunde zu Berlin, November 1877.

94. Blackburn: Ent. Month. Mag. XIII, 228.

95. E. von Martens: Sitzungsber. d. Ges. naturf. Freunde zu Berlin, October 1879.

96. Dybowski: Gasteropodenfauna des Baykalsees. Mém. de l'Acad. Imp. de St. Petersbourg. Sér. VII, Tome XXII, und: E. von Martens: Jahrb. d. deutsch. malak. Ges. 1876.

97. Nevill, G.: Scientific Results of the second Yarkand Mission, based upon the collections and notes of the late F. Stoliczka; Mollusca by Nevill. Calcutta 1878.

Tabellarisches Verzeichniss

der

Mollusken

der arktischen Provinz, der germanischen und
centralasiatischen Region,

sowie

ihrer Verbreitung über genannte und andere Länder.

Vorbemerkung.

In nachstehenden Tabellen sind die aufgeführten Mollusken mit ihrer vorn angegebenen, laufenden Nummer in die verschiedenen Längsspalten eingetragen; die Bezifferung der letzteren ist zur leichteren Orientirung unten wiederholt.

1) **Vorkommnisse,** welche sich auf kürzlich stattgefundene Einschleppung durch den menschlichen Verkehr zurückführen lassen, sind **unterstrichen** eingetragen; **lokales Vorkommen** von sonst weiter verbreiteten und anderwärts häufiger vorkommenden Arten, welche in dem betreffenden Lande vereinzelt dastehen und ferner überhaupt **nur lokal vorkommende** Arten mit **rother Farbe.**

2) **Ein kleines a** bedeutet, dass in dem am Kopfe der Längsspalte genannten Lande oder Bezirke zwar nicht die am Anfange der Querspalte genannte, aber eine dieser **analoge Art** vorkommt.

3) **Ein grosses A** mit nebenstehender Ziffer (z. B. A. 1 oder A. 2 u. s. w.) weist auf die betreffende, am Schlusse der Tabellen angebrachte Anmerkung.

4) **Ein Fragezeichen** vor dem Artnamen bezeichnet eine etwas zweifelhafte Art, **eine Klammer** hinter mehreren Artnamen deren enge Zusammengehörigkeit.

5) **Ein Fragezeichen** hinter einem Ländernamen besagt die fragliche Stellung dieses Landes in dem angegebenen Ländersystem.

6) **Ein Fragezeichen** auf einem Tabellenfeldchen bedeutet, dass die genannte Art in dem betreffenden Lande vorkommen **könnte**, aber von dort dem Verfasser nicht bekannt wurde, **zwei Fragezeichen,** dass eine Art von dort angegeben wurde, aber dass dieses Vorkommen zweifelhaft geblieben ist.

7) **Ein Kreuzchen (X)** deutet an, dass die Art nur subfossil oder fossil vorkommt.

(Die Tabellen befinden sich am Schlusse der Abhandlung.)

Anmerkungen zu den Tabellen.

A. 1. Binney (in „Terr. Air-Breathing Mollusca of the United States etc. 1878") theilt in malakozoologischer Beziehung **Nord-Amerika** in folgende Provinzen oder Regionen:

1. Eastern Province. und zwar:

a) **northern Region.** der gesammte Norden von Nord-Amerika (den englischen Besitzungen ungefähr entsprechend), mit Grönland und Aljaska, und der Nordosten der Vereinigten Staaten (ungefähr gleich Neu-England);

b) **interior Region,** zwischen dem Missouri, dem Mississippi bis ca. 35° n. Br. (einschl. Kentucky), den nördlichsten Alleghanies und den grossen Seen;

c) **southern Region,** die Staaten Missouri, Arkansas, Louisiana, Alabama, Carolina, Süd-Virginien und Tennessee.

2. Central Province, die Rocky Mountains der Vereinigten Staaten mit anliegenden Ländern: Montana, Idaho, Wyoming, Utah, Colorado, Kansas, Neu-Mejico und das nördliche Texas.

3. Pacific Province, d. h. Oregon und Californien.

Im Ganzen muss man dieser Eintheilung nur beipflichten; da aber in der vorhergehenden Arbeit eine „arktische Provinz" ausgeschieden ist, möchte ich dieselbe folgendermassen modificiren:

I. **Arktische Provinz** von Nord-Amerika, bis 50° n. Br. im Osten, bis 60° n. Br. im Westen.

II. **Nearktische Provinz:**

a. Atlantische oder **östliche Region:**

1) **nördlicher Bezirk,** vom kleinen Sclavensee am Missouri und Mississippi hin (und deren westliche Uferländer nur auf kurze Strecken westwärts hin einschliessend), mit der Region der canadischen Seen bis ca. 35° n. Br. nach Süden und bis an den Atlantischen Ocean;

2) **südlicher Bezirk,** die südöstlichen Staaten ausschliesslich Florida, welches letztere als subtropisch abgetrennt werden muss.

b. Centrale Region: die trockene Region der Rocky Mountains vom Athabasca-Flusse bis zu den grossen Prärien und einschliesslich derselben.

c. Pacifische Region: die Küstenländer des pacifischen Oceans, vielleicht mit

1) einem **californischen** und

2) einem **columbischen** Bezirke bis ca. 60° n. Br.

A. 2. Das **Elbsandsteingebirge**, nach einer von Dr. v. Möllendorff stammenden, im Besitze von Prof. E. v. Martens befindlichen, handschriftlichen Notiz und nach eigenem Sammeln — wie alle Quadersandsteinformationen an Mollusken sehr arm.

A. 3. Die **Capverden** sind an Mollusken arm, auch an Pflanzen und anderen Thieren. Ein Anschluss an die anderen atlantischen Inseln ist entschieden vorhanden. Aber es hat auch Einwanderung von Sudân her stattgefunden.

A. 4. Die Mollusken **Persiens** sind nicht zahlreich und wohl auch ziemlich unbekannt (man kennt noch nicht 20 Arten). Die Landschnecken (3 Helix, 3 Buliminus, *Cionella lubrica*) weisen nach Kleinasien und dem Gebiete der Mittelmeerländer, die Wassermollusken (1 Hydrobia, 1 Melania, 2 Melanopsis, 3 Neritina) dagegen mehr auf südliche Verwandtschaft hin. Afghanistan wird dagegen am meisten Aehnlichkeit mit Indien haben.

A. 5. **Anodonta variabilis** Drap. (Tabl. d. moll. de France 1801). S. Clessin (Deutsche Excursions-Mollusken-Fauna 1876, p. 434) gebraucht dafür den neuen Namen *A. mutabilis* Cless., „weil der Draparnaud'sche Name *A. variabilis* von anderen Autoren in weit enger begrenzter Anwendung gebraucht wurde". Sollte man nicht besonders darauf Rücksicht nehmen, in welcher Weise ihn Draparnaud selbst gebraucht hat?

A. 6. **Unio Moquinianus** Dupuy findet sich nur in den directen Vorländern der Pyrenäenkette und schliesst sich der sonst mittelländischen Gruppe des *U. Capigliolo* Payr. an.

Im Uebrigen hätte man in Europa noch zu unterscheiden zwischen dem westeuropäischen *U. litoralis* Lam. (nicht auch in England!) mit Verwandten — *Unio crassus* Retz. mit Varietäten in Nord- und Mittel-Europa — und der ganz Europa angehörenden Gruppe des *U. pictorum* L. mit mehreren „guten" Arten; diese letzte Gruppe zeichnet sich durch lamellenförmige Schlosszähne aus.

A. 7. **Dreissena Caspia** Eichw. und *D. rostriformis* Desh. kommen beide nur im Kaspischen Meere vor.

A. 8. **Pisidium casertanum** Poli — **P. fontinale** C. Pfr. — **P. fossarium** Cless. Nach alter Weise sind hier die Begriffe *P. casertanum* Poli und *P. fossarium* Cless. unter dem älteren Namen *P. casertanum* verschmolzen, zugleich mit dem grösseren Theile des Pfeiffer'schen *P. fontinale*. Clessin sagt selbst (Deutsche Exc.-Moll.-Fauna p. 515), dass „es sehr schwer sei, diese Art (nämlich *P. fossarium* Cless.) in den zahlreichen, wenn auch geringfügigen Abweichungen zu erkennen". Das etwas unbestimmte *P. fontinale* C. Pfr. haben auch andere Autoren (Clessin, l. c. und Kobelt in „Katal. d. im europ. Faunengebiet lebenden Binnenconchylien, Cassel 1871) unberücksichtigt gelassen.

A. 9. **Pisidium ventricosum** Prime aus dem nördlichen Nord-Amerika steht dem *P. Scholtzi* Cless. bezw. dem *P. obtusale* C. Pfr. sehr nahe. Aber sollte **P. obtusale** C. Pfr. wirklich auch in Spanien und Italien vorkommen, diese Muschel mit ausgesprochen nördlichem Verbreitungsbezirk? In Süddeutschland und Oesterreich wird sie schon selten und wurde bisher auch noch nicht in Südfrankreich gefunden!

A. 10. Cyclas ovalis Fér. — *C. consobrina* Fér. — *C. lacustris* Drap. (nec Müll.) —
C. Draparnaldi Cless. — *C. pallida* Gray — vereinige ich hier alle als *C. ovalis* Fér.

A. 11. Diese Gattung ist auf den Baykalsee beschränkt.

A. 12. Baykalia Angarensis Gerstf. ist nach G. v. Frauenfeld eine *Bythinia*.

A. 13. Lithoglyphus Caspicus Kryn. kommt nur im Kaspischen Meere vor.

A. 14. Hydrobia *Martensiana* Dyb. und *H. maxima* Dyb. kommen nur im Baykalsee vor.

A. 15. Die Gattung Moitessieria ist durchaus nicht unzweifelhaft, die drei Arten von
Bourgnignat: *M. Gervaisiana, Rolandiana* und *Massoti* aber sind so, dass ich mich
nicht dazu entschliessen konnte, dieselben hier zu numeriren.

A. 16. Die Arten der Gruppe der Valvata cristata Müll. sind zahlreicher vorhanden,
als ihre Autoren verantworten können. Auch von Draparnaud existiren zwei solche
Arten: *Valvata minuta* und *V. spirorbis*, und neuerdings machte Letourneux aus einer
Form der Vendée wieder eine *V. Bourgnignati*. Die Formen aus Sibirien *V. frigida*
Westerl. und *V. Sibirica* Midd. stehen der *V. cristata* ebenfalls nicht allzu fern.

A. 17. Valvata sincera Say von Nord-Amerika = *V. depressa* Pfr. (?)

A. 18. Gerstfeldt schreibt *B. Manchourica* (!).

A. 19. An Pomatias septemspirale Razoum. schliessen sich *P. nanum* Westerl. aus
Kroatien, *P. Gredleri* Westerl. aus dem Ampolathal in Südtyrol und *P. Martensianum*
Möllend. aus der Herzegowina an.

A. 20. Zu Limnaea palustris Müll. rechne ich auch *L. fusca* C. Pfr. und *L. turricula*
Held (= *Silesiaca* Scholtz).

A. 21. Limnaea lagotis (Schrank) E. v. Mart. geht in Centralasien in die chinesische
L. plicatula Bens. über; Prshewalskij sammelte eine Uebergangsform im See Kukunor.

A. 22. Die Gattung Benedictia kommt nur im Baykalsee vor.

A. 23. Bythinia Leachi Shepp. = *ventricosa* Gray = *Troscheli* Paasch = *inflata* Hans.
= *transsylvanica* Blz.

A. 24. Ancylus striatus Q. et G. von Madeira und den Canaren steht unserem *Ancylus
fluviatilis* sehr nahe. Ausserdem existirt noch ein *Ancylus fluviatilis* L. var. *striatus*
Porro aus Südostfrankreich.

A. 25. Ancylus Baconi Bourg. von Japan steht dem *Ancylus lacustris* L. nahe; ebenso
kommt ein ganz ähnlicher *Ancylus* (A. concentricus d'Orb.) in stehenden Wassern
der Pampasküsten von Süd-Amerika vor.

A. 26. Limnaea Ribeirensis Reib. von den Capverden ist ganz gut als *L. auricularia* L.
aufzulassen, ebenso *L. Stuebeli* Reib. als *L. ovata* Drap.

A. 27. Limnaea columella Say und L. modicella Say von Nord-Amerika sind mit
L. peregra Müll. identisch.

A. 28. Limnaea humilis Say von Nord-Amerika ähnelt der *Limnaea truncatula* sehr,
oder ist mit ihr identisch.

Limnaea viatrix d'Orb. *(Limnaeus viator)*, der *L. truncatula* Müll. äusserst nahe stehend, kommt in den La Plata-Staaten von der Küste bis zu 1900 Meter Höhe überall äusserst häufig vor.

A. 29. *Limnaea elodes* Say, *L. reflexa* Say, *L. distorta* Rossm., *L. exilis* Say und *L. umbrosa* Say gehören sämmtlich in den Formenkreis der *L. palustris* Müll.; die Vielgestaltigkeit derselben macht sich also auch in Nord-Amerika geltend.

A. 30. **Physa** *elongata* Say von Nord-Amerika gleicht vollkommen der typischen *Ph. hypnorum* L.

A. 31. Ist *Physa Canariensis* Bourg. mit *Ph. fontinalis* L. identisch?

A. 32. **Planorbis albus** Müll. = *P. hirsutus* Gould von Nord-Amerika.

    P. arcticus Beck = *P. albus* Müll.

    P. Pfeifferi Strobel aus der Argentina (mit der Gebirgsvarietät var. *Mendozanus* Strobel) steht dem *P. albus* Müll. sehr nahe.

A. 33. **Carychium** *exiguum* Say von Nord-Amerika ist mit dem europäischen *C. minimum* Müll. verwandt. Auch aus dem Amurlande hat man ein *Carychium* angegeben. Es wird sich später zeigen, ob Zuziehung desselben zu *C. minimum* richtig ist. Ich glaube nicht. Vielleicht war es gar kein *Carychium*.

A. 34. Das Verzeichniss der **Clausilien** ist zusammengestellt nach: O. Böttger, Syst. Verz. der lebenden Arten von *Clausilia* (Ber. d. Offenb. Ver. f. Naturk. 1878).

A. 35. Die Gruppe **Serrulina** Mouss. ist sonst nur kaukasisch oder taurisch.

A. 36. Die Gruppe **Phaedusa** H. et A. Adams ist sonst nur asiatischtropisch.

A. 37. **Baudon** unterscheidet in einer Arbeit: Monographie des Succinées françaises (Journ. de Conch. 1877, pag. 128 flg.) eine grössere Anzahl von Arten der Gattung *Succinea* Drap., die aber nach der Beschaffenheit ihrer Kiefer in drei Gruppen zu vereinen sind, welche letztere alsdann mit den drei alten Arten *S. putris* L., *S. Pfeifferi* Rossm. und *S. oblonga* Drap. identisch werden. Auch anderwärts sind in Europa neue Arten gemacht worden, aber sie werden sämmtlich kaum zu halten sein. Erst in Centralasien treten innerhalb unseres Gebietes neue Formtypen auf.

A. 38. **Succinea** *Groenlandica* Beck = *S. putris* L.

    S. campestris Say von Nord-Amerika = *S. putris* L.

    S. aequinoctialis d'Orb. (= *Chiloënsis* Phil.), in Süd-Amerika südlich von 40° s. Br. vorkommend, ist eine unserer *S. putris* L. vicarirende Art.

A. 39. In unserem Gebiete giebt es nur eine Art, *Balea perversa* L. Varietäten davon sind z. B.: *succana* West., in Gottland und Oeland; *Rayiana* Bourg., Dépt. Aube und Karlskrona in Schweden; *minor* Scholtz, schlesische Gebirge; *Deshayesiana* Bourg., Frankreich, Schweiz, Nord-Italien; *lucifuga* (Leach) Bourg., England, Skandinavien, Deutschland; *Pyrenaica* Bourg., Pyrenäen; *Fischeriana* Bourg., am Monte Viso; *Maderensis* Bourg., auf Madeira u. s. w. Auf der südlichen Hemisphäre kommen vor: **Balea** *(Tristania) Tristensis* Leach, *ventricosa* Leach, *peregrina* Gould.

A. 40. Die Art **P. laevigata** Kokeil ist unsicher. Manche Autoren identificiren sie mit: *P. ventrosa* Heynem., *P. Moulinsiana* Dup., *P. Charpentieri* Shuttlew.; andere nur mit der ersten derselben. Hier sind alle Angaben unter dem ersten Namen vereint.

A. 41. Conf. **Reinhardt**, Sitzungsber. Ges. natf. Freunde, Berlin 1880, pag. 12 u. pag. 44.

A. 42. Torquilla *nitida* Anton und *T. Hassiaca* Pfr. werden gar nicht mehr erwähnt, da man sich doch nichts mehr darunter vorstellen kann.

A. 43. Pupa microspora Lowe, nach Wollaston auf den Azoren, Madeira und den Canaren, ist nach Watson mit *Pupa edentula* Drap. *(inornata* Mich.) identisch. Nach Paiva ist es eine Varietät von letzterer und nach Wollaston eine s e h r nahestehende Art.

A. 44. Pupa linearis Lowe = *P. minutissima* Hartm., nach Watson, aber nicht nach Wollaston.

A. 45. Pupa cristata E. v. Mart. aus Centralasien ist verwandt mit *P. interrupta* Reinh. aus Transkaukasien.

A. 46. Pupa umbilicata Drap. soll nach Karl Kreglinger (Syst. Verz. der in Deutschland lebenden Binnenmollusken 1870, p. 200) „im Rheinröhrig bei Knielingen unweit Karlsruhe in zwei noch ziemlich frischen Exemplaren" gefunden worden sein. Wohl aus dem Kothe eines Vogels stammend?

Pupa anconostoma Lowe ist nach Wollaston eine kleinere Varietät der typischen *P. minutissima* Hartm.; letztere komme neben jener Varietät nur auf Madeira vor. Watson hält beide für identisch.

A. 47. Helix *(Xerophila)* **candidula** Stud. = *thymorum* v. Alt. = *unifasciata* Poir. = *lunulata* Kryn.

A. 48. Krynicki nennt aus der Umgegend von Odessa **Helix thymorum** v. Alten und **H. lunulata** Kryn. Nach Prof. E. v. Martens dürfte die *H. thymorum* (v. Alten) Kryn. (ebenso wie die skandinavische *H. Nilssoniana* Beck) gleichbedeutend sein mit *H. striata* Müll., während man unter *H. lunulata* Kryn. die Studer'sche und ebenfalls weit verbreitete *H. candidula* wohl mit Recht vermuthen darf.

A. 49. Helix lauta Lowe wird sehr verschieden aufgefasst. Wollaston zieht sie zu *H. caperata* Mont. und demnach käme letztere auch auf Madeira vor. Kobelt identificirt sie in seinem „Katalog etc." mit *H. submaritima* Desm. aus Algier.

A. 50. Helix lineata Oliv. = *H. maritima* Drap. = *simulata* W. et Ben. = *Canariensis* Shuttlew. + *herbicola* Shuttlew.

A. 51. Helix pomatia L. aus dem botanischen Garten von Christiania war wohl nur temporäre Ansiedelung in Folge einer Einschleppung.

A. 52. Helix aspersa Müll. ist schon in vielen Gegenden durch den menschlichen Verkehr verbreitet worden, so in Brasilien, Cayenne, auf Cuba; auf der südlichen Ostküste von Nord-Amerika, in der Schweiz, im Schlossgarten zu Merseburg, in Sachsen und bei Homburg im Nassauischen: und auch auf St. Helena.

A. 53. **Helix Austriaca** Mühlf. wurde von Dohrn i. J. 1855 in seinem Garten bei Höckendorf in Pommern ausgesetzt. Die Schnecken pflanzen sich fort, haben aber ihre Gehäuseform in auffallender Weise verflacht, dadurch sich der *H. nemoralis* L. nähernd.

A. 54. **Helix nemoralis** L. wurde von Binney i. J. 1857 in Massachusets eingeführt und gedeiht ausserordentlich gut, ohne etwas in ihrer Lebensweise oder in ihrem Aussehen geändert zu haben.

A. 55. **Helix sylvatica** Drap. wird von Herklots (Weekdieren van Nederland, Harlem 1862) aus Holland angeführt, und man ersieht aus der gegebenen Abbildung, dass die richtige *H. sylvatica* Drap. gemeint ist. Es ist nur die Frage, ob dieselbe dort für immer sich angesiedelt hat, oder ob der Fund vielleicht nur einer kleinen Colonie entstammte, welche nach einiger Zeit wieder verschwindet.

A. 56. **Helix arbustorum** L. hat mehrere Verwandte in Californien, die Gruppe der *H. Californiensis* Lea. Ein Mittelglied bildet *H. Kiangsinensis* E. v. Mart. aus dem östlichen China.

A. 57. **Helix carthusianella** Drap. (= *carthusiana* Müll.) giebt Scholtz (Schlesiens Land- und Süsswasser-Mollusken, Breslau 1843, Supplement 1853) „aus der Gegend von Gnadenfrei" an. Ich möchte mir diesen höchst unwahrscheinlichen Fund als *Helix granulata* Ald. erklären, nachdem ich Exemplare dieser Schnecke im Berliner Zoologischen Museum gesehen habe. Dieselben hatte Rohrmann in Schwierse bei Oels in Schlesien gesammelt; ihre weissliche Farbe und einigermaassen plattgedrückte Gehäuseform sowie bedeutende Grösse erinnern etwas an *H. carthusiana* (conf. A. 60).

A. 58. **Helix sericea** Drap. wurde von Jachno (Fluss- und Land-Conchylien Galiziens, Verh. d. k. k. zool.-bot. Ges. in Wien, Jahrg. 1870) „von den Krakauer Viehweiden, sehr häufig am Weichselufer" angegeben. Die Beschaffenheit des Fundortes liess mich sofort auf *H. rubiginosa* (Z.) A. Schm. schliessen, welche Vermuthung durch zwei im Berliner Zoologischen Museum befindliche und von Professor v. Martens als *H. rubiginosa* (Ziegl.) A. Schm. bestimmte Exemplare bestätigt wurde. *H. sericea* Drap. findet sich nämlich nur im Gebirge, *H. rubiginosa* nur in der Ebene. Erstere hat einen mehr südwestlichen, letztere einen mehr nordöstlichen Verbreitungsbezirk. Die aus Dänemark und Schweden angegebene *H. sericea* hat sich ebenfalls als etwas Anderes, als *H. liberta* Westerl. herausgestellt, und die aus der norddeutschen Tiefebene angeführte *H. sericea* ist eben nichts Anderes, als *H. rubiginosa* (Ziegl.) A. Schm.

A. 59. **Helix rufescens** Penn. einschliesslich *Helix coelata* Stud., *H. montana* Stud., *H. circinata* Stud.

A. 60. **Helix granulata** Ald. Englische Exemplare der *Helix granulata* Alder, von Jeffreys stammend und im Berliner Zoologischen Museum befindlich, sind gross, weisslich, mit einer kurzen, weichen, silberglänzenden Behaarung bedeckt, welche letztere natürlich auch abgestossen sein kann. Genau so sehen die in A. 57 angeführten, von Rohrmann in Schlesien gesammelten Exemplare aus und A. Schmidt (in

„Beiträge zur Malakologie", Zeitschr. f. d. ges. Naturw. 1556, VIII, und „über die Pfeile einiger *Helix*-Arten" in Zeitschr. f. Malak. VII, 1850) spricht von „Blendlingen von *H. sericea*, von dem Zobtenberge in Schlesien und von der Wehlener Ruine in der sächsischen Schweiz, welche constant auftreten und darum als Varietät anzusehen sind." Ausserdem führt Reinhardt (Molluskenfauna der Sudeten, Archiv f. Naturg. Jahrg. XL, Bd. 1) *H. granulata* Ald. aus dem mährischen Gesenke auf, bei welcher Angabe er auf den gleichen Fund von Rohrmann aus der schlesischen Ebene hinweist. S. Clessin (in Deutsche Exc.-Moll.-Fauna p. 111) identificirt *H. granulata* Ald. mit *H. rubiginosa* (Ziegl.) A. Schm., ein Verfahren, welchem ich nicht zustimmen möchte. Vielmehr glaube ich hier mit Recht drei Arten unterschieden zu haben:

1) **Helix sericea** Drap., Südwesteuropa: Algier, Spanien und Portugal, Frankreich, Südengland (?), Italien, Alpenkette, Süddeutschland und in den Ländern am mittleren und oberen Rhein.

2) **H. rubiginosa** (Ziegl.) A. Schm., Nordosteuropa: Nordwest- und nordostdeutsche Tiefebene, Skandinavien, Russland, Siebenbürgen, Galizien — mit einer vicarirenden Art: *H. Staxbergi* Westerl. im nördlichen und nordöstlichen Asien.

3) **H. granulata** Ald., in der Form mehr an letztere, als an erstere anschliessend, bisher bekannt aus Grossbritannien, Böhmen, Sachsen und Schlesien, mit einem Verbreitungsbezirk also, der gleichsam zwischen denen der vorigen beiden mitteninne liegt.

A. **61.** **Arion melanocephalus** F. B. soll nach neueren Autoren nur ein Jugendzustand von *Arion empiricorum* Fér. sein. Es ist die Frage, ob es der richtige *A. melanocephalus* F. B. war, welcher zu jenen Züchtungsversuchen verwendet wurde. Ich kann nur versichern, dass ich im Jahre 1878 in der Oberlausitz gesammelte Exemplare bis zu ziemlicher Grösse in einem Behälter heranwachsen sah, ohne dass sie das Ansehen eines *A. melanocephalus* verloren hätten.

A. **62.** Der Umstand, dass noch nicht von allen Autoren der Unterschied zwischen *Limax cinereus* Lister und *L. cinereo-niger* Wolff beachtet ist, wird Manches von den gemachten Angaben unsicher erscheinen lassen.

A. **63.** In Nord-Amerika ist eine vicarirende Art einheimisch, der **Limax campestris** Say.

A. **64.** Die Arten von Kaleniczenko sind kaum mehr zu erklären. Ich setzte sie hierher, aber ohne Nummer. Sie stammen sämmtlich aus Südrussland.

A. **65.** **Hyalina pura** Alder = *lenticularis* Held = *viridula* Mke. = *electrina* Gould.
H. radiatula Alder = *Hammonis* Ström = *striatula* Gray = *nitidosa* Fér. = *petronella* Charp. = *exigua* Stimpson (?).
H. petronella Charp. ist eine nordische Form der Schnecke mit hellem Mundsaum. Beide Arten werden noch nicht von allen Autoren scharf auseinandergehalten.

A. **66.** **Hyalina subterranea** (Bourg.) Reinh. = *H. crystallina* (Müll.) Cless.

A. **67.** **Hyalina crystallina** (Müll.) Reinh. = *H. contracta* Westerl.

A. **68.** **Hyalina diaphana** Stud. = *hyalina* Fér. = *contorta* Held = *vitrea* Blz.

A. 69. **Vitrina pellucida** Müll. (nec Drap.) = *Angelicae* Beck = *limpida* Gould
= *exilis* Morelet.

Die *V. exilis* Morel. aus Kamschatka zeigt die Spur eines Nabelritzes.

A. 70. **Vitrina Draparnaldi** C. Pfr. (= *elliptica* Brown = *major* C. Pfr.) fand ich
im Jahre 1877 zwischen dem Wallfahrtsort Mariaschnee und dem Wölfelsfall in der
Grafschaft Glatz in Schlesien.

——— — ——

Schlussbemerkung.

In den vorstehenden Tabellen ist nur die „germanische Region" in ausführlicher
Weise behandelt. Bei anderen Ländern ist bei der Eintheilung weniger auf ihre eigenen
Formen Rücksicht genommen worden, als vielmehr darauf, ob sie sich in Bezug auf
solche Molluskenarten wesentlich unterscheiden, die aus der germanischen Region eingewandert sind, oder, wenn man will, die sie mit letzterer gemein haben. Sonst dürfte
man z. B. niemals „Algier und Marokko" oder „Sicilien und südliches Italien" u. s. w.
in eine Rubrik bringen.

Die „centralasiatische Region" ist noch zu wenig erforscht, als dass man hier
genauere Unterscheidungen vornehmen könnte. Hoffentlich bringen neue Sammlungen
des Oberst Prshewalskij bald neue Daten.

Von den kaukasischen Schnecken sind nur solche berücksichtigt worden, welche
auch in den nördlichen Kaukasusländern, möglicherweise also auch in Südrussland vorkommen. Sonst sind die mehr an die „Mittelmeerregion" anschliessenden
balkanischen und kaukasischen Gebirge, ebenso wie der Himalaya, unberücksichtigt
geblieben.

Varietäten sind nur dann in der Tabelle besonders behandelt, wenn ihnen ein
eigener Verbreitungsbezirk zukommt, der nicht mit demjenigen der typischen Artform
identisch ist.

Alphabetisches Artenverzeichniss

mit laufender Nummer der Tabelle.

Tafel-Erklärungen.

Tabula I.

Tafel 1. (VI.)

Fig. 1. **Unio crassus** Retz., var. ater Nilss., aus der „kalten Briesnitz", einem Zuflusse des Bober bei Naumburg. Das Flüsschen hat eine sehr starke Strömung, weshalb das Hinterende der Muschel ziemlich scharf nach unten gebogen ist.

Figg. 2—7. Nebeneinanderstellung von immer je einem Exemplar **Unio tumidus** Retz. und **Unio pictorum** L. von einem und demselben Fundorte, um die durch die localen Einflüsse hervorgebrachte Aehnlichkeit der Conturenentwickelung zu verdeutlichen.

Fig. 2. *Unio tumidus* ⎫ aus der „kalten Briesnitz", vergl. Fig. 1.
Fig. 3. *U. pictorum* ⎭

Fig. 4. *Unio tumidus* ⎫ aus dem Schlachtensee bei Potsdam.
Fig. 5. *U. pictorum* ⎭

Fig. 6. *Unio tumidus* ⎫ aus dem Dammschen See bei Stettin.
Fig. 7. *U. pictorum* ⎭

Fig. 1.

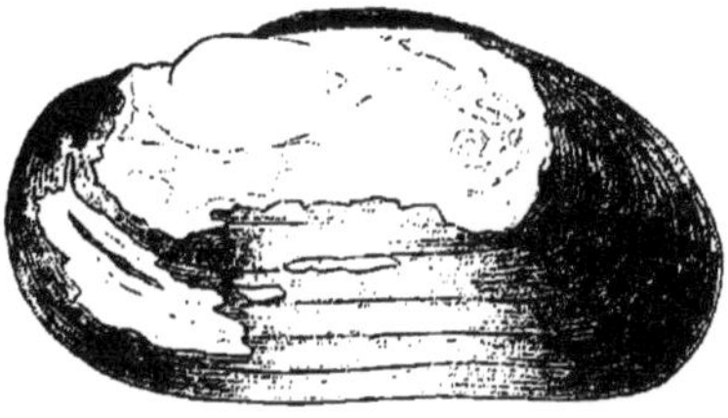

Fig. 2.

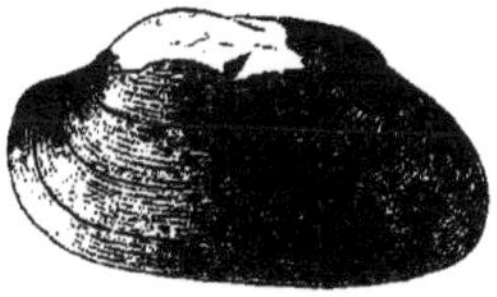

Fig. 3.

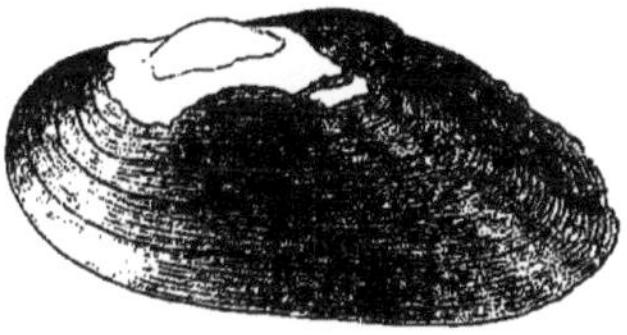

Fig. 4.

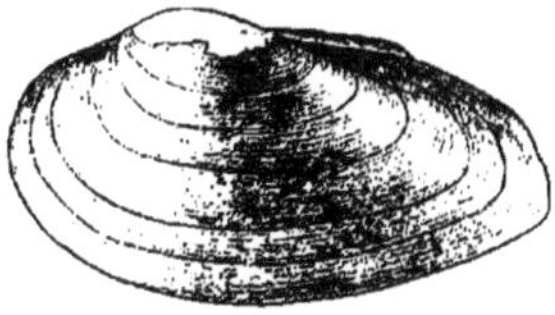

Fig. 5.

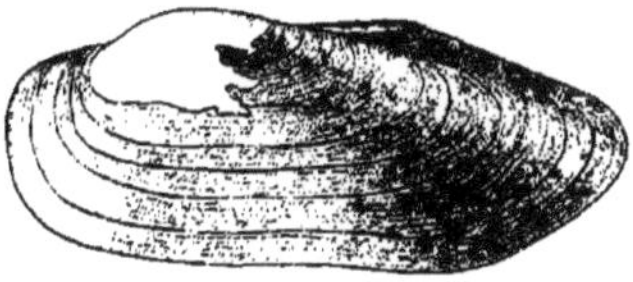

Fig. 6.

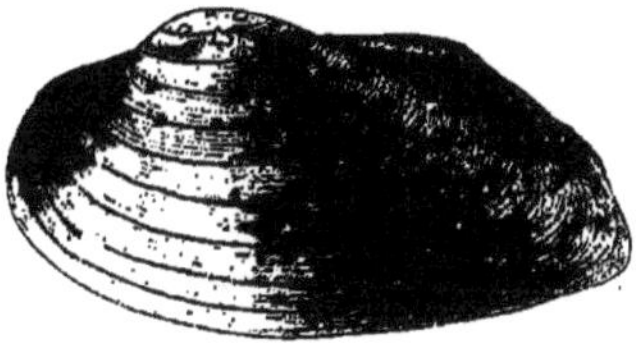

Fig. 7.

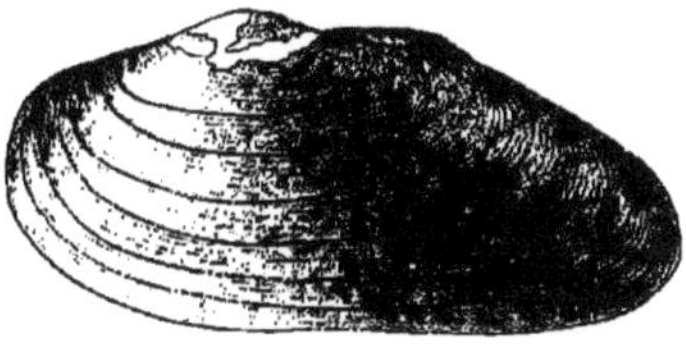

H. Jordan del. Lith. Anst. v. J. G. Bach, Leipzig

Tabula II.

Tafel 2. (VII.)

Fig. 1. **Unio pictorum** L. var. **platyrhynchus** Rossm., nach einem im Berliner zoologischen Museum befindlichen Exemplar aus dem Wörthsee bei Klagenfurt.

    a) Aussenseite der Muschel, von links.

    b) $\Big\}$ Profil der Schlosszähne $\Big\{$ der linken $\Big\}$ Klappe.
    c) $\Big\}$ der rechten $\Big\{$

    d) Muschel, von oben gesehen.

Fig. 2. Oberer Theil eines *Unio crassus* Retz. var. *ater* Nilss., mit starker Wirbelcorrosion — in $^2/_1$ linear.

Fig. 3. Zum Vergleich damit ein Stück aus dem Kalkbewurf von der oberen Kante
eines Wettergiebels an einem alten Hause in Dobritsch bei Naumburg am
Bober — in $^1/_6$ linear. Aehnliches findet man an Sandsteinfelsen.

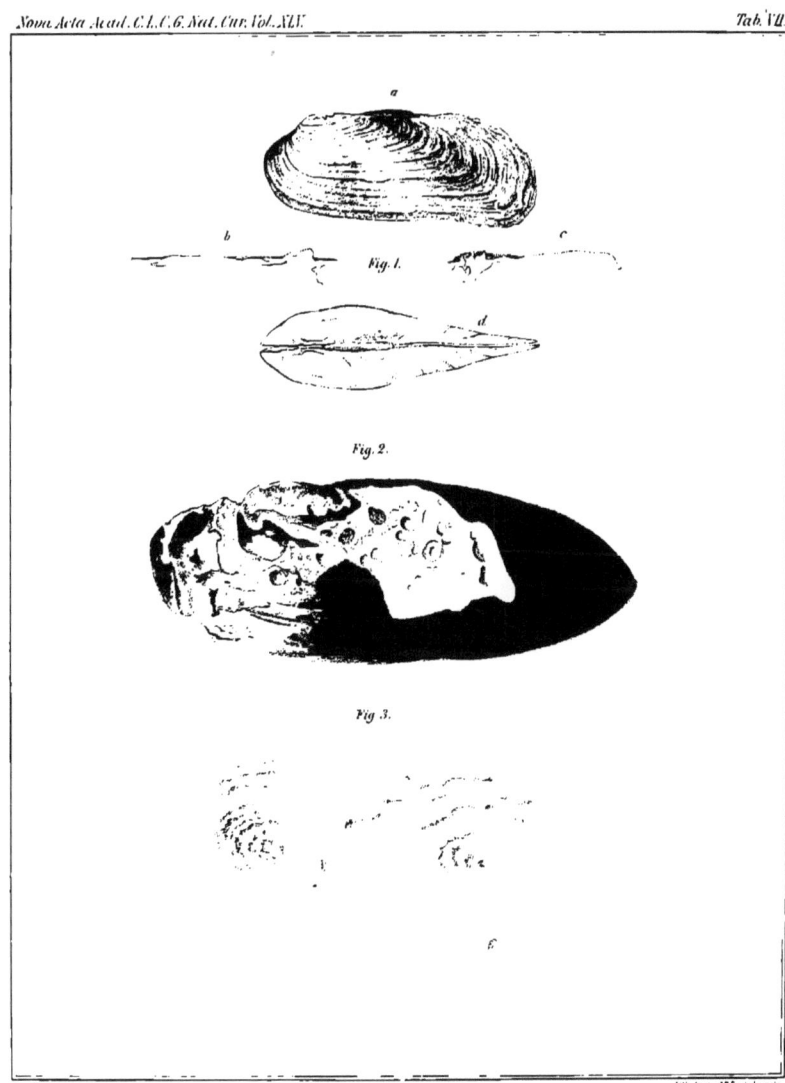

Fig. 1.

Fig. 2.

Fig. 3.

H. Jordan: Binnenmollusken. Taf. 2.

Tabula III.

Tafel 3. (VIII.)

Fig. 1. **Unio pictorum** L., in typischer Form aus der Neisse bei Görlitz, Oberlausitz. Als Flussform ist die Muschel langgestreckt, wenig aufgeblasen, vorn dicker als hinten.

    a) Muschel von aussen links.

    b) Muschel von oben.

    c) Innere Ansicht der linken Schalenklappe. Wie bei den meisten Stücken von *U. pictorum* ist das Perlmutter strahlig, die hinteren Muskeleindrücke sind wenig sichtbar.

    d) Muschel von vorn.

Fig. 2. Schlosszähne der vorigen Muschel, im Profil von innen her gesehen.

    a: 1) vorderer ⎫ Hauptzahn ⎫
       2) hinterer ⎭   ⎬ der linken Klappe.
       3) innere ⎫ Seitenlamelle ⎭
       4) äussere ⎭

    b: 1) hinterer ⎫ Hauptzahn ⎫
       2) vorderer ⎭   ⎬ der rechten Schalenklappe.
       3) Seitenlamelle ⎭

Der hintere Hauptzahn der linken und der vordere Hauptzahn der rechten Klappe sind rudimentär.

Fig. 3. **Unio pictorum** L., in typischer Form aus dem Schlachtensee bei Berlin. Als Seeform ist die Muschel stark aufgeblasen mit voll zugerundeten Wirbeln.

    Fig. 1 und Fig. 3 zeigen das „schnabelförmig" nach oben emporgekrümmte Hinterende des die mit Sandgrund versehenen, ruhigen Gewässer bewohnenden typischen *Unio pictorum*.

    Fig. 3, a: Muschel von aussen links.

         b: Muschel von oben.

         c: Muschel von vorn.

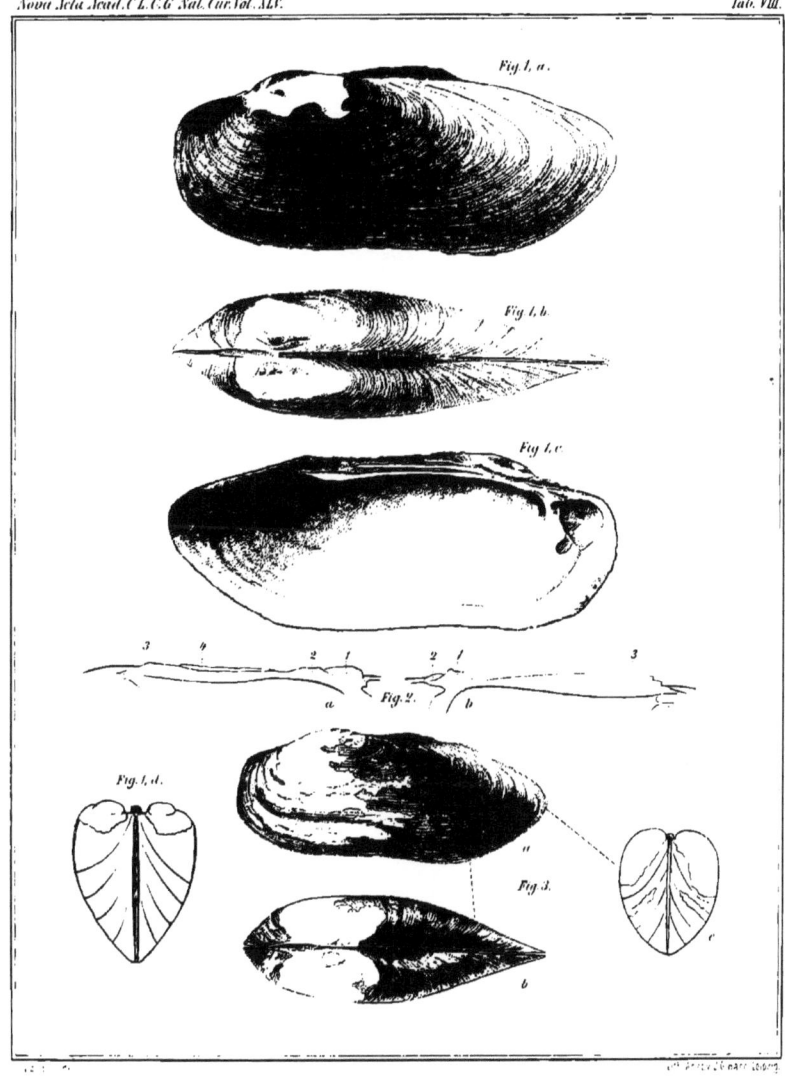

Fig. 1. a.

Fig. 1. b.

Fig. 1. c.

Fig. 2.

Fig. 1. d.

Fig. 3.

Tabula IV.

Tafel 4. (IX.)

Unio pictorum L., var. **limosus** Nilsson, aus der Weinlache bei Görlitz, einer schlammigen Neissebucht.

Fig. 1. Ausgewachsenes Exemplar
        a) von aussen links,
        b) von oben.
        c) Innenseite der linken Klappe.

An der Art der Wirbelcorrosion sieht man, dass dieselbe weniger der mechanischen Ab- und Ausspülung des Wassers, als vielmehr einer chemischen Auflösung ihre Entstehung verdankt.   Die Muschel ist als Schlammbewohner ganz ruhigen Wassers hinten ziemlich eben so dick wie vorn, oder, besser gesagt, vorn ziemlich ebenso dünn als hinten; auch entbehrt das Innere, das hinterste Ende ausgenommen, jeden Perlmutterglanzes.   Man bemerkt vielmehr dunkele, ölartige, grössere oder kleinere Flecke auf der Innenseite.   Der hintere Muskeleindruck ist verschwindend, wie bei Tafel 3. Fig. 1 c.

Fig. 2. Profil der Schlosszähne vorgenannter Muschel:
        a) linke Klappe,
        b) rechte Klappe.

Der hintere Hauptzahn der linken Klappe ist in Anbetracht des Wohnorts der Muschel auffallend gross.

Fig. 3. Junges Exemplar derselben Varietät, von demselben Fundort.

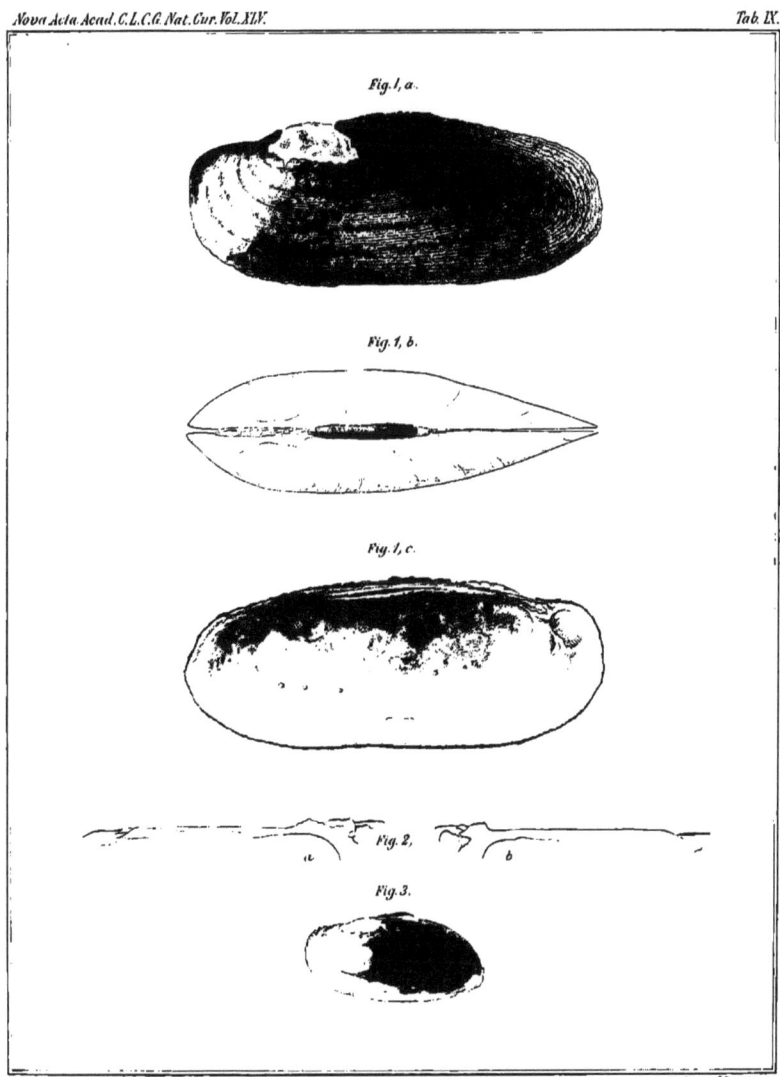

Fig. 1, a.

Fig. 1, b.

Fig. 1, c.

Fig. 2.

Fig. 3.

Tabula V.

Tafel 5. (X.)

Den diametralen Gegensatz zu *Unio pictorum* L. var. *limosus* Nilss. bildet *Unio crassus* Retz. var. *ater* Nilss., auf dieser Tafel die Fig. 1.

Das Exemplar, welches der Zeichnung vorlag, stammt wiederum aus der schon öfter genannten „kalten Briesnitz" (conf. Taf. 1), einem sehr reissenden, kleinen Nebenflüsschen des Bober bei Naumburg, in welchem folgende Unioformen zusammen vorkommen:

> *Unio pictorum* L.,
> *Unio tumidus* Retz.,
> *Unio crassus* Retz. in den Varietäten: *batavus* Lam. und *ater* Nilss.

An diesem *Unio ater* Nilss. bemerkt man ein scharf nach unten herabgebogenes Hinterende (Fig. 1a), ausserordentlich starke Zerstörung der Kalkschicht am vorderen Theile der Muschel, vorwiegend dickeres Vordertheil (Fig. 1c), ausserordentlich starke und hoch entwickelte Schlossbezahnung (Figg. 1c—2a und 2b).

Fig. 1. *Unio crassus* Retz. var. *ater* Nills.

    a) Muschel von aussen links.

    b) Muschel von oben.

    c) Innenseite der linken Schalenklappe.

Fig. 2. Schlossbezahnung der vorigen Muschel.

    a) Zähne der linken } Klappe im Profil.
    b) Zähne der rechten }

Fig. 3. *Unio crassus* Retz., typische Form aus dem Bober bei Christianstadt.

    a) Muschel von aussen links.

    b) Muschel von oben.

Fig. 4. Schlossbezahnung derselben Muschel.

    a) Zähne der linken } Klappe im Profil.
    b) Zähne der rechten }

Der typische *Unio crassus* Retz. zeichnet sich durch besondere Eleganz der Umrisse und der Farben, ganz besonders aber durch sein wunderschönes Perlmutter vor den anderen Formen seines Formenkreises aus. Die Bezahnung des Schlossrandes pflegt schwächer, als bei var. *ater* Nilss., aber stärker, als bei var. *batavus* Lam. zu sein. Er ist schlanker als beide.

Fig. 5. *Unio crassus* Retz. var. *batavus* Lam., ein junges Exemplar aus dem Bober bei Christianstadt.

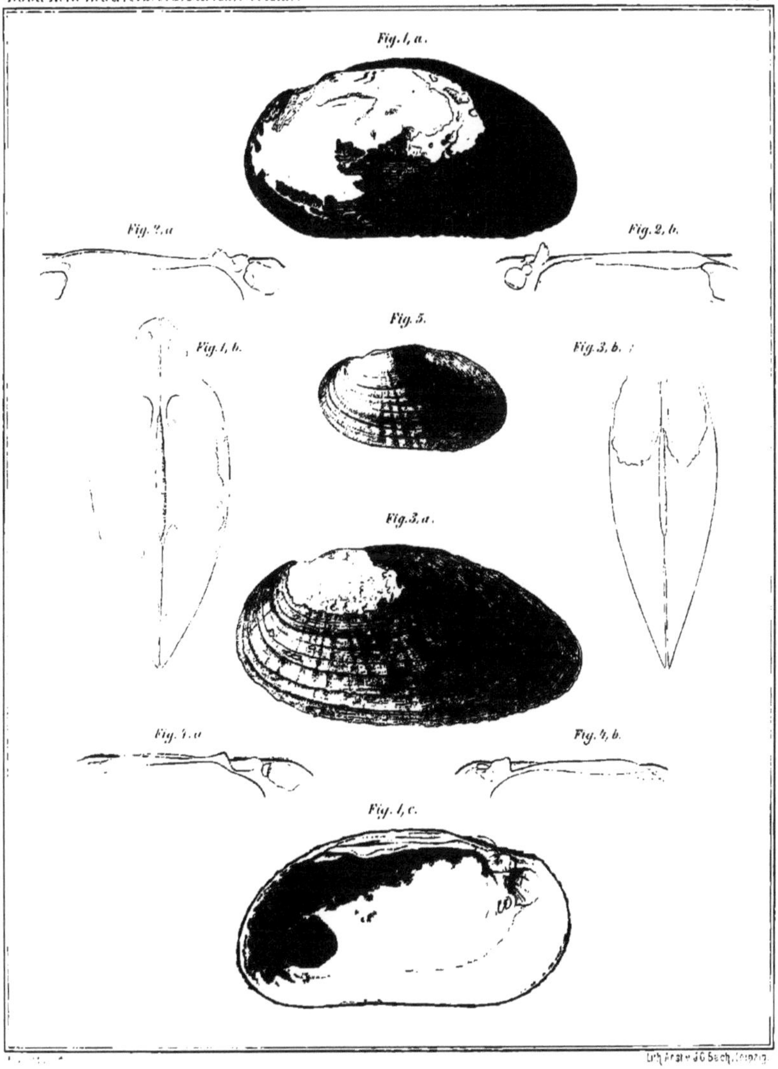

Fig. 1, a.

Fig. 2, a.

Fig. 2, b.

Fig. 1, b.

Fig. 5.

Fig. 3, b.

Fig. 3, a.

Fig. 4, a.

Fig. 4, b.

Fig. 1, c.

Lith. Anst. v. J.G. Bach, Leipzig.

H. Jordan: Binnenmollusken. Taf. 5.

Tabula VI.

Tafel 6. (XI.)

Fig. 1. **Unio crassus** Retz. var. **batavus** Lam., aus der „kalten Briesnitz" (cf. Taf. 1 u. fl.).
   a) Muschel von aussen links.
   b) Muschel von oben.
   c) Innenseite der linken Klappe.
Fig. 2. Schlossbezahnung derselben Muschel,
   a) linke Klappe,
   b) rechte Klappe.
Fig. 3. **Unio pictorum** L., var. **pachyodon** Jordan, aus der Lausitzer Neisse bei Görlitz.
   a) Muschel von aussen links.
   b) Muschel von oben.
   c) Muschel von vorn.
Fig. 4. Schlossbezahnung derselben Muschel,
   a) in der linken Klappe,
   b) in der rechten Klappe.

Während *Unio batavus* Lam. diejenige Form aus dem Formenkreise des *Unio crassus* Retz. ist, welche am wenigsten an reissendes Wasser gebunden ist und sogar in Seen vorkommt, ist die hier angeführte Form des *Unio pictorum* L. vereinzelt an reissenden Strecken schlesischer (und wohl auch anderer!) Flüsse zu finden, während *U. pictorum* sonst mehr dem langsam fliessenden und stehenden Wasser angehört. Man sieht es der Form an, dass sie bestrebt ist, dem Wasserstrome möglichst wenige Hindernisse darzubieten, und auch aus der starken und unregelmässigen Wirbelcorrosion kann man auf einen harten Kampf gegen einen starken Wasserstrom schliessen. Besonders aber weicht die Schlossbezahnung (Figg. 4a und b) von dem sonstigen Typus des *Unio pictorum* ab. Der hintere Hauptzahn der linken Klappe (b) ist nämlich weit mächtiger, als der vordere und auch sehr stark ausgezackt, dadurch sehr an die Zähne von *Unio tumidus* Retz. erinnernd. Aber der hintere Hauptzahn der linken Klappe hat bei letztgenannter Muschel immer eine auffallend von vorn nach hinten schräge Stellung und ist meistens, wenn auch nicht immer, spitziger. (Siehe die folgenden Tafeln.)

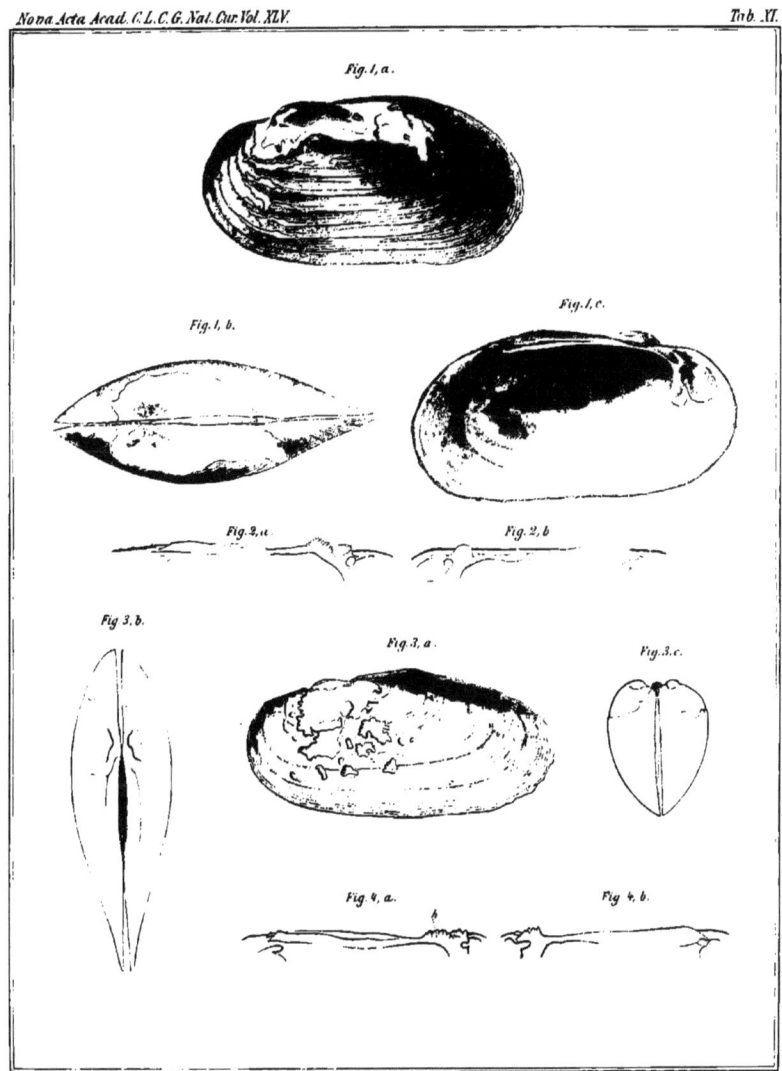

Fig. 1, a.

Fig. 1, b.

Fig. 1, c.

Fig. 2, a.

Fig. 2, b.

Fig 3, b.

Fig. 3, a.

Fig. 3, c.

Fig. 4, a.

Fig 4, b.

H. Jordan del.

Lith. Anst. v. J.'s Bach. ... Leipzig

H. Jordan: Binnenmollusken. Taf. 6.

Tabula VII.

Tafel 7. (XII.)

Unio tumidus Retz., langgestreckte Flussform aus dem Bober bei Christianstadt.

1. Ansicht der Muschel:
   - a) von aussen links,
   - b) von oben;
   - c) Innenseite der linken Klappe.

   Man bemerkt die Dickschaligkeit des Vordertheiles.

2. Schlossbezahnung der Muschel, im Profil von innen her gesehen:
   - a) der linken Schalenhälfte,
   - b) der rechten Schalenhälfte.

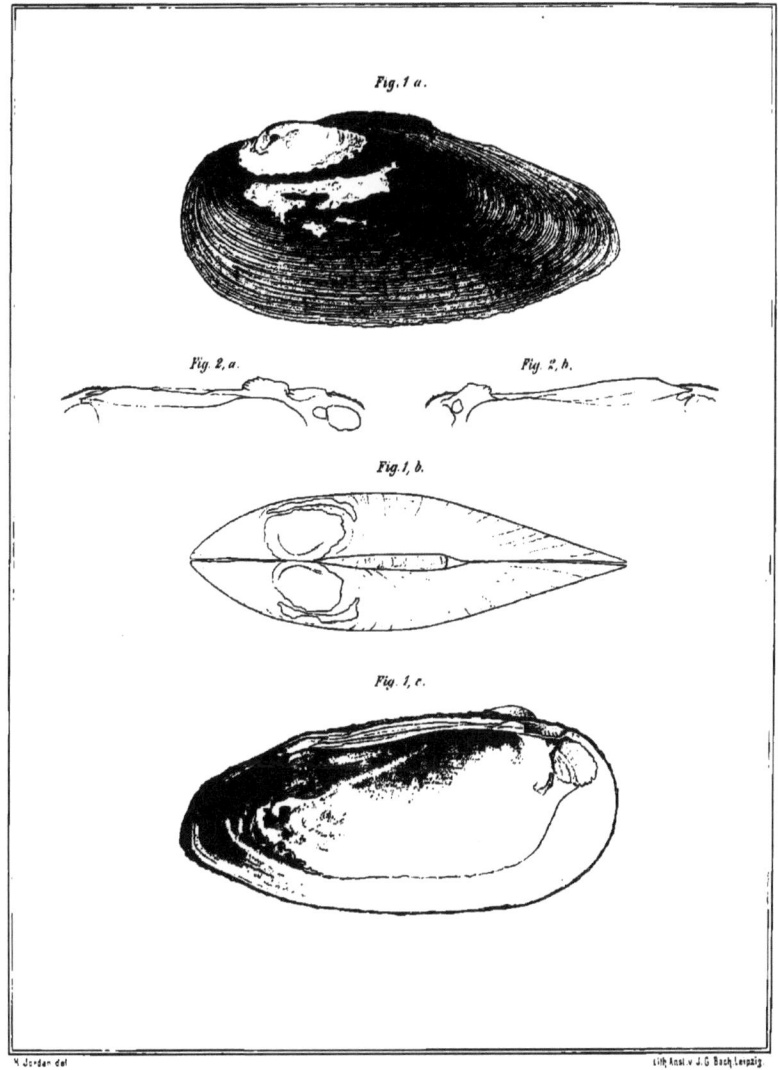

Fig. 1 a.

Fig. 2, a.   Fig. 2, b.

Fig. 1, b.

Fig. 1, c.

H. Jordan: Binnenmollusken Taf. 7.

Tabula VIII.

Tafel 8. (XIII.)

Fig. 1. **Unio tumidus** Retz. aus dem Queiss bei Mallmitz in Schlesien.

    a) Muschel von aussen links.

    b) Muschel von oben.

    c) Muschel von vorn.

    d) / e) Schlossbezahnung der { linken / rechten } Klappe.

Fig. 2. **Unio tumidus** Retz. aus dem Schlachtensee bei Berlin.

    a) Muschel von aussen links.

    b) Muschel von oben.

    c) Muschel von vorn.

    d) / e) Schlossbezahnung der { linken / rechten } Klappe.

Auffallend tritt uns hier der Unterschied in den Conturen eines Fluss-Unio und eines See-Unio einer und derselben Art entgegen. Während Fig. 1 lang, schmal und hoch gebaut ist, sehen wir bei Fig. 2 eine ganz ausserordentliche Aufgeblasenheit bei grosser Eleganz der sonstigen Umrisse.

Eine ganz besondere Länge erreichte die auf Taf. 7 abgebildete Flussform des *Unio tumidus* Retz., derjenigen der drei nordeuropäischen Unio-Arten, welche man als die formenärmste derselben bezeichnen kann.

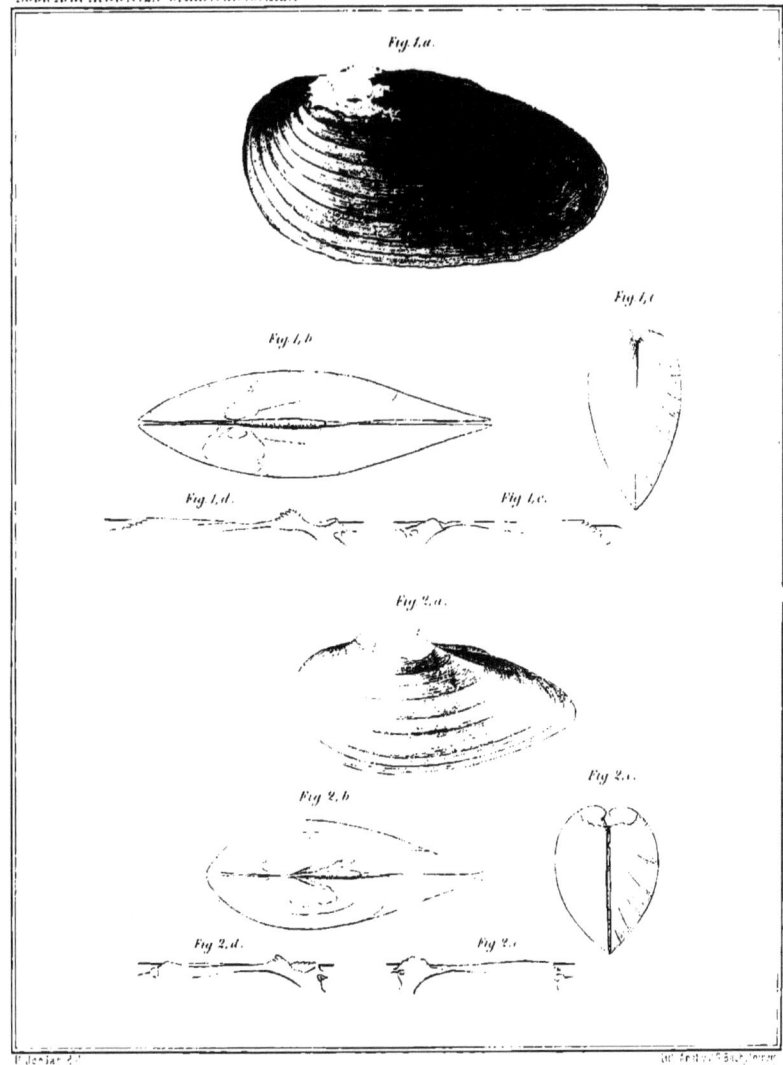

Fig. 1.a.

Fig. 1.c.

Fig. 1.b.

Fig. 1.d.

Fig. 1.e.

Fig. 2.a.

Fig. 2.c.

Fig. 2.b.

Fig. 2.d.

Fig. 2.e.

H. Jordan: Binnenmollusken. Taf. 8.

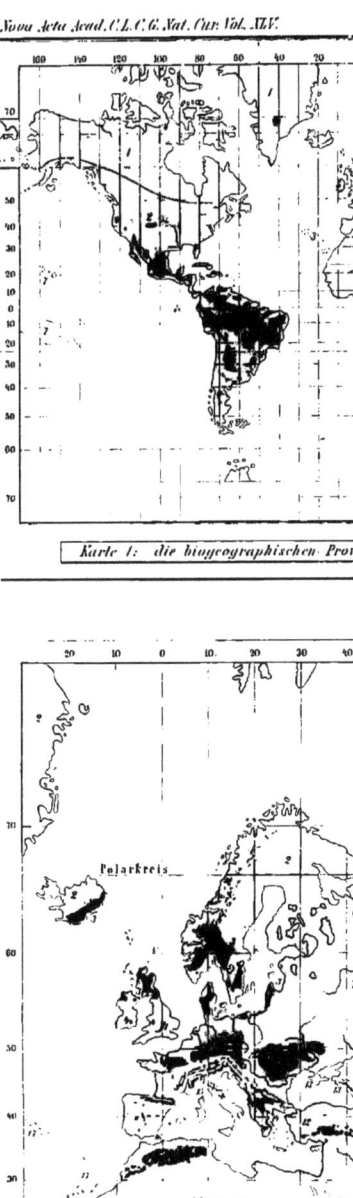

Karte 1: die biogeographischen Provi

Tab. XIV

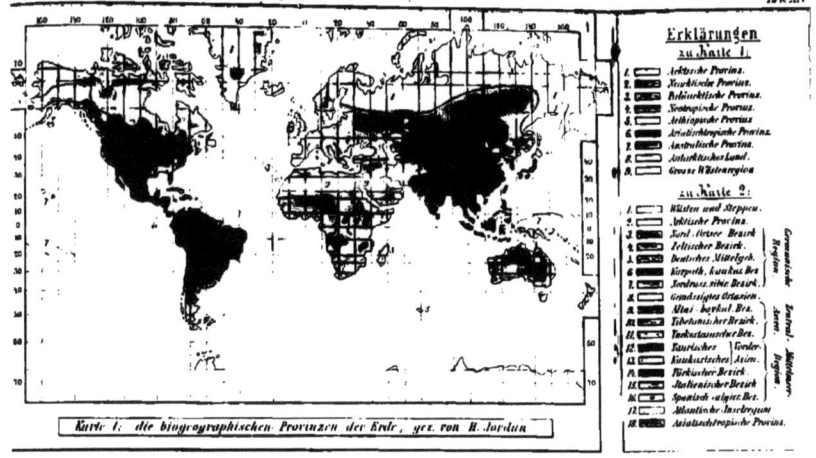

Karte 1: die biogeographischen Provinzen der Erde, gez. von H. Jordan

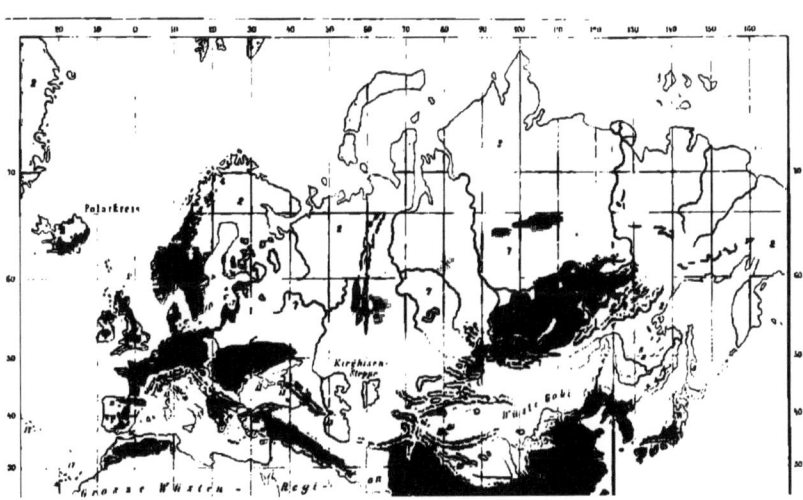

Mollusken

der arktischen Provinz,
der germanischen und der centralasiatischen
Region.

Die Paläarktische Provinz

Mollusken

der arktischen Provinz,

der germanischen

und der centraleuropäischen

Region.

vinz

Mollusken

der arktischen Provinz,
der germanischen
und der centraloceanischen
Region.

Die Palaarktische Provinz

Arktische Provinz

Die Germanische Region

Mittelmeer-Region

z .

che

Mollusken

der arktischen Provinz,
der germanischen
und der centralasiatischen
Region.

Die Palaearktische Provinz.

Der germanische Region | Mittelmeer Region

Arktische Provinz

		Mittelmeer-Region						tropische inz

Die Paläarktische Provinz

Mollusken

der arktischen Provinz,
der germanischen
und der centralasiatischen
Region.

Mollusken

der arktischen Provinz,
der germanischen
und der centralatlantischen
Region.

	Arktische Provinz	Die Paläarktische Provinz					Mittelmeer-Region		
		Die germanische Region							

Pyrenäen	Türkischer Bezirk	Italienischer Bezirk		Spanisch-algier. Bezirk	Atlantische Insel-Region.	Centrale asiatische Region.	Asiatisch-tropische Provinz	Abyssinien	pläre
		Mittelmeer-Region							

Mollusken
der arktischen Provinz,
der germanischen
und der centraleuropäischen
Region.

Die Paläarktische Provinz

Mittelmeer-Region			Atlantische Insel-Region.	Centrale afiatische Region.	Asiatisch-tropische Provinz	...ovinz: Abyssinien	Hemisphäre
Turkischer Bezirk	Italienischer Bezirk	Spanisch-algier. Bezirk					

Mollusken

der arktischen Provinz,

der germanischen

und der centralasiatischen

Region.

vinz				Mittelmeer-Region				Atlantische Inseln Region.	Centrale afiatische Region.	Asiatisch-tropische Provinz	he Provinz: Abyssinien	fliche Hemisphäre
hgebirge					Italienischer Bezirk		Spanisch-algier. Bezirk					
Alpen		Pyrenäen	Turkischer Bezirk									
West-												
m.	m.	3000 m.					reußen					
m.	2000 m.	m.			en							

Mollusken

der arktischen Provinz,

der germanischen

und der centraleuropäischen

Region.

Die Paläarktische Provinz

Mittelmeer-Region				Atlantische Insel-Region.	Central asiatische Region.
Türkischer Bezirk	Italienischer Bezirk		Spanisch-algier. Bezirk		

ale

Italien

Ostpyrenäen

irk

o v i n z

Mittelmeer-Region

Hochgebirge

Alpen

Pyrenäen

Türkischer Bezirk

Italienischer Bezirk

Spanisch-algier. Bezirk

Atlantische Insel-Region

Central-atlantische Region

Asiatisch-tropische Provinz

Aethiopische Provinz: Abyssinien

Südliche Hemisphäre

Ist-   West-

Region, 1300—1800 m.

gion. über 1800 m.

pen. über 1800 m.

Region, 1300—1800 m.

500—1300 m.

Region, 1400—2000 m.

gion. über 2000 m.

Krym

Vorderasien

r Archipel

onsel

Tyrol

isches Litorale

che Gebirge

d südliches Italien

und Corsika

Rhônethal, Ostpyrenäen

al Portugal

Marokko

al Portosanto

(A. 3)

(?)

alischer Bezirk

er Bezirk

scher Bezirk

n (A. 4)

Mollusken

der arktischen Provinz,
der germanischen
und der centralasiatischen
Region.

Mittelmeer-Region			Atlantische Insel-Region	Central-asiatische Region	Asiatisch-tropische Provinz
Türkischer Bezirk	Italienischer Bezirk	Spanisch-algier. Bezirk			
Kaukasien, Krym	Südliches Tyrol	Spanien und Portugal	Azoren	Altai-baykalischer Bezirk	Afghanistan (A. 4)
Taurisches Vorderasien	Oesterreichisches Litorale	Algier und Marokko	Madeira und Portosanto	Thibetanischer Bezirk	Kaschmir
Griechischer Archipel	Oberitalien		Kanaren	Turkestanischer Bezirk	China
Balkanhalbinsel	Mittelitalische Gebirge		Caperden (A. 3)		Japan
	Sicilien und südliches Italien		St. Helena (?)		
	Sardinien und Corsika				
	Provence, Rhônethal, Ostpyrenäen				